Vivenciando o Tantra

Uma Jornada de Sexo, Espírito
e Relacionamento

Jan Day

Vivenciando o Tantra

Uma Jornada de Sexo, Espírito e Relacionamento

Tradução:
Marcos Malvezzi Leal

Publicado originalmente em inglês sob o título *Living Tantra: A Journey into Sex, Spirit & Relationship*, por Watkins.
© 2021, Watkins.
© 2021, texto de Jan Day.
Direitos de edição e tradução para América Latina e América do Norte.
Todos os direitos reservados.
Tradução autorizada do inglês.

© 2023, Madras Editora Ltda.

Editor:
Wagner Veneziani Costa (*in memoriam*)

Produção e Capa:
Equipe Técnica Madras

Tradução:
Marcos Malvezzi Leal

Revisão da tradução:
Soraya Borges de Freitas

Revisão:
Ana Paula Luccisano
Maria Cristina Scamparini

Dados Internacionais de Catalogação na Publicação (CIP)
(Câmara Brasileira do Livro, SP, Brasil)

Day, Jan
   Vivenciando o tantra : uma jornada de sexo, espírito e relacionamento / Jan Day ; tradução Marcos Malvezzi Leal. -- São Paulo : Madras, 2023.
   Título original: Living tantra: a journey into sex, spirit & relationship
   ISBN 978-65-5620-050-7

   1. Espiritualidade - Aspectos de saúde 2. Relações interpessoais - Aspectos religiosos 3. Sexo - Aspectos religiosos - Tantrismo I. Título.

22-136586   CDD-294.543

Índices para catálogo sistemático:
1. Tantrismo : Religião 294.543
Henrique Ribeiro Soares - Bibliotecário - CRB-8/9314

É proibida a reprodução total ou parcial desta obra, de qualquer forma ou por qualquer meio eletrônico, mecânico, inclusive por meio de processos xerográficos, incluindo ainda o uso da internet, sem a permissão expressa da Madras Editora, na pessoa de seu editor (Lei nº 9.610, de 19.2.98).

Todos os direitos desta edição, em língua portuguesa, reservados pela

MADRAS EDITORA LTDA.
Rua Paulo Gonçalves, 88 — Santana
CEP: 02403-020 — São Paulo/SP
Tel.: (11) 2281-5555 – (11) 98128-7754
www.madras.com.br

Hoje em dia, não há ninguém no Ocidente como Jan Day. Ela é inigualável em termos de sabedoria, experiência e compaixão pela humanidade. Este livro nos apresenta sua obra, seus pensamentos, sua orientação e as experiências pessoais no campo da sexualidade consciente. É uma leitura essencial para quem quer saber mais sobre sexo e sexualidade. É escrito com a visão de mais de 30 anos de trabalho nesta área, como participante e professora, amante e mulher. Não conheço outro mestre de tantra que personifique corpo, coração e mente, tanto na própria vida quanto no trabalho, como Jan. Ela não tem só a bagagem de sua jornada pessoal, mas também leu tanto todos os escritores espirituais contemporâneos que tudo transparece em seu texto. Jan Day é um amálgama de conhecimento, ativismo e intelecto, mente, espírito e amor. Jan Day é o próprio tantra.

Monique Roffey
Vencedora do Costa Book of the Year, 2020, pelo livro
The Mermaid of Black Conch.

O que é o tantra? É um caminho espiritual, uma tradição budista tibetana, um despertar sexual, uma antiga sabedoria, uma filosofia de vida, ou tudo isso e mais um pouco? Nesta obra rica e profunda, Jan Day explora a complexidade e as profundezas do tantra. Explica a misteriosa sabedoria do tantra e o modo de usar seus ensinamentos vivos, para nos ajudar a lidar com os desafios e as exigências da vida moderna. Ela também nos dá exercícios claros e práticos que nos auxiliam a experimentar, de forma direta, o poder transformador do tantra em nossa vida. Tenho grande prazer em recomendar Tantra Vivo. É um livro maravilhoso em vários sentidos.

Anne Geraghty, autora de *Death, the Last God.*

Jan Day é uma raridade no mundo do tantra. Ela nos oferece suas mãos seguras na arena vulnerável que é a sexualidade e a espiritualidade. Graças aos céus, ela escreveu um livro repleto de ferramentas práticas do tantra. Ainda uso muitos dos exercícios que aprendi nos workshops em meus relacionamentos íntimos.

Rose Rouse, escritora e editora.

Um guia prático com muitos exemplos da vida real e exercícios que integram as tradições orientais com uma compreensão moderna para abranger toda a essência humana, incluindo a sexualidade. Uma leitura indispensável para todas as pessoas solteiras, e todos os casais que queiram criar juntos uma intimidade profunda e relacionamentos amorosos reconfortantes e saudáveis.

Martin Ucik, autor e facilitador do método "Integral Relatioship".

Os ensinamentos de Jan Day mudaram minha vida. Tantas vezes em seus workshops, me peguei perguntando: 'Por que não aprendemos isso na escola? Por que não aprendemos a escutar e falar a verdade? Por que não aprendemos a ter limites e lidar com conflitos? Por que não aprendemos que a sexualidade é uma coisa bela que deve ser tratada com amor e ternura, não vergonha?" este livro, Jan esmiúça seus ensinamentos de maneira sábia, delicada e acessível. Ele ajudará qualquer pessoa a compreender melhor sua sexualidade e seus relacionamentos, mas Jan nos ensina que o tantra é mais que o estudo da sexualidade. É um modo de vida que procura o divino em tudo, que parece ser o que precisamos urgentemente.

Marianne Power, autora do best-seller internacional *Help Me!*

Jan Day é uma força poderosa na cura da sexualidade. Neste livro, ela cria uma compreensão visceral do 'Tantra Vivo' e conduz o leitor em uma jornada para fazer as pazes com sua sexualidade, superando a culpa e a vergonha. Uma contribuição fantástica a esse campo de estudo.

Malcolm Stern, cofundador de "Alternatives", psicoterapeuta e autor de *Slay Your Dragons with Compassion*.

Índice

Prefácio 9
Prólogo 13
    Origens do Tantra 13
    Tantra Vivo: um Tantra Contemporâneo 15
Introdução 19
    Visão Geral do Tantra Vivo 19
    Como Descobri o Tantra Vivo 20
Capítulo 1 – Estar Consigo: a Primeira Intimidade 23
    Estar com a Primeira Intimidade 23
    Uma Prática de Tantra: Prática Espiritual para
    Todos os Momentos de Todos os Dias 26
    Anotações no Diário 33
    SIM e NÃO 38
    A Terapia das Partes 49
    Três Centros 55
    Abertura para Necessidades e Desejos 59
    Abertura para Sentimentos Difíceis 65
    Explorando o Medo 68
    Explorando a Raiva 76
    Expressar a Raiva 83
    Vergonha 91
    Perdoar a Si Mesmo 97

    Coragem e Confiança..97
Capítulo 2 – Abrir-se Como Ser Sexual 99
    O Poder do Toque...99
    O Que São Esses Limites?...100
    Tocando o Próprio Corpo...101
    O Significado Que Demos ao Sexo no Passado........................111
    Visão e Avanço 124
    Vivência do Desconhecido em Relação à Sexualidade............129
    Padrões e Modos de Evitar a Sexualidade..............................132
    Aprofundando-se na Sexualidade...142
Capítulo 3 – Conhecer as Pessoas Como Seres Sexuais...................147
    Conhecendo Alguém em Nossa Natureza Sexual....................147
    Vulnerabilidade 170
    Sexo e Espiritualidade..173
    Além do Conhecido: Conversas Mais Difíceis.........................187
**Capítulo 4 – Abrir o Centro do Coração e Aprofundar a
Intimidade**..203
    Abrindo o Centro do Coração..203
    Dar e Receber...208
    Alimentando o Amor e Construindo um Corpo de Amor 213
    Gratidão..216
    Sinceridade, Vulnerabilidade e Carinho.................................220
    Conexão com Amor em Diversas Formas..............................222
Capítulo 5 – Incorporar o Divino 227
    Meditação, Prece e Mantra 232
    Prece Pós-racional..234
    Enxergando Além do Eu...235
    Visão do Que o Mundo Precisa – Abertura para
a Mente Superior – Significado e Propósito...............................238
Apêndices 239
Agradecimentos..243
Índice Remissivo 245

Prefácio

O tantra acumulou um espectro de significados tão amplos que geralmente os adeptos dessa corrente nem querem saber dos que seguem outra. O tantra clássico é um caminho de despertar espiritual em que o sexo não tem uma função primária ou sequer essencial. De fato, entre os devotos mais puristas, o sexo pode ser considerado pecaminoso. Para o neotantra, no outro extremo do espectro, sexo é o caminho. O que mantém o neotantra na mesma linha do tantra clássico é a ligação espiritual, e, como que para aperfeiçoar a simetria do espectro, a abstinência dos puristas combina, no outro extremo, com as ramificações dionisíacas do neotantra, exaltando a excitação sexual, o desempenho e o conhecimento que podem ou não ser aprimorados com um verniz de espiritualidade. Para uma compreensão verdadeira do tantra, em vez da tentativa de avaliar a espiritualidade das muitas e coloridas variedades que se espalham por seu caminho multicor, é mais instrutivo examinarmos o significado literal da palavra "tantra": entrelaçamento. O tantra é, de fato, uma espécie de tapete mágico; significa "entrelaçar os fios de tudo o que existe". E como o termo se aplica exclusivamente a nós, seres humanos, seu objetivo é oferecer-nos um modo de entrelaçar tudo o que somos em um ser único, pleno e integrado.

Veja, enfim, o que isso significa. Somos encorajados a viver com a percepção aberta, persistente, que é informada e guiada por tudo o que se passa em nosso corpo que respira, se move e sente; na fusão instintiva das energias macho-fêmea-e-outros que molda nossa sexualidade; na nossa vida sentimental e emocional; na nossa psique com todos os seus talentos, desejos, medos, anseios, forças e vulnerabilidades; na capacidade do nosso coração aberto de amar e ser amado; no caleidoscópio estupendo da nossa mente, com sua habilidade para conjurar tudo, de genial a absurdo, da beleza à feiura, da sabedoria à idiotice, da iluminação à megalomania, e assim por diante; na nossa conexão intuitiva da alma com mistérios que vão além de nossa existência pessoal e trazem o elemento espiritual à nossa vida. E tudo isso entrelaçado em um ser completo, único e integrado *presente aqui e agora*! Sim, é quando estamos plenamente presentes – despertos em todas as nossas capacidades – que somos unos e completos; é assim que se tece o tapete. Se alguma vez, ainda que por apenas alguns momentos, você despertou para tudo que é e para tudo que existe, sabe que graça divina é estar nesse estado! Tantra, lembre-se, não é a realização desse magnífico *satori* (iluminação súbita). É o entrelaçamento, a jornada em si.

E por que um tapete *mágico*? Tudo o que acabei de descrever é, nas palavras de um antigo místico, apenas "um dedo apontado para a lua". O mesmo se aplica a tudo o que já foi escrito ou dito a respeito do tantra. As palavras podem ser inspiradoras, ou, por outro lado, enfadonhas, afogadas em dogmas e tratados escriturais. De qualquer forma, como disse Carl Jung: "Ações valem mais do que palavras". Com o tantra, o importante não é ler, mas seguir a jornada. Quando você inicia a viagem de autorrealização, a magia é simplesmente uma metáfora útil para apreender os despertares além do racional, que é sua experiência quando você abre os portais internos que são seu caminho (aos poucos ou na velocidade de um "Big Bang") para o ser completo, aqui e agora.

Tantra é apenas uma das incontáveis maneiras pelas quais isso acontece, e esses despertares não podem se limitar a metodologias potenciais ou a práticas espirituais. O despertar pode surgir do nada, desencadeado por um abalo sísmico imprevisto na rotina de uma pessoa que não tinha o menor interesse em seu crescimento pessoal. Há também os aventureiros solitários e corajosos que se embrenham no desconhecido ou no incognoscível, impelidos pela inspiração ou pelo desespero de buscar um estado supremo de consciência, guiados apenas pela intuição. Tantas rotas para o mesmo resultado! O fato relevante para a compreensão do neotantra é que, embora a trilha possa ter a placa de "Caminho do Sexo", se for uma prática tântrica autêntica, não é sobre sexo. Apesar de todo o seu envolvimento com o sensual, o sexual, o erótico e o orgásmico, trata-se, na verdade, da transcendência de tudo isso. O neotantra honesto e honroso é um caminho para você se tornar uno e pleno.

É o que acontece com *Vivenciando o Tantra*, de Jan Day, isto é, não são as palavras nas páginas deste livro tão agradável, mas a jornada pela qual a autora guia o leitor o mais relevante. Jan sabe do que fala! Isso não é surpresa. Houve uma época, depois de formada em um mestrado em Oxford, em que ela trabalhava como pesquisadora em química para uma importante corporação, o que exige muito conhecimento. Mas, ao mesmo tempo, Jan não ignorava seu descontentamento interior. Isso provocou nela um desespero de abandonar o barco e se comprometer totalmente com sua própria jornada para o despertar, da qual você terá várias amostras interessantes, uma vez que a autora as compartilha esporadicamente nas "experiências de Jan". Nós nos conhecemos quando ela apareceu no workshop Art of Being® no início da década de 1990. Nos anos seguintes, Jan foi minha aluna, sócia, companheira de casa, assistente de ensino, colíder e companheira de exploração das muitas estradas percorridas. Fui testemunha de sua coragem cada vez maior de aceitar quaisquer convites e desafios que aparecessem, sempre que percebesse uma oportunidade de mergulhar mais fundo e voar mais alto no mistério crescente de sua existência.

O que faz de Jan uma guia perfeita para qualquer um que inicie a jornada neotântrica é o fato de ter passado pela jornada, muito antes de discursar sobre ela. Além do mais, como o leitor descobrirá na viagem com ela por meio destes capítulos, as explicações de Jan sobre toda a sua caminhada são tão fáceis, que é impossível não se sentir à vontade com ela e, às vezes, ter a impressão de que ela está à vontade com você. Fiel à inclinação científica de sua natureza, Jan começa com um esboço sucinto da genealogia do tantra. De repente, ela aparece, como se fosse em pessoa, e convida o leitor à exploração. Você perceberá que tudo o que Jan aprendeu com os outros não foi, a princípio, com o intuito de passar adiante, mas, sim, para sua evolução pessoal. É sua inteligência perceptiva e sensorial que se entrelaçou nesse tantra que ela vive de fato. Assim como pôde torná-lo seu, a visão, o esforço e a paixão de Jan incentivam o leitor a se apossar dele também. Se você se entregar plenamente ao *Vivenciando o Tantra* que Jan Day lhe oferece, fará, com certeza, um *bon voyage*!

Alan Lowen

Prólogo

"Tantra" é uma palavra que significa as mais diversas coisas para as pessoas e assumiu muitos significados diferentes.

Origens do Tantra

O termo "tantra" é interpretado como um jogo de palavras. Pode ser traduzido como "um entrelaçamento". Tantra é um entrelaçamento das sutras (versos das escrituras), como fios em um novelo que transmitem um ensinamento espiritual holístico, no qual tudo converge para o caminho.

O tantra surgiu na Índia por volta do ano 600 d.C. e ganhou popularidade tanto nos círculos hindus quanto budistas até cerca de 1100 d.C. Dizem que apareceu para tratar do declínio moral e espiritual da era das trevas (Kali Yuga), que começou após a morte de Krishna, trazendo linguagem e abordagem novas para comunicar verdades espirituais. O tantra utilizava práticas e rituais que já existiam há milênios, mas introduziu uma forma distinta na espiritualidade da época, por dois motivos principais. Primeiro, porque era inclusivo, ou seja, servia para todos, e não necessitava de uma casta sacerdotal que mediasse entre o humano e o Divino. Era aberto a todas as castas, todas as nacionalidades, para homens e mulheres. Era um caminho espiritual que não exigia o afastamento do mundo nem a reclusão em mosteiros. Segundo, porque o tantra introduziu o conceito de que toda a existência é uma manifestação do Divino, e de que o corpo e suas experiências sensuais fazem parte do caminho para o Divino, em vez de serem uma distração.

O tantra abriu a possibilidade da percepção de Deus e via o mundo cotidiano, Samsara, como inseparável da Fundação do Ser, o não manifesto, que é imutável. Celebra a divindade própria de cada ser e cada coisa, e culminou em práticas consideradas pecaminosas em outras religiões. Tudo estava incluído, desde que conduzisse à compreensão do Divino aqui e agora.

O objetivo do tantra era a transcendência da consciência comum e a obtenção da beatitude. Havia numerosas escolas de tantra e diversas abordagens. A maioria incluía rituais para aprofundar a percepção, incorporava a atenção plena, e rejeitava regras religiosas e culturais arbitrárias. O tantra clássico praticamente morreu no século XII. O Islamismo chegou à Índia, o Budismo se retirou, e a prática tântrica quase desapareceu.

Algumas escolas e professores seguem os ensinamentos espirituais do tantra clássico e de uma retomada do Shivaísmo de Caxemira. Outros difundem formas de Vajrayana (o caminho tântrico do Budismo), simplificadas e adaptadas para um estilo ocidental. O caminho tântrico do Hinduísmo chegou por meio dos ensinamentos védicos, e, mesmo nos ensinamentos contemporâneos, Shiva e Shakti são reverenciados.

Varja pode se referir tanto ao pênis quanto à mente disciplinada ou à realidade transcendental como pura consciência em si. A união de vajra com o lótus é o meio para a libertação. O lótus pode ser uma referência à vagina, ou ao lótus do coração, a sede da união espiritual, ou o princípio cósmico feminino.

Poucos dos ensinamentos iniciais sobreviveram. Um desses textos é o *Vijnana Bhairava Tantra*, que contém 112 práticas e meditações para o caminho da consciência universal de Deus. Foi ensinado e traduzido por Swami Lakshmanjoo, mestre de Shivaísmo de Caxemira em *The Manual for Self Realization* (2015). Uma tradução excelente e acessível do *Vijnana Bhairava* foi feita por Lorin Roche em *The Radiance Sutras* (2012). O *Vijnana Bhairava* também é abordado extensamente por Osho em uma série de discursos reproduzidos como *The Books of Secrets* (2010).

Em épocas mais recentes, o tantra ensinado por gurus como Bhagwan Shree Rajneesh (Osho) é conhecido como neotantra. O neotantra pegou algumas sementes do tantra e as adaptou para os nossos tempos.

A maioria das formas contemporâneas do tantra foi adaptada de algum modo para um estilo de vida ocidental, incluindo atenção plena e prática; ênfase no ritual; abertura para pessoas de qualquer gênero, orientação sexual, formação, crença religiosa e nacionalidade; e ensinamentos de acesso direto e experiência com uma presença divina universal.

O Tantra Vivo é uma forma de neotantra, inspirado pelos ensinamentos de Osho, que usa a semente do tantra como um meio de entrelaçar tudo o que existe, aprendendo com toda a existência e celebrando-a como uma trilha para o despertar do Divino.

Tantra Vivo: um Tantra Contemporâneo

Para mim, a importância do tantra é que ele abre um caminho de crescimento que é espiritual e, ao mesmo tempo, está relacionado à nossa vida cotidiana. Um caminho que usa tudo o que a vida oferece para desenvolvermos a consciência e o amor. Portanto, outra definição do significado do tantra é o uso de tudo para crescer. O que nos remete a uma das definições originais: o entrelaçamento de tudo o que existe. Significa que abriremos a mente e o coração. Seremos curiosos e enxergaremos além de nossos medos, opiniões, padrões e ideias fixas. Olharemos para nós mesmos e para nosso mundo interior de energias, sensações, sentimentos e padrões, mas vislumbraremos também o mundo à nossa volta e além de nós, nossos relacionamentos, nossas sociedades e as interações com a natureza. Veremos o que somos capazes de aprender, entendendo que tudo o que vemos está interligado.

Essa definição faz do tantra uma igreja bastante ampla, com algumas orientações básicas que devem se adequar à vida em nosso mundo moderno. Queremos estar presentes, ver claramente com todos os nossos sentidos e abrir o coração em amizade com tudo o que brota em nós, para não perdermos nada.

ORIENTAÇÕES

Seja curioso. Não rejeite nada sem antes examinar.

Prepare-se para examinar múltiplas perspectivas.

Mantenha uma conexão comigo e use todos os sentidos disponíveis para mim.

Prepare-se para sentir o desconforto (voltaremos a isso depois).

Testemunhe, esforce-se para ver claramente.

Tente sair do piloto automático.

Prepare-se para se abrir para o mistério, transpor o conhecido.

Nosso ponto de partida no Tantra Vivo é perto de casa, conosco e com o que acontece dentro de nós, bem como com nossos relacionamentos. Queremos enxergar com mais clareza, aprender a amar mais; e isso começa com nosso próprio ser.

Este livro fala um pouco de minha jornada interminável de crescimento para enxergar melhor, conhecer-me mais intimamente e amar com mais afeto. Para mim, a jornada de crescimento é aquela que algumas pessoas chamam de Deus ou da pessoa amada, ou da inteligência manifesta da existência. Foi uma jornada de volta para casa e para mim mesma, em que me senti mais personificada e assentada nesta Terra, mais em contato com meu coração e com as energias que me permeiam, ao mesmo tempo que me tornei mais ciente e disposta a manter o vínculo com o sagrado, com a presença Divina na existência, que parece estar sempre disponível quando me abro para ela.

Relato também algumas experiências de outras pessoas que passaram pela jornada do Tantra Vivo (que é, em si, interminável). Convidarei o leitor a fazer certos exercícios para sentir o gosto do Tantra Vivo, e explicarei algumas ideias que formam a base de nosso trabalho.

O Tantra Vivo é totalmente sobre *estar com* sua experiência, com você mesmo e as pessoas ao seu lado. Nesse espírito, convido o leitor a *estar com* sua experiência neste livro, deixar-se tocar por ela, mesmo que às vezes se sinta desconfortável. Não quero convencer você de nada, nem o obrigar a acreditar em coisa alguma. Peço apenas que *esteja com* aquilo que despertar em você de forma mais profunda, com mais amor, curiosidade e compreensão. E, assim, aproveitar o que for útil e deixar o resto para trás. Minha experiência me diz que alguns dos aprendizados mais profundos vêm de estar em situações ou de me confrontar com ideias que antes eu queria rejeitar completamente. Respire, desacelere, dê tempo às coisas, e sentirá todo o apoio para desfrutar o máximo que puder de sua experiência.

Uma palavra acerca do desconforto, pois sei que as pessoas têm jeitos diferentes de lidar com isso. A maioria tenta se sentir mais confortável e desviar o mais rápido possível de qualquer coisa que gere incômodo. O crescimento tende a ser um pouco desconfortável em determinados níveis, porque olhamos necessariamente para experiências novas e desconhecidas. Portanto, precisamos aprender a sentir o desconforto.

Algumas pessoas, principalmente aquelas que lidam com traumas severos, costumam se afastar rápido ou para longe demais das experiências desconfortáveis, talvez por haver um nível de familiaridade com a dor ou o desespero que indique que seguir em frente deve envolver intensidade. Creio que o aprendizado e o crescimento aconteçam de uma forma mais estável quando você aprende a andar pelo caminho do meio. Evitar todos os desconfortos nos deixa presos em velhos padrões e não aprendemos nada novo. Por outro lado, um desconforto maior do que podemos suportar pode ser sufocante, culminando em paralisia e contração. Com todas as experiências de aprendizado, sugiro que siga o caminho do meio. Você sentirá o apoio de estar ligado a si mesmo, e é aí que começaremos.

Introdução

O objetivo deste livro é mostrar o que o tantra pode ser em nossos tempos modernos e como ele se aplica a todos os aspectos do cotidiano. Tradicionalmente, o tantra era um caminho para tirar a espiritualidade das cavernas e dos mosteiros, e levá-la para a vida dos cidadãos comuns. Não visava separar a sexualidade e a espiritualidade nem jamais forçou as pessoas a fazer uma escolha; pelo contrário, seu objetivo era integrar a vida da família e dos relacionamentos com a espiritualidade. Isso significa que a sexualidade era incluída. Se saltarmos para os tempos contemporâneos, tantra passou a significar "tudo sobre sexo", em vez de "incluir a sexualidade". Isso é uma distorção. O tantra inclui a sexualidade, mas não se limita a um estudo dela.

Visão Geral do Tantra Vivo

O Tantra Vivo é um sistema de trabalho cujo objetivo é tornar a mensagem básica e essencial do tantra relevante para nossa vida e a sociedade contemporânea, como um caminho de crescimento espiritual e desenvolvimento humano.

O Tantra Vivo inclui muitas descobertas em torno da sexualidade, que tem imensa importância e poder por dois motivos principais:

1. Nossa cultura não celebra a sexualidade saudável, natural, e tende a polarizar sexualidade e espiritualidade, a tal ponto que a sexualidade se tornou insalubre e disfuncional.
2. A sexualidade é uma energia muito poderosa. O uso de uma energia poderosa para nos revelarmos e nos descobrirmos pode gerar grande clareza.

Entretanto, o Tantra Vivo não se limita à sexualidade.

O princípio do Tantra Vivo é que usemos a vida e todas as experiências para um aprendizado que nos torne mais conscientes de nós mesmos e do mundo ao nosso redor, que nos permita cuidar melhor de nós mesmos, uns dos outros e do mundo, além de desenvolver mais compaixão.

O tantra nos convida a *estar com* o que existe, buscar aprendizado em todos os aspectos da vida. É o "entrelaçamento de tudo o que existe".

Como parte do Tantra Vivo, bem como da análise das energias sexuais, abordamos muitos temas cotidianos, tais como:

- Comunicação autêntica;
- Comunicação compassiva e o desenvolvimento da empatia;
- Escutar e compreender;
- Consentir e expressar fronteiras claras;
- Fazer acordos;
- Estar presente no próprio corpo e sentir a si mesmo;
- Contatar e aceitar os sentimentos e energias que fluem em nós;
- Aprender e compreender diversas partes de nós mesmos;
- Enxergar padrões de comportamento e relacionamento;
- Aprender a diferença entre obter, receber, desejar, ansiar e tomar;
- Parar de obter e se entregar ao fluxo da vida.

Neste livro, veremos algumas maneiras de aplicar essas explorações à vida cotidiana. Embora as vivências em uma situação de workshop possam ser poderosíssimas e acelerar o crescimento e o aprendizado, oferecendo apoio e inspiração, no fim tudo o que foi aprendido deve ser integrado no dia a dia para o tantra se tornar uma prática vitalícia.

Como Descobri o Tantra Vivo

As sementes de minha jornada com o tantra foram plantadas, na verdade, na minha adolescência, quando descobri o sexo e senti que, principalmente no aspecto da penetração, ele era sujo, nojento e deveria ser evitado. Mas eu queria o amor. Portanto, a divisão amor/sexo já estava viva em mim.

Com 17 anos, casei-me com uma pessoa com quem sabia que não teria relações sexuais e achei que tirara a sorte grande. Amor sem sexo. Divorciei-me com 20 anos, ainda virgem. Minhas energias sexuais começavam a despertar e forçar o caminho para se abrirem. Isso me trazia muita vergonha e confusão.

Tinha vinte e poucos anos quando comecei a explorar os evangelhos essênios e uma forma ascética de ioga que envolvia muita respiração, limpeza e pureza. O sexo, claro, não estava incluído.

Alguns anos depois, em minha tentativa de explorar a espiritualidade mais profundamente, senti um impulso de aprender meditação. Acabara de chegar a Oxford para pesquisar química orgânica e obter meu PhD, e uma amiga que tinha estudado lá agendou para mim uma visita a um pequeno Centro de Meditação Osho. Aquele foi o início da minha jornada com o tantra, o primeiro passo para não fugir mais do sexo e aceitar, aprender a estar com o que acontecia comigo. E foi desconfortável. Tudo dentro de mim queria lutar e dizer: "Não, está tudo errado, isso é ruim". No Centro de Meditação Osho, praticávamos a meditação de Osho, geralmente Kundalini ou Gourishankar, mas às vezes também a meditação dinâmica de Osho. Em seguida, ouvíamos um discurso dele em vídeo. Era uma abertura para uma forma de espiritualidade que incluía tudo e não fugia de coisa alguma, nem mesmo da sexualidade. Nada do que eu esperava. Não parecia "puro". Mas me fazia sentir real, viva, instigada, e, enquanto uma parte de mim queria correr para longe dali, outra parte estava fascinada e se sentia atraída. Continuei frequentando as meditações semanais, li uns dois livros de Osho e logo decidi que precisava descobrir mais a respeito de mim mesma. Mas não com Osho. Ainda lutava contra isso. Participei de um workshop em um fim de semana com cerca de 200 pessoas e acabei trabalhando com a única discípula de Osho na sala. Ela usava roupas vermelhas e um japamala com um retrato de Osho e eu passei um dia inteiro olhando para uma foto de Osho, em volta do pescoço da moça. Desisti de lutar e me inscrevi em alguns workshops em um grande Centro de Meditação Osho, perto de Bury St Edmunds. Tinha sede de saber quem eu era, e assim começou minha jornada com o tantra. Fui discípula de Osho por 15 anos e, embora muitas pessoas tenham as mais diversas experiências e ideias a respeito dele, para mim aqueles 15 anos foram um período de desafio, repleto de explorações internas e externas de coragem. Uma época em que me descobri e me encontrei, um período que me mostrou a liberdade para transcender os padrões e as ideias que eu tinha acerca da vida, de mim mesma e de como deveria me portar. Isso foi em 1982. Durante essa época, eu comecei a descobrir e aceitar minha própria natureza e sexualidade. Vivenciei um glorioso êxtase, mas também alguns momentos tenebrosos, e me sentia grata por tudo. Descobri a alegria de acolher e integrar meu corpo, meus sentimentos e minha natureza espiritual. Percebi que meu coração não ficaria aberto se eu fechasse uma parte de mim, por exemplo, minha sexualidade. Minhas explorações me levaram ao redor do mundo, em uma jornada de aproximadamente 20 anos com Alan Lowen e The Art of Being®, que me deu oportunidades de explorar minha sexualidade em uma série de workshops intitulada Body, Heart & Soul®. Fui trabalhar com Alan Lowen e, por fim, lecionei com ele, aprofundando meu aprendizado e compreendendo muitos dos processos usados nos workshops de Body, Heart & Soul®. Ampliei meus conhecimentos no trabalho com vários professores e, em 2006, comecei a dar *workshops* de Tantra Vivo baseados na série Body, Heart & Soul®. Na sequência, surgiu o Treinamento de Tantra Vivo, com ensinamentos integrados que assimilei de muitas fontes no decorrer dos anos. Percebi que meu intelecto também havia sido um tanto demonizado e comecei a incorporar isso graças ao apoio de ferramentas da comunidade integral (um grupo de pessoas interessadas em teoria integral, que é um mapa desenvolvido por Ken Wilber e une muitas tradições de sabedoria diferentes; www.integrallife.com). O aprofundamento nos domínios do tantra inclui tudo.

Desde meus vinte e poucos anos, desenvolvi um sentimento de gratidão por tudo que vivi, mesmo os momentos difíceis, desafiadores, dolorosos, quando tudo parecia um desastre que vinha de fora. Olhava para trás e via que aquilo era a minha vida, e ela era rica em cores. Já estava no caminho para aceitar tudo isso. Um caminho de tantra.

Às vezes, o tantra é visto como um caminho de sexualidade para casais. O Tantra Vivo é para casados e solteiros. É um caminho de aprendizado, crescimento, evolução individual, mas também de relacionamento. Acredito no grande poder de um equilíbrio entre o trabalho individual e de relacionamentos. Quando trabalhamos individualmente, podemos focar nosso mundo interior, descobrir nossas sombras e ter mais facilidade para sair dos padrões que nosso relacionamento pode reforçar. Quando trabalhamos como casal, nosso relacionamento revela uma dinâmica que, de outro modo, talvez nunca víssemos, além de proporcionar um porto seguro e amoroso que nos abriga enquanto fazemos um autoexame. Os dois tipos de trabalho são valiosos.

Capítulo 1

Estar Consigo: a Primeira Intimidade

Estar com a Primeira Intimidade

Nossas primeiras explorações são concentradas em nosso ser, nosso corpo e tudo o que flui dentro dele. Mergulharemos em tudo o que existe no corpo, explorando sentimentos, pensamentos desafiadores e crenças. Antes de começarmos, há certas orientações básicas que apoiarão o leitor em toda a sua jornada tântrica.

Visualize um caminho aberto e ande por ele, com uma descida até um pântano ou um trecho de terreno rochoso em cada lado. O caminho é largo e as possibilidades são muitas, mas você pode cair de um lado ou do outro. As beiras do caminho por onde você cai representam as polaridades de qualquer possibilidade, quando há exagero.

Por exemplo, ter um emprego satisfatório e boas condições de trabalho são partes saudáveis da vida. Existem várias possibilidades e modos de contribuir para a sociedade. Afundar-se a ponto de se tornar um *workaholic*, ou viciado em trabalho, e jamais ter tempo para se divertir, fazer amigos, criar relacionamentos, relaxar, e assim por diante, são "quedas para fora do caminho". Você pode ter sucesso no trabalho, mas sua vida não prospera porque se estendeu a um extremo. Do mesmo modo, pode cair pelo outro lado do caminho se largar o trabalho e passar o dia todo diante da televisão.

Nosso ponto de partida é estabelecer um contato mais profundo com nós mesmos e nossa natureza, porque, se não estivermos conectados com nosso corpo, nosso coração, nossa mente e nosso espírito, não veremos com clareza o mundo ao nosso redor. Começamos, então, a prestar atenção e nos conscientizarmos de onde estamos agora, do que sentimos, de quais ligações temos com nosso corpo e nossos sentimentos, de como nos vemos na condição de seres sexuais, homem ou mulher, pai ou filho, adulto, amigo, parceiro ou amante.

Estar em contato com si mesmo é viver a primeira intimidade. Não é um destino final. Não chegamos lá e, pronto, o trabalho acabou. A intenção contínua é nos voltarmos para a nossa experiência interior e manter uma conexão com ela. Para a maioria das pessoas, isso significa às vezes ter uma conexão maior ou menor.

Para começar, há diversos motivos válidos para não nos conectarmos com nós mesmos. Um motivo extremo é o trauma de um choque, quando precisamos paralisar ou nos dissociarmos de nossos sentimentos se tivermos de enfrentar uma provação aterradora. Entretanto, até mesmo algumas pessoas que não sofreram um trauma severo aprendem a sufocar sentimentos e sensações para não terem de experimentar dor, medo, desconforto, desaprovação, tristeza ou raiva, porque tais sentimentos seriam demais para nós mesmos e para os outros ao nosso redor. Buscamos o conforto (o que é sensato) e os sentimentos, às vezes, são desconfortáveis. Também somos seres sociais, condicionados a ter vida social, fazer parte de uma tribo por questão de sobrevivência. Portanto, aceitamos uma vitalidade um pouco menor para nos livrarmos do desconforto e podermos conviver com as pessoas à nossa volta.

O Tantra Vivo é um caminho de crescimento que convida você, leitor, a entrar em áreas de sua vida e seu ser que são desconfortáveis. Você já sabe como se sentir confortável mesmo quando o conforto e a familiaridade são um tanto disfuncionais. O Tantra Vivo o convida a experimentar o desconforto e respirar nele.

Um dos modos de nos isolarmos de nossos sentimentos é respirando pouco. Podemos retomar o contato com o que sentimos e com toda a vida que acontece em nosso corpo se respirarmos um pouco mais fundo que o normal. Quando inalamos o ar lentamente e, ao mesmo tempo, voltamos a atenção para diferentes partes do corpo, investigando e observando tudo devagar e com paciência, parece que o corpo ganha vida. É um processo lento e silencioso, como se déssemos as boas-vindas a nós mesmos com a respiração, como uma volta ao lar. Pode parecer estranho ou até esquisito.

Você pode tentar isso agora, durante esta leitura, e o dia todo enquanto lê o livro. É um compromisso de estar conectado com seu corpo e seus sentimentos enquanto vive a vida, qualquer que seja a atividade no momento. Perceba como as palavras e as ideias tocam o seu ser e impactam sua experiência interior.

EXPERIÊNCIA DE JAN

Nos primeiros anos de minhas explorações, tudo para mim era mais animação que relaxamento. Lembro-me de exercícios conduzidos para prestar atenção ao corpo que me deixavam entediada e inquieta. O que descobri com o tempo foi que aprender a desacelerar e me conectar comigo gera uma calma profunda e uma segurança, às quais eu poderia recorrer quando precisasse de resiliência. Seria mais como cruzar o fundo de um oceano profundo do que uma corrida de lancha na superfície. Percebi que fazer tudo com pressa e buscar coisas estimulantes eram minhas "saídas", um modo de evitar os sentimentos geralmente dolorosos que despertavam quando eu diminuía o passo e escutava. (Mais sobre essas saídas na seção seguinte.)

No Ocidente, tendemos a ser uma sociedade acelerada, na qual ficamos impacientes se ocorrer um atraso de meros 20 segundos para baixar um arquivo da internet. Estamos habituados ao que é rápido e intenso.

Vale a pena um esforço para desacelerarmos e nos silenciarmos o suficiente a ponto de ouvirmos o que acontece com nosso corpo. No início, será mais fácil se praticarmos períodos curtos de atenção.

Uma Prática de Tantra: Prática Espiritual para Todos os Momentos de Todos os Dias

Afinal, o que é uma prática de tantra? Em primeiro lugar, é uma prática, o que significa que precisamos repeti-la várias vezes. Recorremos sempre a ela para crescimento e aprendizado. Vejamos de novo nossa definição de tantra: é um caminho que conduz à consciência de tudo, usando tudo para nosso aprendizado e crescimento. Neste livro, apresentaremos diferentes práticas e exercícios que você pode integrar em sua prática tântrica pessoal, para que possa usar tudo em sua vida como parte da jornada de crescimento.

Crescer em que sentido?

Você cresce para a manifestação plena de seu ser, para o seu maior potencial, uma visão de mundo mais ampla, uma conexão com todos os reinos e estados de seu ser e com a própria existência.

Quando examinamos a respiração e o ritmo, dois pontos se destacam na prática do tantra:

1. Começamos a observar nosso ritmo na vida e o que acontece quando desaceleramos.
2. Começamos a notar quando ligamos o piloto automático, e o que acontece se prestarmos atenção à respiração e às sensações.

Não há nada inerentemente errado com ritmos acelerados ou mesmo o padrão de piloto automático. Às vezes, ambos são úteis. E nós gostaríamos de ter a escolha consciente deles e do efeito que exercem sobre nós, para que o piloto automático seja útil e utilizado sempre que necessário. Por exemplo, imagine se você tivesse de pensar muito antes de fazer um movimento para virar seu carro à direita. Provavelmente, o motorista atrás do seu carro logo ficaria irritado. Não precisamos desse nível de atividade mental, pois ela nos desacelera a ponto de não ser útil. Entretanto, a mesma ideia de "fazer sem prestar atenção" pode nos forçar a comer sem sentir o gosto dos morangos, tomar banho sem a sensação da água sobre a pele ou conversar sem, de fato, nos conectamos com a outra pessoa.

> # EXERCÍCIO
>
> Este é o primeiro de nossos exercícios, e recomendo que você use um caderno enquanto trabalha com o livro. Talvez você possa compartilhar a experiência com um amigo.
>
> Escolha uma série de atividades diárias e passe algum tempo observando seu ritmo normal na realização delas. Por exemplo:
>
> Andar por uma rua movimentada;
>
> Lavar a louça;
>
> Escovar os dentes;
>
> Comer uma refeição;
>
> Tomar banho;
>
> Ler.
>
> Primeiro, apenas detecte qualquer sinal de impaciência e ansiedade para dar o passo seguinte.
>
> Se for possível comparar seu ritmo, veja se é mais rápido ou mais lento que de outras pessoas.
>
> Em segundo lugar, escolha uma atividade para desacelerar e veja o que acontece. Além de ir devagar, preste um pouco mais de atenção à sua respiração. O que o sente no corpo? Percebe mais sensações? Quais? Seus sentidos estão mais aguçados? Que sentimentos brotam daí? Você se sente confortável ou desconfortável? Vale a pena trabalhar por dez minutos em cada uma dessas atividades e registrar suas percepções.

Nosso objetivo é nos conhecermos, e é aí que a curiosidade justifica a aventura e o julgamento atrapalha. Treinemos para ver com clareza, para estar aqui com o que acontece. É uma aventura que exige a coragem de sentir.

O que você acabou de fazer foi o início do desenvolvimento daquilo que chamamos de a testemunha ou o observador interno. O desenvolvimento dessa capacidade é fundamental para a prática do tantra. É como desenvolver um músculo. Quanto mais o usar e prestar atenção nele, mais crescerá. Aqui vai outro exercício para desenvolver o observador interno:

EXERCÍCIO: "EU PERCEBO..."

Isso é divertido com mais de uma pessoa, mas você também pode fazê-lo sozinho. Também funciona com um parceiro ao telefone ou em uma ligação por vídeo.

Note como se sente antes de começar este exercício por alguns minutos.

Assim, com um parceiro ou em um grupo, revezem-se para dizer "eu percebo" e então fale o que percebe naquele momento. Pode ser uma experiência interna de sensações, sentimentos ou energias, uma percepção de pensamentos ou a observação externa com os cinco sentidos. Por exemplo:

- Eu percebo...
- o sol no meu rosto;
- minha cadeira ranger;
- tensão em meu ombro esquerdo;
- lágrimas brotando dos meus olhos;
- a lembrança de uma reunião hoje à tarde;
- meu coração batendo;
- o azul de seus olhos;
- minha irritação;
- o contato de meu corpo com a cadeira;
- um aperto na minha garganta.

Se estiver sozinho, fale em voz alta e dê um intervalo, respirando uma ou duas vezes, depois de cada "eu percebo".

Faça isso por 5-10 minutos todos os dias e note como se sente no fim.

Reflita na maneira como sua atenção é distribuída. Quanta atenção vai para seu mundo interior, o mundo dos sentimentos, sensações e pensamentos? E para o mundo exterior, observando os outros, ouvindo sons, contemplando cenas ou captando cheiros?

De novo, apenas note. Não há certo ou errado.

Então repita por mais 5-10 minutos.

Registre ou compartilhe quaisquer observações. Como se sente agora?

Esses dois primeiros exercícios oferecem um modo sutil de auto-observação e encorajam o leitor a estar com sua experiência. Você pode notar uma diferença entre a percepção do que acontece agora e o pensamento que o leva ao passado ou ao futuro. Às vezes, é bom refletir no passado e imaginar o futuro. Faz parte da nossa condição humana essencial. Podemos nos capacitar quando recuperamos lembranças de tempos felizes, quando nos sentíamos seguros ou satisfeitos; portanto, essa é uma ferramenta útil para um kit de primeiros-socorros emocionais (*ver* Apêndice I). Imaginar o futuro nos permite explorar novas possibilidades ou nos prepara para um desafio. No entanto, temos o hábito de mergulhar no passado ou no futuro como uma fuga do que acontece agora. Isso também pode ser útil em algumas ocasiões. Se o presente for demasiadamente desafiador ou difícil, vale a pena nos tranquilizarmos.

Talvez você note que, quando pensa no passado ou no futuro, não está conectado com as sensações que surgem de sua experiência atual. Pode gerar sentimentos associados com a lembrança do passado ou com a visualização do futuro, mas não está tão conectado com os sentimentos no presente. Muitas vezes, você simplesmente não percebe sensação alguma ou "saiu do corpo", de certa forma. Algumas pessoas são mais propensas a isso que outras, e a maioria passa por essa experiência em situações diversas, em maior ou menor grau em várias situações. É útil ter esse conhecimento, pois você enxergará áreas em que deseja se aproximar dos sentimentos ou simplesmente sair do hábito do piloto automático, que até então não percebia ter. Especialmente no campo dos relacionamentos, encontrar "saídas" é uma informação benéfica. Em geral, nós queremos sair do presente quando nos sentimos desconfortáveis. Portanto, o desconforto é um ótimo indicador de uma área onde podemos crescer com mais escolhas e possibilidades nas quais podemos expandir nosso alcance emocional para não mais termos de nos isolar da vida em curso.

Entrar em contato com o corpo, desenvolver a percepção e estar presente com a experiência interior são práticas de uma vida inteira. É fundamental para o desenvolvimento da nossa consciência, além de ser um alicerce para resiliência e conexão íntima.

EXPERIÊNCIA DE JAN: COMO CONHECEU FRIEDER E PRECISOU FUGIR PORQUE ERA INTENSO DEMAIS

Quando conheci meu marido, 19 anos atrás, tive uma forte experiência de minha estratégia de fuga. Estávamos ao ar livre, em uma noite quente em Maui, em uma festa de Ano-Novo a pleno vapor, e dançávamos juntinhos há mais ou menos meia hora. Havia um contato íntimo adorável e começava a ficar um pouco intenso para mim. Disse a Frieder: "Preciso entrar e arrumar as coisas para a meia-noite", e me afastei. Na realidade, não tinha nada para arrumar. Minutos depois, percebi o que tinha feito e voltei para encontrá-lo. Ele tinha ido embora. Só nos vimos de novo dois dias depois, quando – para nossa sorte – nossos caminhos se cruzaram mais uma vez.

Para mim, ficou claro que uma de minhas fugas era me atolar de trabalho ou evitar a intensidade do momento. Se tivesse percebido isso antes, poderia ter dito a ele: "Sinto-me um pouco sobrecarregada. Gostaria de me sentar um instante e me reencontrar, assim poderei aproveitar o momento de novo". Ou mesmo: "Sinto-me um pouco sobrecarregada. Vamos caminhar um pouco?" Não deveria ter fugido dele. Frieder também não precisava ter ido embora quando me afastei, mas essa é a história dele.

EXERCÍCIO: ENCONTRANDO NOSSAS FUGAS

1. Reflita nessas fugas que você costuma usar. Por exemplo:

- Checar o celular;
- Falar só para evitar a intimidade de um silêncio;
- "Excesso de trabalho" para evitar conexão com si mesmo ou com outros;
- Sentimento de raiva para evitar a tristeza ou a vulnerabilidade;
- Sentimento de tristeza para evitar a raiva;
- Comer para evitar qualquer coisa;
- Ler para evitar o que está acontecendo agora;
- Representar (criar um drama externo para desviar de nossa experiência interna ou de sentimentos);
- Fechar-se (voltar-se para dento de si, em autojulgamento ou crítica).

Embora algumas dessas atividades ou comportamentos sejam ativos e façam parte do fluxo da vida, também podem ser desvios dela. Tome cuidado ao justificar algo como uma atividade da vida (principalmente o celular ou ler o jornal). Sabemos quando nos viciamos em uma coisa. Prontifique-se a examinar e a se desafiar. Cuidado para não desafiar os outros. Ninguém gosta de ouvir que está agindo de modo errado, e isso geralmente deixa a pessoa na defensiva e retraída em vez de aumentar sua percepção. Todos nós temos nossas fugas favoritas. Quais são as suas? Novamente, tenha curiosidade e pratique sem julgar. Pense: *Isso não é fascinante? Sempre que estou meio entediado/triste/desconfortável, apelo para…*

Sugiro que passe uma ou duas semanas refletindo sobre o que foi feito e escreva em seu diário, todas as noites, uma lista das estratégias de fuga que usou. Se fizer isso durante certo período em vez de apenas uma vez, desenvolverá uma prática contínua para aplicar na vida.

2. Pense em como se sentiria se não usasse a estratégia de fuga.

3. Pergunte a si mesmo se gostaria de aceitar esse sentimento.

Se estiver pronto para se abrir mais aos sentimentos, combine com você mesmo que arriscará ao menos um pouco de desconforto. Vá devagar. Comece simplesmente imaginando uma diferença.

Imagine a situação sem o uso das fugas e entre na sensação desse futuro imaginado.

Por exemplo, se você normalmente começa a falar quando se passam mais de dez segundos de silêncio, imagine como se sentiria se esperasse mais alguns segundos. Quando estiver pronto na imaginação, experimente na prática.

Aprendemos mais rapidamente quando vamos devagar e não forçamos além do que o sistema nervoso tolera. Mesmo que você seja um viciado em pressa como eu era, vá com calma.

O MODELO DE CRESCIMENTO DO TIPO "BOLO DE VÁRIAS CAMADAS": O QUE É MUITO RÁPIDO E O QUE É MUITO LENTO?

Esta é uma visualização fácil da situação em que estamos e dos nossos exageros para permanecermos em uma zona e um ritmo controláveis. É desafiador, mas não tanto.

Na camada mais baixa do bolo não acontece muita coisa (em termos de crescimento ou conexão). Podemos estar amortecidos porque tudo é sufocante e, então, nos isolamos. O que impera aqui é o *status quo*.

A camada do meio é suculenta, cheia de creme e geleia. Há suficiente estimulação, vulnerabilidade, ativação e desconforto para promover crescimento, mas não tanto que nos sufoque ou que não possamos processar e estarmos atentos ao que está acontecendo.

A camada superior do bolo não é suculenta. Ultrapassamos nossos limites, entramos no excesso de ativação e, nesse ponto, também não há crescimento. Tendemos a experimentar uma energia excessiva fluindo pelo corpo e acabamos regredindo à camada inferior, amortecidos novamente. Queremos desacelerar o suficiente para permanecermos na camada do meio, mas não a ponto de nada mais acontecer. Tudo isso é muito individual e, com certeza, dependerá de outras coisas que ocorrem em nossa vida.

Estamos nos aproximando um pouco mais de nossa primeira intimidade e começamos a desenvolver a habilidade para entrar em contato com nós mesmos, observarmo-nos em situações cotidianas e nos permitirmos ser. Quanto mais você praticar isso, melhor será seu contato com os sentimentos e, abrindo o espaço para essas sensasões, você fará as pazes com elas. Talvez você comece a notar que se sente mais vivo emocionalmente e que sua capacidade emocional expandiu. Em outras palavras, sente-se cada vez mais capaz de aceitar esses sentimentos sem interpretar um papel ou se fechar. Se você perceber que interpreta um papel ou se fecha, é um sinal de que está indo rápido demais.

Quando começar a se abrir e perceber o que acontece em seu campo emocional, você poderá dar um passo a mais nessa exploração, focando áreas nas quais os sentimentos são um pouco mais descontrolados e fortes. Usaremos essa prática fundamental por todo o livro, à medida que nos abrirmos para todos os sentimentos que surgirem em situações sexuais, conscientizarmo-nos desses sentimentos e os aceitarmos, e observarmos se conseguimos sair da camada suculenta do bolo.

Anotações no Diário

Para facilitar sua experiência de converter esses exercícios em prática, recomendo o uso de um diário. Pode ser em algum momento no começo ou no fim do dia, quando você se senta e reflete conscientemente sobre o que acontece em sua vida. Anote:

- Como experimenta o que acontece e quais sentimentos se movem;
- Observe se há resistência ou reatividade (acontece com todos nós, às vezes);
- Observe e celebre os momentos em que conseguiu desacelerar e reagir de modo mais consciente, em vez de impulsivo;
- Reconheça as questões que são desafiadoras e causam desconforto, dor ou tristeza.

Pode fazer desse hábito um ritual, um local e uma hora para você. Crie um espaço onde se sinta livre da correria da vida, entrando em um modo de reflexão e observação. É um lugar sagrado para você. Se quiser, acenda uma vela como símbolo de sua intenção.

EXPERIÊNCIA DE JAN: USO DO DIÁRIO E O COMEÇO DE UMA PRÁTICA MATUTINA REGULAR

Passei um bom tempo na Suíça, em um local com vista para o Lago Lucerna (Vierwaldstättersee) e as montanhas. Foi uma época turbulenta para mim e, às vezes, sentia-me muito mal. Outro morador da casa onde me hospedei sugeriu que eu me levantasse às 6 horas da manhã e começasse o dia de um jeito diferente. Creio que disse algo do tipo: "Faça dez coisas antes do café da manhã e seu dia terá energia". Mas resolvi, de qualquer maneira, levantar-me às seis horas e sentar-me para meditar por meia hora, escrever no diário e me conceder algum tempo pessoal, uma hora e pouco. Foi uma experiência tão gratificante e inspiradora que decidi sair da cama um pouco mais cedo no dia seguinte, às 5 horas, para ter mais tempo. Apaixonei-me pela manhã, pela qualidade da luz, pelo silêncio e pela falta de pressa e compromissos. Comecei a ler uma página ou duas de algum livro inspirador (geralmente era Rumi) e, em seguida, sentava-me para meditar por alguns minutos, escrevia em meu diário e refletia com calma no que estava acontecendo em minha vida. A escrita se tornou uma ferramenta importante para eu entrar em contato comigo e com tudo o que sentia. Um espaço para refletir e aprender a respeito de minha alegria, tristeza, frustração, desejos, medos e prazeres. Eu tinha uma mesinha com uma vela, que converti em local sagrado, e geralmente de lá eu assistia à mudança do céu escuro para azulado, conforme ia surgindo a luz, e o sol nascia acima das montanhas e do lago. Nunca perdi esse hábito. Fazia-me sentir em casa e criava uma resiliência interna, um sentido cada vez maior de calma interior e uma conexão profunda com o mistério que transcende a todos nós. Comecei a sentir a vida diferente, menos sobrecarregada por turbulências e mais capaz de fluir com um poder que me transcendia, e me proporcionava um sentido de união. Por mais vago tudo isso pareça, foi algo que me ajudou a me manter centrada e conectada com o Espírito e os milagres. Deu-me um alicerce para a vida que ainda me serve 30 anos depois.

Os rituais que criamos para nós mesmos usando lugares especiais, velas, horários específicos podem nos apoiar na prática ainda nova e em desenvolvimento, conferindo-lhe certa estrutura.

Ter um momento regular para refletir e testemunhar a alegria e a dor que percorrem seu corpo torna-se cada vez mais importante, à medida que você passa para experiências e exercícios que possam expor emoções mais fortes.

> **EXERCÍCIO: ESCOLHA UM MOMENTO PARA TOMAR BANHO SEM PRESSA OU INTERRUPÇÃO. DESLIGUE O TELEFONE.**
>
> De pé, sob o chuveiro, desfrute primeiro a sensação da água escorrendo pelo corpo, a temperatura da água e o modo como ela toca sua pele. Preste bastante atenção a isso e perceba tanto as sensações como os sentimentos. Se estiver se sentindo bem e puder distinguir suas sensações, comece a passar sabonete ou óleo em seu corpo, e abra-se para as sensações e os sentimentos que surgem ao toque. Todos os toques são agradáveis? Tente descobrir de quais tipos você gosta e de quais não gosta. Como é se permitir gostar de seu corpo tocado assim? Você se permite tocar/sentir prazer em todas as partes? Pode tocar seu corpo com amor?
> Faça isso algumas vezes (ou sempre no banho) e pense na experiência. Anote os sentimentos e as sensações.

Estar presente no próprio corpo pode evidenciar que, às vezes, julgamos a forma ou o tamanho de nosso corpo. E isso pode ser um dos motivos por que não lhe damos muita atenção. Isso pode se tornar algo como um disco riscado com pequenos comentários maldosos. A maioria de nós não aceitaria tais comentários se eles fossem feitos por outra pessoa. Se um amigo lhe telefonasse várias vezes por dia para lhe dizer algo negativo a respeito de seu corpo, provavelmente essa amizade não duraria. Preste atenção ao que você pensa e fala do próprio corpo. Tente conversar com ele usando palavras gentis, mas verdadeiras, deixando a maldade de lado, e fazendo as pazes com quem você é. Se quisermos aprender a conviver e nos conectarmos com nós mesmos, precisamos fazer as pazes com o nosso corpo, com nossos sentimentos e até nossos padrões. Precisamos aprender a nos tratar com gentileza e compaixão. Se pretendemos desenvolver nossa primeira intimidade, nosso relacionamento e conexão com nosso eu, necessitamos aprender a recorrer ao que é verdadeiro e nos desapegarmos daquela voz crítica interior, dando-lhe menos atenção.

Vejamos como nos sentimos em relação ao próprio corpo. Pelo menos uma vez por dia nos despimos, mas geralmente isso é feito no piloto automático. O exercício seguinte convida o leitor a levar mais consciência a essa atividade trivial e cotidiana.

EXERCÍCIO: DESPIR-SE CONSCIENTEMENTE

Parte 1

Fique de pé em um lugar onde saiba que não será visto por ninguém. Lentamente, tire as roupas e observe quais sensações e sentimentos surgem enquanto se despe conscientemente. Quando estiver nu, fique parado ou se mexa um pouco, sentindo o que significa estar nu. Se não houver mais ninguém na casa, ande por ela, tome uma xícara de chá, lave a roupa... Veja o que significa para você usar roupas e note o que muda quando as tirar. Olhe seu corpo. Perceba o que não gosta nele e como o julga.

Parte 2

Na frente de um espelho longo, tire as roupas bem devagar, enquanto presta atenção a sentimentos, pensamentos e sensações. Nu, fique parado e olhe seu corpo. Veja quais pensamentos ou julgamentos você tem dele. Quais são seus sentimentos? Consegue ter amizade com o corpo em que vive? Consegue tratá-lo com amor?

Parte 3

Preste atenção, e anote os pensamentos e julgamentos que você tem do próprio corpo. Escreva-os no lado esquerdo de uma folha. Se não notar nenhum julgamento, fique de pé novamente diante de um espelho e observe. Por exemplo:

- Sou tão gordo;
- Não sou muito atraente;
- Meus seios são muito pequenos/meu pênis é muito pequeno;
- Meus seios são muito grandes/meu pênis é muito grande;
- Meus pés são muito grandes;
- Tenho orelhas de abano;
- Meu nariz é muito grande;

- Já tenho mais de 45 anos e nenhum homem/nenhuma mulher me deseja;
- Tenho menos de 1,70 metro de altura e nenhuma mulher me deseja/tenho mais de 1,80 metro de altura e nenhum homem de deseja.

Se você já ama seu corpo, ótimo. Aproveite esse sentimento! Mas descubra se sua autovalorização depende de ser jovem, magro, ter curvas e uma cintura fina, músculos desenvolvidos, etc. Se esse for o seu caso, escreva algumas frases sobre isso, resumindo suas crenças. Por exemplo:

- Os homens/as mulheres só me desejarão enquanto eu for magra/o;
- Só fico atraente quando uso maquiagem;
- Os homens/as mulheres só me amarão se eu mantiver meu corpinho de academia;
- Preciso esconder a idade para me sentir bem.

Mais tarde, no mesmo dia, releia essas frases quando se sentir tranquilo e seja gentil consigo mesmo. Tente se sentar e respirar fundo antes de olhá-las, lembrando-se de todas as qualidades maravilhosas que você possui. Agora veja as frases que escreveu e verifique se são verdadeiras. Isso não significa escrever o contrário. Não significa estar no país das maravilhas. A mudança de "sou tão gordo" para "meu peso é bom", ou mesmo para "gosto de meu peso", provavelmente, não é verdadeira e nada se altera só porque foi escrito. A ideia é remover a maledicência da frase e ver o que é verdadeiro quando você para de julgar, mas fica com a realidade. Portanto, pode haver alguma mudança deste tipo:

- Sinto-me desconfortável com meu sobrepeso e gostaria de emagrecer um pouco.

    Ou

- Sou mais pesado do que gostaria e preciso de ajuda para alcançar um peso saudável.

    Ou

- Sou um pouco barrigudo, mas na verdade não estou acima do peso.

> *Ou*
> - Não sou magro nem gordo. Acho que me sentiria melhor se perdesse um pouco de peso.
>
> Como se sente sendo honesto, sincero e gentil com você mesmo?

Nosso objetivo é entrar em contato com nosso eu real, e não com aquele que tivemos de ser para receber amor ou evitar sofrimento e punição. Nossa exploração é descobrir quem somos quando nos permitimos ser. Precisamos aprender a escutar com o corpo, mergulhar fundo para dar atenção a sensações e correntes de energia. Quando começarmos a ter contato e nos enxergarmos com mais clareza, nossa tarefa será fazer as pazes com o eu que encontramos, libertar e tratar com cordialidade aquele que esteve afastado ou fechado. E precisamos fazer isso devagar o bastante para mantermos a conexão com nosso eu, mas não rápido demais a ponto de nos amortecermos ou desconectarmos. Com a lentidão, aprendemos a tratar a nós mesmos de maneira gentil e amável.

Até agora, nossa prática consistiu em entrar mais em contato com nosso corpo e começar a nos abrirmos para os sentimentos. Na próxima seção, iremos mais fundo, explorando o modo como usamos as palavras SIM e NÃO.

SIM e NÃO

Já me surpreendi ao testemunhar:

- Homens e mulheres adultos (eu mesma, inclusive) muitas vezes dizendo SIM quando queriam dizer NÃO;
- Pessoas que nem sabem se querem dizer SIM ou NÃO;
- A dificuldade de uma pessoa em se mostrar como realmente é e dizer NÃO com facilidade, quando for necessário.

Eu percebi como é estressante e doloroso para as pessoas dizerem SIM quando queriam dizer NÃO, ao mesmo tempo que explicam que agem assim para não magoar a outra pessoa. Mas todos se magoam quando alguém faz algo que não quer. Você gostaria de conversar por telefone, jantar, fazer amor ou até se casar com uma pessoa que não quer nenhuma dessas coisas com você? Provavelmente não.

> ## EXPERIÊNCIA DE JAN: RECEBENDO UM SIM QUE ERA NÃO
>
> *Lembro-me de quando eu descobri que o homem com quem namorava há quase três anos, e com quem achava que teria um relacionamento duradouro, me disse um dia (mais ou menos um ano depois de nos separarmos) que, na verdade, ele sempre soube que não desejava um relacionamento duradouro. Ele me queria por perto para uma amizade, gostava de mim como amiga. Amava-me de maneira especial, mas não romântica nem sexual. Fiquei tão zangada que comecei a jogar pedras em um riacho para extravasar minha frustração. E gritei. Achava muito difícil conter a raiva e a tristeza, porque já tinha trinta e poucos anos e imaginava que aquela seria minha última chance de ter filhos. E se estivesse mais em sintonia com o nosso relacionamento, teria percebido que era platônico e jamais se tornaria duradouro. Houve tantas pistas. Eu devia ter percebido que as palavras dele não combinavam com suas ações. E mais: o que ele dizia era a verdade. Só queria amizade comigo.*

Todos fazem isso, em graus diversos, todos os dias. Às vezes as pessoas me perguntam: "Claro que de vez em quando precisamos fazer o que não queremos; caso contrário, seríamos egoístas, não seríamos?".

Sim, é verdade. Mas isso deve acontecer quando dizemos a verdade a nós mesmos, ponderando a decisão e fazendo uma escolha consciente. Nesse caso, não enganamos os outros nem a nós. Nem sempre a vida é tão clara. Podemos entrar em compromissos porque doamos algo com generosidade, em um ato de amor. Note que isso é diferente de dizer SIM para evitar que a outra pessoa tenha sentimentos que você acharia desconfortáveis ou evitar o próprio desconforto ao dizer NÃO. Também não é o mesmo que dizer SIM para obter algo mais tarde. Há uma grande diferença entre um presente e um acordo. O presente é gratuito. É um ato de amor. O acordo é algo dado em troca de outra coisa (amor, aprovação, amizade, um presente em troca). É importantíssimo sermos honestos com nós mesmos. Mas isso pode exigir o compromisso da autorreflexão.

Um bom exemplo é fazer amor. Meu parceiro diz: "Você quer fazer amor?" Às vezes, a resposta é um SIM genuíno, mas geralmente é NÃO naquele momento, porque não estou excitada e meu nível de desejo não é alto. Entretanto, eu sei, por experiência própria, que a partir do momento em que começarmos a trocar carícias e eu deixar minha atenção seguir o rumo de minha sexualidade, meu nível de desejo provavelmente aumentará, mesmo que eu não queira exatamente naquele instante, tenho certeza de que vou gostar do que vier e nosso nível de intimidade e conexão se aprofundará. É algo que nutrirá a relação. Portanto, embora não seja o que quero neste momento, escolho dizer SIM. Agora, claro que preciso me manter em sintonia enquanto passa o tempo, porque também existe a possibilidade de que eu não me excite. E não há problema nisso. Pode haver um diálogo honesto que crie intimidade e conexão ente nós dois.

Dizendo NÃO quando queremos dizer SIM

Às vezes, acontece o inverso, e dizemos NÃO quando na verdade queríamos dizer SIM. Um dos motivos disso é que há momentos em que não nos sentimos seguros de que poderemos dizer NÃO quando for necessário e, por isso, evitamos situações que talvez exijam o NÃO. Lembro-me de casos assim quando instruí homens e mulheres que tinham medo de sair com alguém, porque teriam dificuldade para dizer NÃO a outros encontros, se não os desejassem. O que ocorre é mais ou menos isto: "Tenho certeza de que não quero me casar com esse homem, por isso é melhor não fazermos sexo porque ele pode me pedir em casamento. Se eu não quero ir para a cama com ele, é melhor nem sairmos para jantar, pois talvez ele queira outra coisa depois. É melhor nem tomar um café com ele porque pode me convidar para jantar. Aliás, é melhor nem conversar com ele, pois pode me oferecer um café e nós sabemos onde isso vai acabar".

Tudo bem, esse pode ser um exemplo extremo, mas você me entende. Ouvi muitos homens dizerem que temem um encontro exploratório porque podem se enroscar em uma armadilha da qual não conseguem sair (porque têm medo de dizer NÃO).

Se tivermos a segurança de dizer NÃO quando for preciso, poderemos dizer SIM com muito mais rapidez, e ter muito mais prazer e conexão na vida. E, quem sabe, podemos até nos dar a chance de conhecer uma pessoa tão bem a ponto de ambos quererem o casamento.

Consequências de dizer SIM quando você quer dizer NÃO

Vamos mergulhar em um mundo de toque, conexão, namoro e relacionamento – para momentos em que você está tocando ou sendo tocado por outra pessoa e quer estabelecer uma conexão. "NÃO" é uma palavra carregada de tantas lembranças antigas e desagradáveis, que evitamos dizê-la ou ouvi-la. É desconfortável. (Lembre-se de que o momento desconfortável geralmente é aquele em que acordamos, pois faz parte do crescimento.)

Exemplo Tomada 1

Paul está tocando em Gloria e ela até que tolera. Não é ruim e ela quer que tudo dê certo, por isso não pretende aborrecer Paul com um NÃO. Além disso, Gloria quer ser tocada e tem medo de que, se disser NÃO para o jeito como Paul a toca, ele pare completamente. Um pouco é melhor do que nada. Por outro lado, Paul quer tanto agradar Gloria que tenta ficar do lado seguro, pois seu pior pesadelo é ser acusado de fazer algo que ela não queira. Ele tenta ler a mente dela e, como não consegue, se sente inseguro. Não há muita conexão aí. Os dois estão nervosos e tensos.

Exemplo Tomada 2

Gloria diz que adoraria ser mais tocada, mas fica nervosa e gostaria de que os dois estipulassem algumas diretrizes. Diz que gostaria de aprender mais sobre o corpo de Paul e que ele aprendesse mais sobre o dela. Como todos os corpos são diferentes, eles precisam relaxar bastante para poderem explorar. Gloria sugere que Paul diga SIM se gostar do toque específico que está recebendo em qualquer momento, e NÃO se não gostar. Gloria concorda em fazer a mesma coisa. Paul percebe que está mais relaxado porque não precisa mais ler a mente dela, e sabe que ela dirá NÃO se não gostar de alguma coisa e sabe que o SIM de Gloria significa realmente SIM. Ele pode brincar e experimentar modos de tocá-la porque sabe que ela dirá NÃO se não apreciar. Os dois conseguem relaxar e brincar mais. Relaxados, eles aproveitam o momento.

Voltemos, enfim, ao NÃO. Como eu sei se quero dizer SIM ou NÃO? Como descubro o que vale para mim? Um passo importante é reprogramar a sensibilidade para experimentarmos mais sensações no corpo, escutarmos os instintos e o coração, e nos abrirmos para ouvir os sentimentos. É o oposto do amortecimento passivo para tolerarmos coisas que não queremos. Estamos tentando nos sintonizar com nossa resposta natural, em vez da resposta habitual e baseada em medo. Portanto, um bom primeiro passo é colocar a consciência no que fazemos.

EXERCÍCIO: OBSERVAR O SIM E O NÃO NO FIM DO DIA

Em algum momento da noite, reflita sobre seu dia, pensando nas situações em que você disse NÃO, SIM ou NÃO SEI. Comece a observar seus padrões e anotá-los. Em que casos você disse SIM ou NÃO SEI quando queria dizer NÃO?

- Como se sentiu antes ou depois de dizer SIM ou NÃO SEI?
- O que o impediu de dizer NÃO?
- O que acha que teria acontecido se dissesse NÃO?
- Que resultado esperava quando disse SIM?

Em seguida, reveja as situações em que disse NÃO, quando preferia dizer SIM.

- Como se sentiu quando disse NÃO?
- O que acha que teria acontecido se dissesse SIM?
- Como teria se sentido se dissesse SIM?

Na medida do possível, enquanto fizer esses exercícios e reflexões, coloque-se no banco das testemunhas sem tentar mudar o que está fazendo e sem julgar. Desenvolva aquela sua parte que consegue apenas observar, permanecer neutra, ser curiosa. Geralmente, são os julgamentos que causam o padrão, para começo de conversa. Tentávamos ser bons para que nos amassem ou nos aceitassem na família ou em um grupo de amigos. A testemunha ou o observador interno é um local dentro de você de onde poderá enxergar com clareza. Permite-lhe encontrar as raízes daquilo que você faz e lhe dá a liberdade de escolha. Quando você vê com clareza as causas de seus padrões, fica mais fácil ter autocompaixão. Essa postura de compaixão e amor-próprio é vital, se quisermos crescer e aprender.

SIM, NÃO e segurança

Segurança

Queremos nos sentir seguros. O conhecido dá uma sensação de segurança maior do que o desconhecido. Dizer SIM ou NÃO para desviar de algo é uma prática conhecida. O conhecido dá a sensação de que estamos no controle. Achamos que sabemos o que vai acontecer. Isso faz que com os comportamentos já conhecidos se repitam, mesmo que não nos sirvam, e formem uma espécie de reação de piloto automático. Essa resposta geralmente é rápida porque é automática. Na verdade, o piloto automático não é seguro nem controlado. Mas dá a impressão de ser. No fim das contas, a segurança vem do fato de estarmos conscientes e sensíveis a nós mesmos e à situação, para sabermos quando dizer SIM ou NÃO. Provavelmente, precisaremos ir *devagar* e demorar um pouco mais para sentir o que queremos. Precisaremos de *coragem* para expressar com clareza nossa resposta com palavras do nosso corpo em harmonia. E teremos de *confiar* que estaremos bem, quaisquer que sejam nossos sentimentos. Isso nos permitirá reprogramar um pouco mais nossa sensibilidade, até sentirmos a vida que nos toca e nos abrirmos para ela.

Na realidade, é mais seguro estarmos em contato com nós mesmos e as situações, para fazermos escolhas conscientes.

Entre as opções de se sentir livre para confiar em si mesmo para enfrentar tudo o que a vida trouxer (incluindo sentimentos desconfortáveis) ou tentar passar a vida inteira evitando situações que possam causar desconforto, com qual você se sentiria mais seguro? E qual escolheria conscientemente?

Desenvolver a habilidade para suportar qualquer situação e aceitar o desconforto aumenta a autoconfiança tão necessária para você confiar em si mesmo e estar bem, venha da vida o que vier.

Amor

Algumas pessoas aprenderam a dizer SIM quando preferiam dizer NÃO como um meio de receber amor. Na infância, geralmente o NÃO indicava que estavam fazendo alguma coisa errada e, portanto, a palavra era associada a uma criança "ruim" e talvez não amada. As palavras NÃO e ADEUS podiam parecer ameaçadoras quando éramos muito jovens, e essas lembranças ainda nos acompanham, impedindo-nos de expressar o que é verdadeiro para nós e causando o pavor de alguém dizer adeus ou terminar um relacionamento. Depois de dizer SIM tantas vezes quando queríamos dizer NÃO, provavelmente nos anestesiamos para que não tenhamos de suportar sensações ou sentimentos indesejados. Nessa anestesia, apressamo-nos para sentir, superar algo logo, doar-nos em troca de amor ou aprovação.

Lembre-se da autocompaixão, caso se veja agindo assim.

À medida que aprendemos a estar presentes e nos tornamos capazes de *estar com* tudo o que sentimos, podemos receber o que vier, podemos nos abrir para *ser* em vez de sempre tentar *conquistar* (amor/ atenção/orgasmo/segurança, etc.). Isso nos leva a nutrir um amor real, e não mais fingiremos receber as migalhas que o piloto automático nos obrigava a procurar em troca do amor que antes parecia uma questão de sobrevivência. Não teremos mais de ouvir NÃO ou ADEUS como palavras assustadoras, que ameaçam a vida.

Dizer NÃO com o coração aberto

Outro motivo pelo qual dizer NÃO assusta é porque geralmente essa situação "deu errado". Se tivermos medo de dizer NÃO, evitaremos dizê-lo enquanto for possível. O resultado é que seremos como uma panela de pressão, enquanto nosso coração se contrai. Quando o NÃO finalmente é dito, está carregado de uma força e uma energia que dificultam ainda mais a receptividade por parte da outra pessoa, o que provoca brigas ou aborrecimentos. Quando, por outro lado, fazemos as pazes com a palavra "NÃO" e a olhamos como uma informação, uma dádiva de franqueza, temos maior facilidade para pronunciá-la e manter o coração aberto e amável na hora de dizer a palavra. O resultado é que será mais fácil ouvi-la também.

> **EXPERIÊNCIA DE PARTICIPANTE:
> RUTH – "NÃO" E OS LIMITES**
>
> *Outro lampejo que tive foi durante um exercício de dizer SIM e NÃO um ao outro; cada pessoa dizia SIM por um minuto e depois NÃO por mais um minuto. E percebi o quanto apreciei ouvir o NÃO. Achei que não queria ouvir porque era negativo. Mas gostei porque era um jeito de eu saber onde estava. Foi a primeira vez que entendi o que era um limite: uma fronteira saudável. Com uma mãe narcisista, não há limites; eu não os tinha. Portanto, a ideia de que o NÃO podia ser bom e bem-vindo foi uma importante lição para mim.*

Eis uma experiência de NÃO e dos limites de uma participante do Tantra Vivo:

Natureza sexual

Uma área da vida em que as pessoas têm mais dificuldade com SIM e NÃO é o campo da sexualidade. Às vezes, acabamos negando a nossa energia sexual natural e temos dificuldade para dizer ao contato sexual um SIM ou NÃO coerente.

A energia sexual é poderosa, talvez uma das mais potentes que circulam dentro de nós. Às vezes, é assustador sentir o poder dessa energia dentro de nós ou recebê-la. Algumas pessoas não conseguem controlar seu desejo sexual e são dominadas por seus impulsos. Se você foi exposto a isso (ou se seus pais ou amigos foram), a sexualidade pode parecer ainda mais perigosa. Quando crianças, muitos de nós somos alertados contra a sexualidade, de forma explícita ou implícita, ou porque absorvemos uma espécie de norma cultural. Além disso, como os pais não se sentem à vontade para explicar o sexo aos filhos, o embaraço e a proibição do sexo podem ser transmitidos sem intenção. As crianças também podem interpretar de maneira totalmente errônea coisas que lhes são ditas e, por causa disso, passam a enxergar nessas coisas um significado que não corresponde à realidade.

> ## EXPERIÊNCIA DE JAN
>
> *Cresci como uma garotinha aventureira, que costumava brincar com os meninos da casa vizinha. Minhas perguntas impertinentes sobre sexo recebiam muitas respostas evasivas. Deduzi, enfim, que esse era um assunto complicado e queria descobrir por quê. Lembro-me de uma conversa com minha mãe em que ela falava de colocar uma almofada grande entre ela e meu pai quando iam dormir. "A-há!", eu pensei. "Deve ser para ele não se aproximar dela! Isso quer dizer que o sexo é uma coisa muito ruim e é assim que a gente não deixa os homens chegarem perto." Aos 13 anos, concluí que a relação sexual era ruim e nojenta, e seria maravilhoso se pudéssemos evitá-la. Acabei conhecendo um homem sete anos mais velho que eu e deduzi que nunca teríamos uma relação sexual. Nós nos casamos quando eu tinha 17 e nos divorciamos quando eu já completara 20. Ainda era virgem, mas minha feminilidade estava se libertando das ideias na infância.*
>
> *Levei mais 20 anos para perceber plenamente que a sexualidade era uma maravilha, uma energia criativa que poderia ser apreciada e causar imenso prazer, que era parte de minha natureza divina, que podia ser inocente, amorosa e compensadora; que podia me conectar profundamente com outra pessoa e me conduzir até Deus. E ninguém jamais me convenceria de novo de que estava errada.*
>
> *Descobri depois que minha mãe usava o almofadão para meu pai não rolar por cima dela enquanto dormia. Ele era muito mais pesado e o colchão afundava no meio.*

Quando éramos crianças em fase de crescimento, não celebrávamos nossa sexualidade. De um jeito ou de outro, nós formamos algumas ideias acerca do sexo que eram confusas e envolviam frequentemente a ideia de receber amor ou atenção. A situação é diferente entre meninos e meninas. Um menino adolescente com grande experiência sexual se torna uma referência para os colegas e conquista um status de macho alfa. Já a menina sexualmente ativa na adolescência é quase sempre chamada de vagabunda. No entanto, mulheres jovens também aprendem o poder da sua sexualidade, tanto que costumam trocar sexo por amor, e conhecem maneiras de se desassociar do que sentem durante o ato sexual para que ele seja tolerável e elas recebam amor (ou pelo menos atenção). Na minha experiência, muitas adolescentes descobrem que podem ser amadas se forem "boazinhas" e rejeitarem o sexo, o que culmina na clássica cisão sexo/amor. Infelizmente, muitos jovens de ambos os sexos experimentam um tipo de toque que é, na melhor das hipóteses, inapropriado, insensível ou inapto, e, na pior, abusivo. Mesmo isso pode gerar confusão, pois, na verdade, precisamos de conexão e sexualidade. Ou seja, a necessidade permanece, mas em nosso cérebro ela é associada com dor, sofrimento, desconforto ou entorpecimento. Ou, mesmo quando o toque é inapropriado, o corpo reage com prazer, o que gera sentimentos profundamente conflitantes. De um modo geral, não nos tornamos adultos com habilidades suficientes ou uma base para vivermos uma sexualidade saudável em qualquer nível. Entramos na puberdade e nos sujeitamos ao poder da energia sexual despertando em nós sem informação, apoio ou incentivo. Não é à toa que a sexualidade se torna tão complicada para tanta gente. Pelo mesmo motivo, a maioria acha difícil lidar com a energia sexual, o que faz dela um tema rico a ser explorado e incluído no campo do tantra.

EXERCÍCIO

Explore seus sentimentos como homem ou mulher sexual. Iremos devagar por esse caminho. Queremos apenas tocar as bordas *do que* sentimos quanto à energia sexual em nosso corpo, independentemente da quantidade dela. Não nos precipitaremos a ponto de mergulhar em uma enxurrada de sentimentos. Vá devagar e pare, caso se aproxime de um sentimento maior, que não consiga enfrentar no momento. Não é hora de mergulhar fundo em eventos traumáticos do passado. Queremos apenas levar a consciência a sentimentos que fluem dentro de você, em direção à sua natureza sexual.

Respire, como se o ar inspirado pudesse chegar aos órgãos genitais. Consegue tocar sua energia sexual?

- Qual é a sensação? (Formigamento, urgência, suavidade, beleza...)

- Como você se sente? (Excitado, envergonhado, desesperado, feliz...)
- Se a sensação for de dificuldade ou desconforto, você consegue ficar com ela e apenas observar?
- Se a sensação for boa, consegue respirar nessa energia, deixá-la crescer e aproveitá-la?
- Precisa encontrar uma válvula de escape? Ou consegue suportar a tensão dentro de você?
- Permite-se gostar disso ou sente vergonha?

Quando associamos sentimentos e julgamentos vergonhosos a uma energia essencial poderosa e inata dentro de nós, inevitavelmente nos isolamos de nosso corpo e de nosso ser. Isso leva a um sentido de erro ou de imoralidade inata do qual não conseguimos nos livrar e permeia nossa vida e autoconsciência, comprometendo a autoconfiança e a sensação de possuirmos um corpo.

Como nos abrimos para abraçar esse aspecto de nós mesmos? E o que acontece *se* abraçarmos essa parte de nós?

Com certeza, à medida que nos abrirmos para nossa natureza sexual, encontraremos um entorpecimento ou pensamentos e ideias muito fortes.

EXERCÍCIO: EXPLORANDO SEUS SENTIMENTOS EM RELAÇÃO À SUA NATUREZA SEXUAL

Parte 1

Pegue uma folha grande de papel e lápis de cor ou gizes de cera. Divida a página em três partes. Uma parte será para a sua sexualidade atual. Outra será para como você adoraria que ela fosse. E a terceira será para os pensamentos, crenças ou experiências que você sente que limitam sua expressão sexual natural e vital.

> 1. Pense em palavras, frases e crenças que você associa com sua sexualidade agora. Não precisam fazer sentido nem ser justificáveis.
> 2. Pense em palavras e frases que representam algum aspecto de como você adoraria viver sua sexualidade nos seus sonhos mais loucos. Permita-se imaginar a sexualidade como uma coisa maravilhosa, deliciosa, suculenta, revigorante, relaxante e prazerosa. Como a melhor coisa possível, mesmo que não acredite nisso. Dê realmente asas à imaginação.
> 3. Anote palavras e frases ou desenhe símbolos que indiquem o que pode impedir a vida com essa visão sexual imaginada. Se ouviu comentários que ainda marcam sua existência e dos quais se lembra até hoje, escreva-os também. Por exemplo: "menina que tem relações sexuais é vagabunda"; "o sexo causa dor"; "sexo é uma coisa ruim, nojenta"; "se você fizer sexo, receberá amor"; "se der vazão à sua sexualidade, será estuprada".
>
> Com o uso do giz de cera, será mais fácil expressar uma parte sua mais jovem, mais inconsciente, mas também mais inocente. Se quiser, explore-a com palavras adicionais, usando uma caneta também, e observe que outras palavras e ideias surgem.

Citamos vários sentimentos e pensamentos ligados à nossa sexualidade. Podemos dar um passo mais avançado, usando um processo que chamo de Terapia das Partes.

A Terapia das Partes

Nos workshops e seminários do Tantra Vivo, costumamos usar a Terapia das Partes[1] para explorar as diferentes partes que nos compõem. É um método que usa almofadas ou cadeiras para marcar um espaço físico onde podemos acessar nossas partes diversas. Quando

---

1. Trata-se de um misto de aprendizados de fontes variadas, mas que não é exatamente igual a nenhuma delas: (1) Diálogo de Vozes, desenvolvido por Hal e Sidra Stone; (2) Grande Mente, Grande Coração, desenvolvido por Genpo Roshi (Dennis Merkel); (3) Paul Carter, conversas particulares; (4) Anne Geraghty, trabalho em grupo. Pelo que me contaram, há outros trabalhos semelhantes, como os Sistemas Familiares Internos.

acessamos uma parte, permitimos uma identificação pessoal com ela plenamente, e olhamos o mundo e nossa vida a partir dessa perspectiva. Nós nos permitimos ver como é o mundo e como nos sentimos quando nos identificamos com aquela parte nossa. Dirigimos um olhar compassivo a cada parte, compreendendo que todas elas coexistem para o nosso bem, por exemplo, para nos dar segurança e felicidade.

Valorizamos, assim, a contribuição feita por qualquer parte e, ao mesmo tempo, percebemos que o modo como ela realiza sua tarefa talvez não nos sirva mais. A exploração das diversas partes que nos compõem nos oferece uma prática que encoraja uma atitude de testemunha, possibilitando a observação com compaixão e sem julgamento. Essa é apenas uma parte de nós, não é tudo o que somos. Nosso objetivo é entrar certas partes de nós e sair delas. Temos sempre uma parte central que representa nosso eu coeso, integrado. Quando entramos nas diversas partes, e saímos delas, levamos mais consciência ao eu integrado; e isso pode nos ajudar a fazer escolhas diferentes e abandonar padrões que não nos servem mais.

A Terapia das Partes é uma das várias ferramentas que usamos para nos analisarmos com mais clareza. De uma perspectiva tântrica, é importante usar qualquer coisa que nos ajude a fazer uma autoanálise de maneira mais nítida, levar mais consciência a todos os aspectos da vida e usar tudo o que a vida oferece para crescermos e nos desenvolvermos. Não é tão importante quais ferramentas usamos para essa finalidade. Se serve para você, use-as à vontade. Se não serve, procure outras que lhe possibilitem se revelar com mais clareza.

O próximo exercício é um exemplo conciso da Terapia das Partes.

EXERCÍCIO: EXPLORANDO SEUS SENTIMENTOS EM RELAÇÃO À SUA NATUREZA SEXUAL

Parte 2: O uso da Terapia das Partes
Entrando na imaginação enquanto sustenta sua parte ferida
Você precisará de três almofadas dispostas em uma fileira no chão ou em um sofá largo.
A almofada do meio representa o seu eu total em todas as suas partes.

Uma das outras almofadas representa aquela parte sua que é apegada a velhas crenças, histórias e ideias acerca de sua natureza sexual. Ela limita seu jeito de se conectar ou de viver como um ser sexual. Provavelmente guarda dor, julgamentos e coisas assim. Representa aquilo com o que você mais se identifica na sua sexualidade atual.

A terceira almofada representa aquela parte de você que está plenamente viva em sua energia sexual, que se conecta inocentemente com sua sexualidade alegre e vibrante. A pessoa pode sentir o pulso de energia nos órgãos genitais, regozijar-se nas energias poderosas e sentir que se movem. Sente a centelha da vida e a energia vital que se mexe quando a atenção está no centro sexual. Pode respirar fundo até a totalidade do seu sexo, e de todos os sentimentos e sensações que brotam ali. Permite que a energia sexual preencha todo o corpo e se delicie nesse prazer.

Acomode-se na almofada do meio. Olhe para os dois lados, levante-se e agora vá para a almofada das "velhas crenças". Por algum tempo, viva esse modo de ver o mundo, com todas as crenças e julgamentos sobre como deve ser a sexualidade das pessoas. Note o que sente quando olha para o mundo. O que seu corpo sente? Que pensamentos e sentimentos surgem? Você se sente tenso ou confortável?

Volte para a almofada do meio e examine aquela sua parte que vive a sexualidade com base em crenças passadas. Tente sentir que, embora seja uma parte grande da sua realidade atual, não é tudo o que você é. Perceba que é possível vê-la a distância e, quando a vir, você pode ser gentil e compassivo. Entenda que muitas dessas crenças, ideais e padrões relacionados à sua identificação como ser sexual quase certamente o protegiam quando criança ou, pelo menos, tentavam protegê-lo. Essas crenças e ideias são úteis agora? Que impacto elas têm na sua vida como homem ou mulher sexual? Que impacto exercem em sua habilidade para sentir a vitalidade e a energia em seu corpo, e amá-lo?

Agora, sente-se na almofada que representa sua natureza sexual mais plena e viva, que flui à vontade. Viva realmente essa parte da sua natureza. Leia as palavras que escreveu enquanto imaginava tudo isso e vislumbre o mundo a partir daí (*ver* Parte 1 deste exercício). Se perceber que está recaindo nos velhos julgamentos e ideias, saia da almofada e volte a ela com a intenção de se permitir viver essa parte de si. Por

> menor que essa parte seja, viva-a plenamente enquanto estiver sentado nessa almofada. É como se desse a essa parte trancafiada uma chance de olhar para o mundo.
>
> Descubra como se sente, as sensações, os sentimentos, as energias que fluem em você. Respire para dentro de seu sexo e observe o que acontece.
>
> Agora volte para a almofada do meio e observe aquela outra que representa sua natureza sexual mais plena e viva, e entenda que ela também faz parte de você. Talvez seja uma parte trancafiada ou não reconhecida, mas está despertando; e você pode deixar essa parte sua viver um pouco mais, se quiser.
>
> Tanto as velhas crenças acerca de sua natureza sexual quanto sua natureza sexual plena e viva são partes de você. Ambas devem ser reconhecidas, acalentadas e amadas.

Podemos ficar no passado e aceitar todas as crenças que sempre tivemos acerca de nossa natureza sexual, e continuar recriando mais do mesmo no futuro. Ou podemos aprender a distinguir claramente o que é verdadeiro agora e o que não serve mais. Podemos nos conectar mais com nós mesmos, nossas energias, impulsos, sentimentos e sensações, quando permitimos que nossas visões e a imaginação se abram para possibilidades novas e desconhecidas.

Quando nos dispusermos a sentir a energia da vida pulsando viva em nosso centro sexual, quando focarmos nossa atenção ali e respirarmos nesse centro, convidando-o e acolhendo, começaremos a descobrir o poder e a vitalidade que brotam nele. Esse poder não precisa despertar com outra pessoa e não é preciso fazer nada com ele. Ele pode surgir tranquilamente a princípio, ou pode chegar explodindo. Você deve ficar com a experiência e lhe dar espaço. Dar espaço não significa espremer, suprimir, negar, julgar ou extravasar a experiência, na tentativa de obter algo em troca. Apenas ficar com a experiência significa ser curioso, respirar nela, observar sentimentos e sensações, acolher o que vier, talvez permitindo ao corpo relaxar e se mover com tranquilidade. Receba bem essa visita, essa energia que surge em seu íntimo, para que ela se revele a você.

EXPERIÊNCIA DE JAN: ABERTURA PARA A ENERGIA SEXUAL

Minha energia sexual eclodiu e foi suprimida de novo muitas vezes, geralmente por causa do julgamento das outras pessoas que pegavam carona em minhas crenças e julgamentos residuais. Bem no início de minha jornada para a reivindicação da minha sexualidade natural, tive duas experiências que brotaram de forma natural e poderosa, e me deixaram entrar mais plenamente no fluxo de minha energia sexual.

Eu estava com outras mulheres dançando em volta de uma fogueira em um local remoto, sensualizando e tirando as roupas; ficávamos cada vez mais frenéticas e abertas. Aos poucos, as outras mulheres desapareceram de minha visão e minha energia incontida me atraiu para uma árvore próxima. Nua e coberta de cinzas, comecei a subir na árvore, excitada. Enfiava-me em meio aos galhos e tinha a impressão de que a árvore era minha amante; minha sexualidade natural estava viva e fluídica, tomando-me de uma vitalidade orgástica. Fiquei na árvore mais de uma hora e a sensação da energia sexual acentuada durou algumas semanas. Por fim, bloqueei-a porque ainda não tinha aprendido a viver com aquele nível de prazer orgástico fluindo dentro mim.

Outra experiência, mais ou menos um ano depois:

Vivia um período difícil e me identificava com o sofrimento íntimo. O mundo parecia cruel e duro. Eu me consultava com um terapeuta na Suíça uma vez por semana e, em determinado momento, ele me perguntou: "Como é seu relacionamento com Deus?" Respondi: "Inexistente". O terapeuta me perguntou se eu gostaria de ter um relacionamento com Deus. Minha resposta: "Sim, gostaria". Ele me ensinou, então, um jeito simples de falar com Deus e sugeriu que eu experimentasse Japa por um mês. Japa é uma prática de origem indiana que consiste em repetir o nome de Deus inúmeras vezes, como um mantra. Um dia, bem cedo pela manhã, enquanto me sentava diante do meu altarzinho, imersa em mantra e prece, a energia sexual jorrou como um riacho poderoso dentro de mim. Senti um orgasmo inocente e natural, e gostei de me tocar, sentindo-me abençoada pelo Divino. O apoio e o incentivo do meu terapeuta foram importantes para eu aceitar a natureza divina e sagrada de minha energia sexual.

Assim que começar a abrir esse canal, você provavelmente perceberá sua energia sexual sempre mais presente e disponível.

Foram duas experiências desconhecidas e inesperadas. Creio que aconteceram por causa da tentativa e do desejo de me conectar comigo, com a natureza e com Deus, mas também por causa das explorações que já fizera para expandir minha capacidade de aceitar sentimentos e sensações. Veja, a seguir, uma experiência de abertura para a energia no corpo de uma participante do Tantra Vivo.

EXPERIÊNCIA DE PARTICIPANTE: RUTH

Nosso ritual final foi absolutamente extraordinário. O transe, a entrega total. Naquele momento, já ouvira falar de minha energia sexual, energia no corpo, etc., mas tinha dúvidas; sou muito cética. Comecei o ritual deitada. A sala estava quente, mas eu tremia sem parar. As pessoas punham cobertores em cima de mim, mas eu não conseguia me aquecer. A mulher que desempenhava o papel de apoio sugeriu que eu começasse a mexer os quadris. E assim que comecei, a tremedeira passou, e senti essa energia em meu corpo e eu caí naquela linda, linda entrega ao prazer de receber; receber, conseguir receber sem me sentir errada, sem a necessidade de dar algo em troca. E tive o que chamei de dois orgasmos espirituais, nos quais meu corpo ficou repleto dessa energia, sempre crescente; foi maravilhoso. E quando passou, senti que todo o trauma que havia em meu corpo se fora. Eu simplesmente desapeguei.

Foi depois dessa experiência que percebi que tinha desapegado de toda a história: de quem eu era, da minha criação, de tudo. Eu desapegara completamente. E eu era o tipo de pessoa que se apegava ao passado, falando algo como: "Ah, pobre de mim, tive uma mãe narcisista!". Mas tudo passou. Até hoje ainda me espanto quando converso com um de meus irmãos e eles mencionam algo que aconteceu no passado, ou alguma parte da história, e, como me libertei, isso não significa mais nada para mim. Foi maravilhoso, absolutamente maravilhoso. Senti uma espécie de transformação completa de mente/espírito/cura espiritual. Foi demais!

Três Centros

Em muitos sistemas espirituais do Oriente, são identificados sete centros de nosso ser, conhecidos como chacras. Também podem ser interpretados como pontos focais em uma corrente de fluxo energético. Os sete chacras são:

1. **Instinto** – na base do corpo ou às vezes na base da coluna.
2. **Sexo** – nos órgãos genitais.
3. **Poder** – no centro solar, abaixo do umbigo, ou às vezes no plexo solar.
4. **Coração** – no centro do peito.
5. **Ser** – na garganta.
6. **Intuição** – no terceiro olho ou às vezes no centro da cabeça, entre as orelhas.
7. **Coronário** – no topo da cabeça ou um pouco acima dela.

Esses sete centros de energia (ou chacras) são relativamente acessíveis à maioria das pessoas que têm alguma prática de apenas focar ou acessar essas áreas do corpo.

Também podem ser agrupados em três centros principais:

1. **Corpo** – os centros físicos poderosos inferiores (instinto, sexo e poder).
2. **Coração** – a energia emocional do amor.
3. **Cabeça** – os chacras superiores que conduzem ao centro mental superior e à conexão além do físico.

Pode ser tentador e fascinante focarmos um ou outro desses centros e nos sentirmos mais à vontade neles, dependendo do tipo de nossa personalidade (Eneagrama),[2] das experiências na infância e das estratégias de sobrevivência. Podemos simplesmente nos sentir mais seguros quando nosso foco de atenção está mais no centro que conhecemos melhor. Entretanto, isso significa que deixamos de fora um vasto campo de nossas experiências no presente. Pode parecer que "somos assim e pronto", sem problemas, embora, na realidade, estejamos concentrados em apenas um centro.

---

2. O Eneagrama dos Tipos de Personalidade é um sistema que descreve diferentes tipos de personalidade. Nós temos aspectos de todos os tipos, mas a tendência é para um dominante. Se conhecermos nosso tipo, poderemos ver aspectos ocultos de nós mesmos e dos nossos padrões, para compreendermos e sabermos trabalhar as questões mais profundas.

Voltemos aos nossos princípios básicos do tantra:

1. O entrelaçamento de tudo o que existe.
2. A disposição para estar com tudo o que surgir.
3. Não deixar nada de fora.

Esses princípios nos incentivam à abertura a todos os três centros, incluindo os sentimentos que surgem quando fazemos isso, permanecendo conectados com nosso corpo e sua energia sexual, abrindo nosso coração e campo emocional, e ligados na expansividade espaçosa da consciência de unidade. Nosso "entrelaçamento de tudo o que existe" está até agora concentrado apenas em nosso próprio ser. Expandiremos isso para fora, incluindo os relacionamentos sociais e nossa sociedade e cultura, mas antes precisamos desenvolver nosso ser para que, desse modo, possamos encarar o mundo por inteiro, com todos os campos do viver e do nosso envolvimento.

EXPERIÊNCIA DE JAN: OS TRÊS CENTROS

Em diferentes estágios de minha vida, identifiquei-me com cada um dos três centros. Com meus vinte e poucos anos, quando estava imersa em uma forma ascética de ioga e nas escrituras essênias, eu focava intensamente o desenvolvimento da mente superior e a conexão com a Fonte. Em retrospecto, vejo que era, na verdade, um atalho espiritual que me possibilitava ignorar os sentimentos desconfortáveis na minha sexualidade e nas emoções. Posteriormente, quando entrei no mundo de Osho, concentrei-me em meu centro sexual e corpo emocional, descobrindo minha personalidade e explorando a energia poderosa do centro inferior do corpo. Embora fosse um trabalho necessário e valioso, havia muito pouco espaço e bastante identificação com meu corpo e meus sentimentos. Eu vivia "ansiosa" e reativa. As questões da vida pareciam turbulentas, uma verdadeira montanha-russa. Algum tempo depois, fiquei imersa na energia devocional do coração, explorando o amor que tinha por mim mesma, por parceiros e por Deus. Ia descobrindo o Amado e abria o coração para amar, geralmente de maneira desajeitada e distorcida; mas, de qualquer forma, era uma abertura. Conheci o centro de meditação Spirit Rock e a meditação Metta, tornei-me devota

> *(de um jeito um tanto disfuncional) de um professor e comecei a abrir meu coração para Deus de maneira inédita. Era a energia do amor em muitas formas. Apesar do meu desequilíbrio, o movimento em direção à entrega ao amor foi de imensa valia e me preparou para um relaxamento que permitia uma integração mais completa dos três centros. Prenunciava um período de minha vida, caracterizado por estabilidade, calma, amor, alegria, relacionamento e Espírito. Hoje em dia, muitas vezes me sinto simplesmente transbordar de amor, excitada pela vida e aberta para receber o que a vida trouxer.*

À medida que nos harmonizarmos e acolhermos os três centros do nosso ser (corpo, coração e mente superior), sentiremos um equilíbrio mais profundo despertando em nosso ser. Provavelmente teremos mais energia disponível para nossa vida, sentiremos mais confiança e um sensação de estabilidade em nós mesmos e na Terra. É importante desenvolver os três centros e não deixar nada de fora.

Esse entrelaçamento dos centros é um princípio fundamental do tantra: incluir tudo, estar com tudo o que existe. É fácil se envolver e se identificar com um ou outro dos centros, e pode ser uma fase necessária do crescimento. Sabemos que nos identificamos exageradamente com um centro de energia quando:

- nos vemos presos demais ao conceito de certo e errado, dizendo aos outros que é a única postura certa. Devemos confiar somente nos impulsos sexuais ou só na cabeça para encontrarmos a resposta certa, ou apenas no coração como a fonte de resposta para tudo;
- rejeitamos os outros centros de energia (cabeça, coração ou sexo);
- nos envolvemos no padrão viciante de uma energia que resulta em drama ou isolamento crescente.

Quando nos abrimos para os três centros e nos equilibramos melhor em todos, sentimos um fluxo de energia por todo o corpo, ao mesmo tempo fundamentado na realidade da vida e conectado com a unidade que recebe o nome de infinito, Deus, ou o Amado. Há um sentimento de aqui e agora, mas também de união com toda a existência que permeia nossa vida e nos dá uma percepção de conectividade e pertencimento. É ao mesmo tempo especial e extremamente comum. Nada extravagante e, no entanto, glorioso.

A conexão com nossos centros ou chacras inferiores é importante porque eles são a fonte de nossa energia vital ativa, que costuma ser suprimida, controlada ou limitada por um ou outro motivo. Sem conexão com essa energia, que é uma das mais procuradas e temidas, ficamos como um carro rodando com pouco combustível. Precisamos dessa força criativa, vital, de nossa energia sexual. Além disso, temos de conhecer essa energia para podermos usá-la e canalizá-la em conexão com o coração, a mente e a alma. Se tentarmos ignorá-la, essa energia sexual poderosa certamente eclodirá em formas disfuncionais. Em vez de ser usada, ela nos usará.

Portanto, por mais assustadora e desaprovada que seja essa energia, precisamos explorá-la, aceitá-la, desenvolver uma amizade e nos sentirmos à vontade com ela. E, assim, ela nos dará as incríveis dádivas da alegria e da criatividade.

Os centros inferiores e a abertura para os sentimentos deles

Nos centros inferiores, eu incluiria os seguintes:

- A força vital instintiva, a energia de vida que deseja viver e sobreviver. Necessidade.
- A energia do sexo, aquela que nos impele além da sobrevivência na direção da criatividade, do desejo e do prazer. Desejo e anseio.
- O poder, a energia da ação, o dinamismo, que faz as coisas acontecerem. Inclui a poderosa energia emocional da raiva, da repulsa. Em sua forma insalubre, é caracterizada pelo drama e pela reatividade. Vontade.
- O instinto social de se aproximar dos outros também deve ser incluído aqui. É um impulso poderoso que pertence aos nossos instintos fundamentais.

Essas são todas energias poderosas, mas isso não significa que nos dão poder. Para usufruirmos do poder delas, precisamos estar firmes e equilibrados em meio a essas energias. Devemos explorá-las, conhecê-las, fazer as pazes com elas, abraçá-las e incluí-las sem deixar que nos dominem, e sem a necessidade de evitá-las.

A energia do centro do corpo é tão fundamental no Tantra Vivo que começamos por ela. Em alguns sistemas, o centro do corpo é subdivido em três impulsos instintivos, o que também pode ajudar a permitir uma margem de desenvolvimento e crescimento equilibrado.

As três áreas do centro do corpo são:

1. **Instinto** – relacionado ao nosso instinto de viver, cuidar de nossas necessidades e criar conforto.
2. **Sexo** – relacionado à nossa força vital criativa e à energia sexual.
3. **Relacionamento** – associado ao nosso desejo de sair para o mundo e fazer parte das redes sociais.

Abertura para Necessidades e Desejos

Uma área da vida que geralmente achamos desconfortável é o reconhecimento de nossas necessidades e desejos.

Uma resposta comum quando nos perguntam acerca de nossas necessidades é: "Não preciso de nada"; e uma crença comum é que as pessoas com necessidades são carentes. E a carência é repulsiva. Então, não reconheço que tenho quaisquer necessidades. Mas há dois problemas básicos aí:

1. Todos os seres humanos têm necessidades. Somos animais sociais e dependemos uns dos outros. Não podemos existir em isolamento. Na verdade, precisamos uns dos outros.
2. Quando suprimimos ou negamos nossas necessidades, elas tendem a vazar de maneiras desordenadas porque a negação não as faz desaparecer.

O mesmo acontece com os desejos. É comum dizermos às criancinhas que "não se diz 'eu quero'", e elas são desencorajadas a expressar seus desejos naturais. Por isso, querer pode se tornar "ruim". Pode receber o rótulo de ganância. "Seja grato pelo que tem e não peça por mais." Para expressar o que quer, você precisa de uma tolerância ao NÃO, pois, quando você pede, supõe que a resposta será SIM ou NÃO. Se não aprendemos a ouvir NÃO como uma informação útil (e é um aprendizado bastante avançado), pedir o que queremos pode ser um território assustador. Além de estarmos dispostos a ouvir NÃO, precisamos nos preparar também para as decepções de não recebermos o que desejamos. Portanto, o reconhecimento dos desejos é uma espécie de campo minado de desconforto e, portanto, uma excelente área de aprendizagem e expansão para aumentar a capacidade de sentir.

Desejos

Apesar dos desafios do desejo, ele é um impulso fundamental do ser humano. Nossos desejos e carências são os que nos permitem crescer, explorar, visualizar novas possibilidades, criar, vencer desafios e até buscar unidade, consciência ou Deus. Nosso desejo é a semente da capacidade de nos movermos adiante, evoluirmos e não apenas sobrevivermos. Desejos são ricos em informações que merecem atenção. Muitas vezes, achamos que queremos algo, quando, na verdade, é uma alegoria de outra coisa. Se você não vai imediatamente atrás daquilo que deseja, mas se senta e espera, por mais desconfortável que seja, sem parar de sentir a mensagem mais profunda do objeto de desejo, o resultado pode ser surpreendente.

Ouvi uma história de um homem que queria um Porsche. Ele estava explorando os desejos, e todos os dias quando os anotava, voltava sempre para: "Quero um Porsche". Por fim, foi a uma loja de automóveis para ver o Porsche de perto. Enquanto o observava, ele o tocou e percebeu que aquilo que tanto o atraía era a beleza da funilaria do carro. Posteriormente, esse homem se tornou um metalúrgico habilidoso e criou lindas esculturas de metal.

EXERCÍCIO: DESCOBRINDO DESEJOS

Este é um exercício para você fazer todos os dias, durante algumas semanas, quando escrever em seu diário.

Escreva "Eu quero..." e complete a frase. Escreva umas dez frases começando como "eu quero...". Pode ser qualquer coisa, sem pensar demais. Por exemplo:

- Eu quero narcisos em minha escrivaninha hoje.
- Quero comer um donut.
- Quero viajar para a Austrália nas férias.
- Quero trabalhar em uma editora.

- Quero olhar as nuvens.
- Quero ficar algum tempo sozinho em silêncio hoje.
- Quero ver minha amiga Anne nesta semana.

Apenas dê vazão aos desejos e anote-os. Preste atenção a qualquer sentimento que surja enquanto você escreve. O importante aqui não é obter o que quer, mas começar a reconhecer e sintonizar-se com seus desejos, e notar quaisquer julgamentos ou sentimentos que apareçam como reação aos seus desejos. É um exercício para modificar nossa sensibilização. É um desenvolvimento do músculo que deseja com clareza e inocência.

Se determinado desejo for recorrente, é bom mergulhar um pouco mais fundo nele. Talvez você queira simplesmente passar as férias na Austrália. Mas vale a pena examinar o que isso significa para você. Talvez queira mais aventura na vida, ou é possível que o desejo represente a vontade de fugir um pouco de casa, ou qualquer tipo de fuga. Mas do quê? Mergulhar mais fundo significa sentar e esperar, ir devagar e sentir o que o desejo representa para você e o que pode lhe trazer, talvez, aproximando-se da realidade dele, como fez o homem com o Porsche. Experimente, por exemplo, começar o planejamento de uma viagem para Austrália e veja se de fato satisfaz a causa do seu desejo.

À medida que explora o que deseja, você se abrirá para sentimentos ligados a quaisquer desejos; sentimentos atrelados àquelas coisas almejadas ou à decepção de não as obter. Talvez descubra que, quando você se sintoniza com os desejos, um novo nível de envolvimento e vitalidade é despertado. Talvez tenha a sensação de um propósito na vida ou sinta apenas que precisa cuidar melhor de si. É possível também que enfrente conflitos e precise lidar com desejos que sejam diferentes do que um amigo ou parceiro quer. Se antes você sempre aceitou o que outras pessoas queriam, pode ser desconfortável (ou um grande alívio) expressar onde gostaria de comer ou o que deseja fazer. Às vezes, parece arriscado e exige coragem o ato de se expressar e ter a confiança de que estará tudo bem, mesmo que o outro não deseje a mesma coisa. Seu ser único começará a se mostrar.

> **EXERCÍCIO**
>
> À noite, reflita como foi seu dia e anote:
>
> - situações em que você conseguiu expressar o que queria;
> - situações em que não conseguiu expressar o que queria;
> - situações em que você não sabia o que queria.
>
> Quando você conseguiu expressar seus desejos, o que sentiu? Culpa? Acha que foi insistente? Percebeu, na hora, que tentava obter o que queria, ou exigiu o que queria? E estaria tudo bem se a outra pessoa dissesse NÃO? Acha que precisou se justificar, dar desculpas ou motivos para o que queria?
>
> Quando não expressou seus desejos, o que o impediu? O que imaginou que aconteceria?
>
> Depois de fazer essas observações, veja se consegue pensar desta forma: *Ora, isso não é interessante?*

Independentemente do que descobrir neste exercício, você está se conhecendo, ficando mais íntimo de si mesmo e fortalecendo o observador interno. Não há certo ou errado.

Necessidades

Algumas pessoas têm mais dificuldade com as necessidades do que com os desejos, principalmente porque o fato de ter uma necessidade faz com que você dependa de outros e até pareça carente (argh!!!). Se você acha que não tem necessidades e considera as outras pessoas carentes, esta é uma área muito útil a ser explorada.

Nós temos necessidades físicas básicas que são mais fáceis de reconhecer. Sem elas, não prosperaríamos ou sequer sobreviveríamos. Somos menos propensos a sentir culpa por essas necessidades, mas ainda assim, é difícil reconhecer que dependemos dos outros para satisfazê-las. Além disso, mesmo nessas áreas talvez não nos sintonizemos totalmente com nossas necessidades. Por exemplo, embora a maioria das pessoas reconheça a necessidade de uma alimentação nutritiva e saudável e do exercício físico para o bem-estar, muita gente não tem uma dieta saudável nem faz exercícios o bastante.

Além das necessidades físicas, temos também as necessidades relacionais de reconhecimento, conexão, harmonização, independência, amor e sexualidade. Sabemos que se os bebês não receberem toques físicos suficientes não crescerão com saúde. Mas, às vezes, não reconhecemos nossa necessidade de toque físico e relacionamento para nos desenvolvermos como adultos.

No trabalho conhecido como NARM,[3] sigla em inglês para Modelo Relacional Neuroafetivo, são detalhadas cinco necessidades essenciais e ao que elas levam, desde que satisfeitas:

1. **Conexão** – leva a uma habilidade para se conectar com o próprio corpo e as emoções, bem como com as outras pessoas.
2. **Harmonização** – leva a uma habilidade para se harmonizar com nossas próprias necessidades e emoções, bem como obter alimentação física e emocional.
3. **Confiança** – leva à capacidade de dependência e interdependência.
4. **Autonomia** – leva à capacidade de estabelecer limites e se expressar sem medo.
5. **Amor-sexualidade** – leva à capacidade de viver com o coração aberto e a integrar um relacionamento de amor com sexualidade vital.

Quando nossas necessidades básicas não são satisfeitas em nossa fase de crescimento, nossa habilidade para lidarmos com elas quando adultos fica comprometida. Tanto o bem-estar físico quanto o emocional sofrem e dão início a um ciclo de sofrimento com várias estratégias de sobrevivência. Ter a consciência dessas necessidades básicas, bem como de quaisquer estratégias de sobrevivência que estabelecemos ao crescer quando elas não são atendidas, nos permite desenvolver uma expressão mais viva e saudável de nós mesmos.

A maioria de nós não tem todas essas necessidades completamente atendidas enquanto ainda é jovem. Felizmente, possuímos uma vida inteira para o autodesenvolvimento.

---

3. NARM, NeuroAffective Relational Model™ [Modelo Relacional Neuroafeitvo]. *Healing Developmental Trauma*, de Laurence Heller e Aline LaPierre (2012; North Atlantic Books, CA), descreve essas necessidades detalhadamente.

EXERCÍCIO: EXPLORANDO AS NECESSIDADES

No começo ou no fim do dia, quando escrever em seu diário, anote: "Eu preciso..." e complete a frase.

Anote umas dez frases começando com "eu preciso...". Pode ser qualquer ideia, sem pensar demais. Quando terminar, volte e reflita se são necessidades ou desejos; às vezes, dizemos "eu preciso...", quando, na verdade, apenas queremos. Observe também se consegue atender por conta própria a essas necessidades. Por exemplo:

- Preciso comer um hambúrguer hoje (desejo);
- Preciso comer algo saudável (necessidade);
- Preciso de mais contato social (necessidade);
- Preciso almoçar com Paul (desejo);
- Preciso expressar minha sexualidade de algum modo (necessidade).

Assim como no exercício "Descobrindo desejos", tente ser gentil e compassivo consigo mesmo e assuma a atitude de *"Não é interessante? O que pode causar esse comportamento se ele não está alinhado com minha necessidade?"*.

Reconhecer, bem como prestar atenção às nossas necessidades e aos desejos, não só permite uma conexão maior com nós mesmos, construindo nossa primeira intimidade, mas também nos possibilita dar passos para cuidarmos melhor de nós, e prosperarmos e oferecermos nossos dons únicos. Se entrarmos em sintonia conosco dessa maneira, poderemos aplicar nosso observador interno em situações cotidianas e nos conhecermos mais intimamente. A consciência de nossas necessidades nos abre para atender ao nosso autocuidado, que é um dos três aspectos do centro do corpo (instinto, sexo, relacionamento) citados na seção anterior (*ver* "Três Centros").

> ## EXERCÍCIO
>
> Como uma revisão dessa exploração, faça uma pausa para refletir sobre suas atitudes e comportamento quanto ao seu autocuidado.
>
> Considere os três aspectos do autocuidado:
>
> 1. Cuidar do corpo físico: boa alimentação, exercício, conforto;
> 2. Cuidar do bem-estar mental: relaxamento, meditação, trabalho gratificante, passatempos;
> 3. Cuidar de sua segurança, estabilidade e conforto: finanças, trabalho, conforto no lar.
>
> Como você cuida desses vários aspectos de seu ser e da sua vida?
>
> - Exagera em algumas dessas áreas ou as negligencia?
> - Tem consciência de suas necessidades e desejos nessas áreas?
>
> Se perceber que gostaria de alguma mudança em uma ou outra área, escolha algo pequeno a princípio, e estabeleça uma meta viável. Em seguida, defina uma série de passos para ações pequenas que conduzam à meta. Preste atenção aos seus pensamentos, às sensações físicas e aos sentimentos nesse processo. Use este exercício como um meio de se conectar plenamente com você mesmo.

Abertura para os Sentimentos Difíceis

Se quisermos ter contato pleno com nosso ser, precisaremos nos familiarizar e fazer as pazes com alguns dos sentimentos mais desconfortáveis:

- Medo;
- Raiva;
- Tristeza;
- Vergonha.

Se não nos abrirmos para esses sentimentos básicos, acabaremos por projetá-los sobre outras pessoas ou eles serão retidos na forma de tensão em nosso corpo, restringindo ainda mais nossa energia vital. Também podemos recorrer a padrões emocionais. São aquelas emoções às quais recorremos quando não queremos sentir algo que não nos deixa tão confortáveis. Alguns exemplos comuns de padrões emocionais seriam:

- usar raiva ou ira para encobrir medo, tristeza, vergonha ou vulnerabilidade;
- usar tristeza para encobrir raiva ou vergonha.

A partir da perspectiva do Tantra Vivo, todas as emoções são válidas, mas também podem ser usadas erroneamente. Emoções nos transmitem uma informação útil. Elas são o meio pelo qual nosso cérebro físico envia informação ao cérebro cognitivo. Ficar preso em qualquer emoção, inevitavelmente, afasta o indivíduo de sua habilidade para conhecer a si mesmo por completo. O uso de pensamentos e de histórias do passado para gerar emoções também afasta a pessoa do contato consigo no presente. Além disso, podemos mudar emoções essenciais em outras nada úteis, por exemplo:

- transformar raiva em agressão ou ressentimento;
- converter tristeza em sofrimento;
- transmutar uma vergonha saudável em autoflagelo.

Vulnerabilidade

Às vezes, também temos uma interpretação errônea de alguns aspectos de nossa vida emocional. A vulnerabilidade frequentemente se combina com um sentimento de mágoa ou tristeza. Embora você possa se sentir magoado ou triste e, ao mesmo tempo, vulnerável, a vulnerabilidade é apenas um estado no qual tiramos nossa armadura. Ficamos vulneráveis a qualquer coisa que o mundo nos traga, inclusive mágoas.

Os caracóis se tornam vulneráveis quando quase arrancam a concha enquanto copulam por horas a fio. É uma cena incrível!

Já me perguntaram por que alguém, principalmente um homem, desejaria ficar vulnerável. Disseram-me que um desejo desses é loucura. Então, por que nos tornaríamos vulneráveis a mágoas? Imagine fazer amor sem tirar a armadura. Provavelmente não seria muito agradável, seria? Quando nos abrimos em amor a outra pessoa, cometemos um ato de vulnerabilidade, porque removemos a armadura do coração e do corpo. É um ato que nos expõe à possibilidade – aliás, à certeza – de perda. Não somos imortais, portanto todo relacionamento termina um dia, pelos menos neste plano. E muitos relacionamentos românticos e amizades terminam em perda, antes do tal dia. O preço por se aprofundar no amor ou nos laços de intimidade é aceitar a possibilidade de perda. Em outras palavras: se não pudermos dizer adeus, nunca diremos olá. Se quisermos nos abrir para a intimidade plena do relacionamento, seja ele platônico, seja sexual, precisaremos contar com a possibilidade da perda. O único jeito de impedirmos isso é nos proteger e vestir uma armadura. Mas, nesse caso, a intimidade emocional já estará perdida. Abrir-se plenamente para um parceiro, tanto no sentido sexual quanto no emocional, é um ato que causa medo. Não nos refreamos. Estamos desprotegidos, vulneráveis. É uma sensação muito mais segura não se abrir sexualmente para o companheiro de uma vida e, em vez disso, separar amor e sexo, ficar com o cônjuge e ter um amante sensual. Ser ao mesmo tempo íntimo e sexual requer vulnerabilidade e coragem.

Então, por que deveríamos ser vulneráveis? Porque é o preço do amor.

A vulnerabilidade também não é o mesmo que despejar nossas emoções a torto e a direito em qualquer pessoa que cruze nosso caminho. Só porque seu carro pode correr mais de 100 quilômetros por hora não significa que é sempre apropriado fazê-lo. Só porque você está excitado, não precisa ter uma relação sexual com a primeira pessoa que lhe parecer atraente (ou com qualquer pessoa, aliás). E o fato de estar zangado não significa que pode extravasar a raiva em outra pessoa.

Nossa vida emocional é simplesmente o que ela é. Nossos sentimentos são apenas nossos sentimentos. Assim como o clima. São o que são. Não podem estar errados.

O que resolvemos fazer com os sentimentos e o modo como nos comportamos por causa deles são atitudes que podemos chamar de hábeis ou inábeis, úteis ou abusivas. Podemos escolher. E podemos escolher quando conseguimos nos ater a qualquer sentimento. Isso significa ficarmos confortáveis com o que é desconfortável, sentirmo-nos à vontade diante de sentimentos que ainda não conhecemos muito bem, sem a necessidade de jogá-los fora, botar a culpa nos outros por eles, convertê-los em algo mais aceitável ou projetá-los sobre outra pessoa.

Na seção seguinte, examinaremos as diversas emoções que as pessoas acham difíceis ou evitam. Nosso objetivo é aceitar esses sentimentos e fazer as pazes com eles, a fim de que, como diz Rumi, possamos acolher todos.

Explorando o Medo

O medo é natural. É uma emoção básica que todos sentimos de vez em quando. No entanto, embora todas as pessoas o sintam, cada uma pode agir de um modo diferente diante do medo. Nossa meta é descobrir quem somos diante do medo e desenvolver nossa capacidade de avaliá-lo para reagirmos de maneira eficaz. Precisamos desenvolver o observador interno, e ficar curiosos quanto ao que sentimos e como nos comportamos quando temos medo. Vemos isso muitas vezes com mais nitidez em nossas reações no modo como os outros lidam com o medo.

Ouvi de Jack Kornfield, autor e professor budista, uma história a respeito do medo. Ele estava em um táxi com um lama budista indo para um mosteiro na Ásia. A estrada da montanha era estreita, íngreme em um dos lados, tinha muitas curvas cegas e ventava bastante. E o motorista pisava fundo no acelerador; enfim, foi uma viagem de arrepiar. Quando chegaram ao destino, o lama disse a Jack: "Deu para assustar, hein?".

O alívio do reconhecimento e da simplicidade daquelas palavras, que explicavam as circunstâncias sem drama ou negação, foi uma revelação.

EXPERIÊNCIA DE JAN

Quando eu tinha vinte e poucos anos, cheguei a um ponto em que precisava reconhecer meus medos. Quando criança, gostava de desafiar meus amigos (na maioria, meninos) a superar meus temores e seguir em frente, fingindo que os medos não existiam, ou me concentrando na parte divertida do desafio. Saltava primeiro e pensava depois. Entrei em muita encrenca e corri bastante perigo. Com apenas 11 anos de idade, minha irmã salvou minha vida quando me impediu de entrar em um daqueles momentos "just do it" – faça e pronto. Nossa cidade estava alagada e no caminho de volta da escola para casa teríamos de atravessar uma enxurrada de uns 150 metros com muita correnteza. "Bem, vamos nadar", eu disse, pronta para uma aventura. "Não!", ela disse. "Vamos esperar um barco!" Foi divertido sermos levadas por remos até a porta de casa, e percebi que provavelmente teria morrido afogada se tivesse tentado nadar.

EXPERIÊNCIA DE JAN

Eu estava fazendo uma trilha com meu marido em Kauai, no Havaí, a uma belíssima reserva natural chamada vale Kalalau. O único caminho era um trecho de 18 quilômetros ao longo da costa, não muito bem conservado. Meu medo inicial era não ter energia suficiente para o caminho extenso, subindo e descendo por trilhas pelo penhasco, com uma mochila cheia de suprimentos para os cinco dias que passaríamos no vale. E eu tenho medo de altura. Mais ou menos na metade da caminhada, chegamos a um trecho da trilha que deve ter sofrido erosão, com uma queda acentuada de uns 300 metros até o oceano de um lado e um terreno íngreme do outro, com apenas uma ou outra raiz para nos segurarmos. Havia trechos em que a "trilha" não tinha mais do que 15 centímetros de largura. Meu pavor era escorregar e cair do penhasco. O coração batia rápido e eu quase congelei. Sabia que devia manter a calma, relaxando o suficiente para concentrar minha atenção na travessia daquele trecho da trilha e deixar meu corpo encontrar o caminho. Minha técnica preferida em situações assim é recitar um mantra em silêncio, na mente. E foi o que fiz. Usei a técnica sem cessar durante as seis horas seguintes, até chegarmos ao vale. Quando me acalmei, pude me conectar comigo mesma e meu corpo, e minhas reações se tornaram mais aguçadas. Sentia medo, mas, mesmo assim, podia fazer o que era assustador. A alegria ao chegarmos foi indescritível. Senti-me orgulhosa e mais íntegra por ter enfrentado o desafio. Mas resolvi que não queria repetir a dose e, por isso, pagamos a um morador local para nos levar de volta em seu bote inflável, o que foi quase tão apavorante quanto o passeio a pé. Mas essa já é outra história...

> **EXERCÍCIO**
>
> Reflita e escreva em seu diário a respeito de cada uma destas perguntas:
>
> - Você não se incomoda de sentir medo?
> - O que sente/faz quando vê outros com medo?
> - Lembra-se de como se sentia quando era muito jovem e tinha medo? E do que os adultos à sua volta faziam ou diziam quando você tinha medo?
> - Que importância você dá ao medo?
> - O que você faz agora, quando sente medo?
> - Lembra-se de algum exemplo de uma situação em que teve medo, enfrentou-o e fez aquilo que mais temia? Como se sentiu depois?

O que fazemos diante do medo?

1. Suprimimos o medo ao ficarmos com raiva.
2. Suprimimos o medo, negando-o. Isso geralmente ocorre junto a uma projeção (ver ponto 3 a seguir). Ocupo-me com o conserto de alguma coisa ou faço algum trabalho para me distrair. Uso uma de minhas "fugas" favoritas.
3. Projetamos nosso medo em outra pessoa (eu não tenho medo, mas você, ele, ela, sim).
4. Sentimos e até absorvemos o medo, mas não nos deixamos dominar por ele. Fico conectada comigo e as sensações de meu corpo enquanto escolho fazer aquilo que me dá medo. Necessito de espaço para estar comigo e sentir o que acontece. Precisarei de coragem e autoconfiança para ir devagar e não fazer nada de que não possa me recuperar. Só poderei fazer isso se estiver ciente dos meus sentimentos, e utilizar todos os meus recursos para escolher o próximo passo e não me sobrecarregar. Talvez precise de uma de minhas ferramentas para me tranquilizar para que eu possa encarar o medo.

5. Notamos o medo, mas o dominamos, seguindo em frente. Eu me estimulo a fazer aquilo que me causa medo. Porém, como me forço à ação, não sentirei de fato a experiência e provavelmente farei escolhas erradas, ignorando a mim mesma ou outra pessoa.
6. O congelamento ou a dissociação acontecem se o medo for intenso. Esse congelamento pode ser uma reação normal e saudável que nos protege da dor e de sentimentos sufocantes diante de uma ameaça real ou imaginada. Pode ser uma resposta habitual associada com traumas não resolvidos do passado. Às vezes, você pode evitar isso se ficar de olhos bem abertos para se ligar no presente, em vez de fechar os olhos e se afogar em lembranças de eventos traumáticos no passado. Caso se veja nesse estado de congelamento, experimente explorar a terapia de trauma, que ajuda a libertar o corpo desse estado.[4]

Vejamos alguns exemplos rotineiros de medo. Um muito comum é o medo de dizer NÃO.

Medo de dizer NÃO: Susan tolera os constantes atrasos de Joe sempre que os dois combinam de sair. Quer reclamar, mas tem medo de como ele poderá reagir. Por fim, quando a situação sai de controle e ela não aguenta mais, diz: "NÃO, não está tudo bem para mim". Mas as palavras são ditas com raiva e Joe acha difícil engoli-las. Sente vergonha e quer se defender diante da energia raivosa. Susan venceu o medo, mas não entrou em contato com ele. Usou a energia da raiva para se impor e falar o que temia dizer. Como não estava conectada com o que sentia e reteve o medo (e a frustração) por muito tempo, este se expressou com uma energia forçosa que só reforçou seu temor de dizer NÃO.

Medo de convidar uma pessoa para sair (medo de ouvir NÃO): Simon acha Lucy atraente e adoraria convidá-la para um café a fim de conhecê-la melhor. Entretanto, tem medo de que ela diga NÃO; por isso, nunca faz o convite.

---

[4]. Se quiser, leia mais a respeito dos traumas no livro de Peter Levine, *Waking the Tiger* (1997; North Atlantic Books, CA). Peter Levine desenvolveu um método para tratamento de trauma chamado Experiência Somática. Outro método comum para tratar traumas é o Eye Movement Desensitization and Reprocessing [Dessensibilização e Reprocessamento por Movimentos Oculares] (EMDR).

Ou Simon a convida, mas de uma forma um tanto intensa porque vinha se blindando para fazer o convite; e, quando o faz, é de um jeito insistente ou exigente.

Medo de ser convidado/a para um encontro (ou medo do próprio desejo): Jane está em uma festa e vê um homem do outro lado da sala que a atrai. O que ela faz nessa situação? Anda até o canto mais distante da sala e lhe dá as costas. Ela não está sozinha! Não terá de lidar com a decepção de não ser convidada por ele, nem com o medo e a agitação que poderia sentir caso ele se aproximasse.

Medo de cometer um erro: quando crianças, se somos elogiados (amados) por fazer uma coisa certa ou com perfeição, provavelmente temeremos cometer erros, porque o erro implica não ser amado (apesar de inconsciente). Podemos achar que isso é ótimo, pois continuaremos a fazer tudo certo, mas, na verdade, se as crianças são elogiadas pelos acertos, elas têm medo do fracasso, o que se agrava com o tempo e leva a resultados cada vez piores, mesmo em tarefas que elas já dominaram em algum momento. O medo de errar nos incapacita e limita nosso crescimento. Deveríamos, na verdade, ser elogiados por experimentar desafios e não por vencê-los. Se quisermos crescer, precisamos ter a permissão (nossa e dos outros) para errar. E, quando erramos, devemos olhar com calma para os erros e aprender com eles.

Medo de ser abandonado, de ficar sozinho: a maioria das pessoas tem alguma reação ao abandono porque, quando bebês, às vezes era inevitável (e sensato) ficarem sozinhas.

Fazemos coisas loucas em decorrência do medo do abandono. É um temor tão básico, tão essencial, que deve ter raízes em nosso medo da morte. Se formos abandonados, podemos morrer. Milhares de anos atrás, isso podia ser verdade, e essa noção permanece inserida em nosso sistema.

Para evitar o abandono, nós mesmos nos abandonamos, às vezes, em tentativas desesperadas de fazer o outro nos amar, doando-nos exageradamente ou negligenciando nossas necessidades.

Outros exemplos de medo são:

1. Medo de parecer idiota/envergonhado.
2. Medo do fracasso.
3. Medo de compromisso.
4. Medo de ser amado/de amar.

O que podemos fazer quando temos medo?

Como podemos sentir o medo, acolhê-lo, fazer as pazes com ele e lhe dar espaço? Mais uma vez, precisamos achar um jeito de sermos curiosos, explorar e *estar com* o medo. Isso significa desacelerar e prestar atenção às sensações do nosso corpo. Quando nos colocamos na presença das sensações sem tentar fugir delas, conseguimos respirar, ficar calmos e escutar qualquer mensagem que o medo nos traga. Começamos a integrar o medo e lhe oferecer seu lugar em nossa vida. Uma boa maneira de começar é simplesmente começar a notar quando ele surge, ou quando você nota outras pessoas com medo. Queremos nos aproximar dele como um animal tímido, devagar, para não nos chocarmos e voltarmos a qualquer estratégia que normalmente usamos para evitá-lo.

O medo pode provocar reações fortes em nós, por isso é bom ter em mãos a caixa de ferramentas, estar pronto para recorrer e se ancorar em lembranças de pessoas que oferecem segurança, ou de épocas em que você se sentia particularmente seguro e feliz, e até de canções que o animam e o fazem se lembrar de que o medo está ali, mas não encharca sua vida. Não é uma boa ideia mergulhar totalmente em medos do passado. Estamos apenas tentando nos readequar e nos familiarizar com o medo e seus efeitos sobre nós.

EXERCÍCIO: OBSERVANDO O MEDO

1. Diário

Por uma ou duas semanas, anote em seu diário ocasiões em que teve medo.

Comece com:

- "No ano passado, tive medo de..." e continue escrevendo.
  Ou
- "Na semana passada, tive medo de..." e continue escrevendo.

2. Observação durante o dia

No decorrer do dia, note o momento em que o medo surge. Quando acontecer, diga a si mesmo: *Noto que o medo surge quando...* Respire e continue observando. A percepção de sentimentos difíceis ajuda a pessoa a se distanciar um pouco deles e, com isso, não ser sufocada por esses sentimentos. Você conseguirá olhar o medo de frente sem se identificar exageradamente com ele.

Diga em voz alta: "estou com medo", e depois: "Noto que estou ficando com medo". O modo como falamos conosco a respeito do que sentimos faz uma grande diferença em nossa capacidade de estar com o sentimento e tomar decisões racionais, sem reagir totalmente a partir do medo.

Aos poucos, queremos chegar a um ponto em que podemos *estar com* os sentimentos no momento presente.

Espere alguns dias antes de passar para a próxima parte deste exercício.

3. Aproximando-se do medo

Diga: "tenho medo de (que)..." e complete a frase. Faça isso umas dez vezes e veja o que acontece.

Escolha uma coisa que você tema. Escolha coisas pequenas, a princípio. Vá devagar! Respire lenta e calmamente, concentrando-se na expiração. Deixe a respiração rastrear o medo em seu corpo e tenha a curiosidade de saber onde ele está; qual é a sensação; se tem forma, cor, gosto, cheiro, textura. Veja se consegue se aproximar do medo como se pudesse abraçá-lo e descubra se ele tem algo a lhe dizer. Experimente segurar uma almofada que represente o medo e veja se ela quer lhe dizer algo. Mais importante: apenas se sente ao lado do medo, não faça nada com ele. Só preste atenção e não o evite. Não há problema em sentir medo. E você pode até descobrir que, às vezes, se ficar ao lado do medo e lhe der espaço, olhá-lo diretamente, ele diminui, desaparece completamente ou se transforma em outra coisa.

Encarar o medo

Quando nos sentamos ao lado do medo e ficamos com ele, atentos a ele sem criar drama, damos a nós mesmos um pouco mais de liberdade para escolher o que faremos diante dele. Ficar atento ao medo significa prestar atenção ao que acontece em nosso corpo naquele momento. Precisaremos também notar o que nossos pensamentos fazem e como nós mesmos produzimos ou aumentamos o medo.

Às vezes, o medo nos alerta quanto a um perigo real. Ele tem uma mensagem importante que devemos ouvir para ficarmos em segurança. Devemos estar presentes para o medo, sem nos sobrecarregarmos ou nos identificarmos com ele, pois assim julgaremos corretamente sua mensagem. A prática de *estar com* o medo e nele respirar nos possibilita senti-lo sem entrarmos em pânico.

Também podemos notar que o perigo é imaginário. O sentimento ainda é real, mas a mensagem pode estar muito desatualizada. Enquanto o NÃO de um pai ou mãe podia ser uma ameaça à vida de uma criança de 2 anos, ou ao menos dar essa impressão, o NÃO que ouvimos quando adultos dificilmente terá um grande impacto, mesmo que desencadeie velhos padrões de sentimentos da infância. Velhos padrões como esse podem ser debilitantes para um adulto e limitam severamente sua habilidade para viver uma vida plena. Quando nos sentamos calmamente com o medo, podemos fazer uma escolha racional, e contar com a nossa coragem para superar velhos medos e fazer aquilo que temíamos.

EXPERIÊNCIA DE JAN: PULAR NA ÁGUA

Apesar de ser tão corajosa durante as enchentes, na verdade eu tinha muito medo de pular na água e, até meus trinta e poucos anos, jamais tinha mergulhado em uma piscina. Depois de algumas explorações do medo em uma situação de grupo, senti-me inspirada a vencer meus temores e tentar. Lembro-me de como me sentia quando chegava à beira da piscina, incerta do que podia acontecer, se eu cairia de barriga, se pareceria uma idiota, ou se me machucaria, e assim por diante. Mas decidi que encararia aquele medo. Quando o venci e mergulhei nele, a sensação foi fantástica. Eu me senti viva e feliz.

Mais ou menos dez anos depois, eu morava em Maui e fui com um grupo a uma praia linda, com penhascos altos dos quais as pessoas adoravam saltar. Era muito mais alto do que mergulhar da beira da piscina, talvez uns seis metros do penhasco até a água e eu sabia que queria experimentar. Sabia que era seguro. E sabia que estava apavorada. Coloquei-me na beira do penhasco e, por uns cinco minutos, preparei-me para pular, sentindo o medo e encarando-o. E pulei. Foi excitante, delicioso, libertador, maravilhoso. Eu me me senti maior depois. Mais viva.

Conhecer nossos medos, bem como conseguir estar com eles e lhes dar espaço, possibilita-nos uma abertura para mais liberdade de fazer escolhas na vida, de usar o medo como um guia quando for apropriado, mas sem limitar nossas vidas a velhas histórias. Se não pudermos ter esse contato com o medo, provavelmente não estaremos presentes em muitas situações.

Voltando à nossa definição de tantra (o entrelaçamento de tudo o que existe, o uso de tudo para crescer na consciência), queremos usar cada situação para incluir tudo o que for possível de nossas experiências.

Incluiremos o medo, mas não seremos limitados por ele.

Explorando a Raiva

A raiva é outra emoção poderosa com a qual muitas pessoas se sentem desconfortáveis, evitam-na e a consideram errada ou ruim. Outras gostam dela e podem até fazer mau uso do seu poder. A maioria lida com a raiva de uma forma inábil, pelo menos às vezes. Há várias escolas de pensamento acerca da raiva, e nosso conhecimento do que acontece no cérebro de uma pessoa zangada avançou muito desde os anos 1980.

Catarse

Na maior parte dos casos, a catarse se revela prejudicial e não é algo que eu recomendo. Sim, ela faz você se sentir melhor por algum tempo, mas também tem o efeito de uma caminhada sempre pela mesma trilha em um milharal. O caminho se alarga e fica mais fácil de percorrer a cada volta. O mesmo acontece com a raiva. Quanto mais zangados nos tornamos, mais zangados ficaremos. Pode virar um padrão emocional, ou seja, recorremos à raiva em vez de sentirmos outras emoções que possam surgir, tais como medo, tristeza, embaraço, inveja. Por causa do poder que sentimos quando temos raiva, é possível que nos viciemos nela. Há modos mais habilidosos de estar com a raiva e lidar com ela quando surgir.

Creio haver duas exceções a isso, duas situações nas quais a catarse pode ser útil.

A primeira se aplica a pessoas que têm tanto medo da raiva que raramente sequer erguem a voz. Se você nunca expressou a raiva nem se permitiu a experiência total dela, pode ser útil socar um travesseiro, gritar, usar o corpo e viver uma experiência personificada da raiva, só para saber que você consegue.

A segunda exceção é quando você vive a experiência personificada da raiva de uma circunstância ou pessoa específica, geralmente sob a orientação de um terapeuta, para poder distinguir a causa dessa raiva.

Vale observarmos aqui que houve um período nos anos 1960 em que a prática da catarse, com gritos e murros em travesseiros, era considerada uma ferramenta útil. Como resultado, foi incorporada em alguns grupos terapêuticos, embora, desde então, pesquisas extensas a tenham descartado como abordagem útil e inclusive concluído que pode ser prejudicial.[5]

EXPERIÊNCIA DE JAN

Depois de anos fazendo meditação matutina catártica em workshops, percebi que minha raiva ficava cada vez mais fácil de acessar e eu me via "explodindo" com um pavio curto. Minha capacidade de estar com a raiva ou contê-la diminuíra. Sentia no corpo que aquilo não era bom para mim. No começo, podia até ser bom acessar e fazer as pazes com minha raiva, mas depois se tornou prejudicial. Mudei minha prática durante aquelas meditações, para que, assim, pudesse explorar e mover a energia em meu corpo, em vez de expressá-la externamente. Às vezes, era delicioso, até orgástico. Descobri que era capaz de segurar toda aquela energia, sem ter de me livrar dela. Com o tempo, ficou mais fácil estar com meus sentimentos de raiva, conforme surgiam na vida sem a necessidade de uma reação externa (gritar/erguer a voz/ficar agressiva). Mais sabedoria e espaço brotaram, além da possibilidade de refletir no que me irritava, de ver outras perspectivas, e compreender e encontrar soluções melhores.

---

5. Disponível em <https://www.mindcoolness.com/blog/catharsis-anger/> – (1) Bushman, BJ, "Does venting anger feed or extinguish the flame? Catharsis, rumination, distraction, anger, and aggressive responding", *Personality and Social Psychology Bulletin*, 2002; 28: 724-731; (2) Bushman, BJ, Baumeister, RF and Stack, AD, "Catharsis, aggression, and persuasive influence: self-fulfilling or self-defeating prophecies?", *Journal of Personality and Social Psychology*, 1999, 76: 367-376; (3) Geen, RG and Quanty, MB, "The catharsis of aggression: An evaluation of a hypothesis". In L Berkowitz (ed.), *Advances in Experimental Social Psychology* (vol. 10: 1-37). New York: Academic Press, (1977); (4) Disponível em: <https://www.thegreatcoursesdaily.com/searching-for-catharsis-with-a-punching-bag-after-an-angry-fight/>.

A raiva é uma emoção básica. Ela tem certa utilidade. Pode nos indicar que algo é errado, perigoso ou injusto, pode nos dizer que nossas necessidades não foram satisfeitas e nos impelir rapidamente à ação. A raiva se confunde e se manifesta como ressentimento, fúria, agressão e violência. Mas ela não é nada disso. Raiva é apenas raiva. O modo como a usamos pode causar aquelas outras atitudes, mas isso é simplesmente o que fizemos com ela. O sabor da raiva é forte, breve e acentuado. Se você a deixar ferver, pode virar outra coisa, geralmente ressentimento, agressão ou fúria. A raiva não é violenta. Mas você pode usar o poder dela para se tornar violento ou ameaçador. De maneira geral, nossos padrões de raiva e o modo como lidamos com ela se formam no começo de nossa vida, porque copiamos ou reagimos à forma como a nossa família lida com ela.

A raiva é uma fonte de energia tão potente e tal mal direcionada que precisamos saber como estamos com ela, como a expressamos e o que sentimos, se a reconhecemos ou julgamos. Devemos examinar nossos padrões assim que a raiva surge em nós e nos outros. Sem isso, ficamos à mercê dessa emoção, nossa ou dos outros, e não conseguimos nos conectar com nós mesmos porque reagimos ou acionamos o piloto automático.

Quando começamos a explorar a raiva, é bom termos à mão ferramentas que usaremos para recuperar a calma.

EXERCÍCIO: QUEM SOU DIANTE DA RAIVA?

Esta é uma exploração para você pensar na raiva e no que ela significa para você.

Sugiro que use uma folha grande de papel (A3 ou maior) para desenhar, escrever palavras, colar imagens de carinhas zangadas, cenas de raiva e coisas que o deixam zangado, além de fazer pequenas caixas com respostas a algumas dessas perguntas:

- Como é você com raiva?
- Como expressa a raiva?
- Como se sente em relação à raiva?
- Reconhece que está com raiva ou a julga?
- Quais são os padrões quando surge a raiva em nós ou nos outros?

Então, faça uma espécie de mural de palavras e imagens que represente tudo o que a raiva é para você. Use a criatividade para ter uma representação visual da raiva.

Escreva três listas em algum ponto da folha:

1. Momentos em que você sentiu raiva.
2. Momentos em que alguém ficou zangado com você.
3. Momentos em que testemunhou a raiva de outra pessoa.

Preste atenção e anote no verso de seu mural ou em um caderno o que acontece em seu corpo quando você pensa nos momentos em que sentiu raiva, ou quando alguém se zangou com você, ou, ainda, quando testemunhou a raiva de outra pessoa. Atente para a sua respiração e para as diferentes regiões do corpo (barriga, plexo solar, coração, garganta, músculos faciais). Note se há tensão, contração, expansão, etc.

Depois de fazer isso, acalme conscientemente seu corpo, focando alguma memória de segurança, alegria e tranquilidade. Respire algumas vezes, devagar e com atenção plena, e esteja totalmente presente em seu corpo. Use o tempo que for necessário, com delicadeza, paciência e o respeito que você merece.

Em seguida, olhe o mural que fez e anote no diário (ou no próprio mural) as respostas a estas perguntas:

Como se sente em relação à raiva? Depois de fazer o mural, sente alguma diferença? Veja se tem mais espaço para estar com raiva.

A raiva é uma emoção humana natural e todos nós a sentimos. A maioria das pessoas não aprende a usá-la de forma construtiva, e muitos têm medo da raiva ou são controlados por ela. No pior cenário, a raiva é armazenada no corpo e cria tensão, contração e problemas de saúde. Ou é despejada para fora, causando sofrimento e destruindo relacionamentos. Mas não precisa ser assim. Examinemos agora algumas maneiras de nos controlarmos quando sentimos raiva, para que saibamos usar a energia da raiva sem permitir que ela nos paralise ou nos domine. Nosso objetivo é integrar a raiva de modo que possamos estar com ela e incluí-la em nosso repertório emocional. Queremos usá-la e não nos perdermos nela.

Diferentes modos de lidar com a raiva

Há diversas maneiras de lidar com a raiva, algumas mais apropriadas do que outras, dependendo da situação. A maioria desses modos de lidar com essa emoção também tem um lado sombra. Um bom começo é dar uma boa olhada na raiva para entender como ela envolve a própria pessoa e os outros. Se tivermos medo da raiva e formos incapazes de encará-la, não poderemos trabalhar com ela de maneira construtiva.[6]

Uma primeira distinção básica é se a expressão de raiva é pura ou não. Veja algumas diretrizes para distinguir entre a expressão pura e a impura.

Expressão pura da raiva	Expressão impura da raiva
1. Não causa vergonha ou aponta culpa.	1. Aponta culpa.
2. Não é agressiva nem ataca, não visa ferir.	2. É agressiva (mesmo que indireta ou silenciosa).
3. Respeita os outros.	3. Ataca, visa ferir.
4. Não é reativa/minimiza reatividade.	4. Permanece reativa.
5. Olha com profundidade e calma o que ocorre.	5. Foca um alvo, algo que está acontecendo.
6. Pode ser feroz.	6. Não reconhece sua parte.
7. É responsável, leva em conta a situação e a capacidade do outro.	7. Não se preocupa com o outro.
	8. Desumaniza.

Dentro dessas duas categorias de raiva, há alguns modos de lidar com ela. A capacidade de lidar com a raiva de forma hábil e sem medo nos possibilita uma abertura maior e mais plena para o mundo. Significa que em situações que envolvem a raiva, saberemos estar presentes e contribuir plenamente, em vez de nos limitarmos ou nos afastarmos. E só poderemos fazer isso quando não tivermos medo da raiva, seja ela nossa, seja dos outros. E conseguiremos usar a energia dela para a ação, quando necessário.

A raiva pode ser abordada com métodos do tipo "raiva interna" e "raiva externa". Há versões apropriadas e inapropriadas de ambas.

---

6. Muitas dessas ferramentas são extraídas do trabalho de Robert Augustus Masters e descritas em seu livro, *Emotional Intimacy* (2013; Sounds True Inc.).

Alguns modos de lidar com essa emoção incluem:

- Raiva consciente (interna).
- Raiva ligada ao coração (externa).
- Movimentar a raiva como energia (expressão personificada).
- Deixar que a raiva ponha você em ação.

Raiva interna

Às vezes, segurar a raiva dentro de nós pode ser útil, mas também pode ser uma forma de suprimir os sentimentos para não termos de lidar com eles.

Raiva suprimida: as crianças geralmente aprendem a suprimir a raiva porque os pais ou professores não a aprovam nem permitem. Isso acontece porque as crianças e os adolescentes ainda não aprenderam a expressar raiva sem reagir ou "extravasar". O problema é que o hábito pode se tornar um padrão vitalício de represar a raiva, a tal ponto que você acaba negando para si mesmo e aos outros que está zangado. As pessoas que agem assim às vezes se sentem um pouco como uma panela de pressão. Sentem medo de sua raiva latente e se preocupam que uma mera fresta abra a porta para uma torrente de energia explosiva. Temem se tornar violentas ou agressivas e, por isso, sufocam cada vez mais a raiva. Em determinado momento, isso provoca uma erupção violenta e explosiva, pois as questões que causam raiva se acumularam sem serem devidamente abordadas. A criança pode achar que a raiva é uma emoção negativa e acreditar, portanto, que é errada. Isso tem o efeito de ser como uma casa na qual um cômodo está sempre trancado. A casa não está inteiramente disponível para ser usada. Refrear a raiva custa energia. Ela se manifesta em nossa musculatura como tensão ou contração, e pode causar danos à saúde. Além disso, as informações fornecidas pela raiva desaparecem da nossa vida e dos nossos relacionamentos. A raiva nos avisa quando há algo errado e precisa de atenção. Portanto, suprimir a raiva é como desligar o alarme de incêndio. Não se chega à raiz do problema. Nós precisamos descobrir o que causa o incêndio e como podemos apagá-lo. Se a ignorarmos, só teremos problemas em longo prazo.

Outro resultado da raiva suprimida é a agressão passiva. A raiva vaza de formas desagradáveis como sarcasmo ou comentários maldosos e dissimulados. As pessoas à nossa volta sentem nossa raiva, mas ela parece muito passiva e difícil de abordar. Essa raiva começa a repercutir nas pessoas, sem que percebam, e elas acabam ficando com raiva também. É um modo enganoso e impuro de expressá-la. O engano é que outra pessoa expressa a raiva por você. É a pessoa "má" que tem raiva e você se sente o injustiçado. Porém se tiver consciência da agressão passiva, poderá expressar a raiva simplesmente reconhecendo que a sente e se perguntando o que acontece.

Atenção plena à raiva

Reconhecer, mas não expressar a raiva no momento é o que chamamos de atenção plena à raiva.

Claro que nem sempre é útil ou apropriado expressar a raiva em voz alta, no momento exato em que ela surge. Às vezes, devemos conseguir nos conter e ouvir, considerar outra interpretação possível do que foi dito ou feito, reconhecer circunstâncias atenuantes ou, pensando bem, resolver tolerar a questão para um bem maior, ou desestimular temporariamente uma situação. Mas, para fazer tudo isso, não precisamos sufocar nem enterrar a raiva. Em vez de ignorá-la completamente, podemos escolher respirar e abrir espaço para senti-la. Sabemos o que sentimos e lhe damos permissão de se mover vigorosamente pelo corpo, ao mesmo tempo que a testemunhamos. Estamos atentos à raiva e conseguimos lidar com ela, centrados em nós mesmos, sem expressá-la externamente. Devemos respirar e expirar de forma deliberada, com calma, algumas vezes, esforçando-nos para nos lembrar de algo tranquilizador ou buscando uma explicação que acalme nossas emoções. Talvez ninguém à nossa volta perceba. Mais tarde, podemos anotar em um diário o que sentimos ou conversar com um amigo a respeito do episódio e explorar o que havia por trás dele. É possível, também, que o mero ato de observar e respirar seja suficiente. É o que chamamos de atenção plena à raiva. Estamos cientes de sua presença, mas não fazemos nada com ela.

Às vezes, nós nos vemos em uma situação que nos deixa zangados, que nos encontra de "pavio curto" e sabemos que estamos fervendo de raiva, mas os outros em nossa companhia não são afetados da mesma forma. Pode ser, por exemplo, um comentário de uma pessoa ou seu hábito de se atrasar. Embora as outras pessoas no grupo não gostem de tal comportamento, não são tão profundamente afetadas nem sentem raiva. Nossa reação, porém, é muito mais forte. Mesmo que possamos nos acalmar e conter a raiva, essa é uma situação muito útil para ser anotada no diário depois e explorada até descobrirmos a causa do "pavio curto". Todos os nossos pavios curtos contêm informações úteis a respeito de padrões interiores. Reflita desta maneira: por que aquela situação específica me afeta tanto? Meus pais agiam assim? Eu fui acusado de agir assim? Fui ferido ou magoado seriamente por essa situação no passado e nunca consegui superar? É possível que todos os outros no grupo estejam suprimindo a raiva e, portanto, o que sentimos é inteiramente proporcional. Se você encontrar um exemplo assim em sua vida, tome o cuidado de ficar fora do campo de certo ou errado, tão comum em situações que evocam raiva. Manter a possibilidade de ficar calmo, respirar, mesmo sentindo raiva, é uma atitude que abre a porta para a escolha e lhe permite reagir enquanto se mantém conectado aos outros.

Note se você usa esse estilo de lidar com a raiva guardando-a dentro de si e veja se faz isso porque tem medo de expressá-la verbalmente.

Quando usamos a técnica de internalizar a raiva, precisamos observar se nos sentamos *ao lado* dela ou *em cima* dela.

Expressar a Raiva

Sentindo e expressando: quem acha que a raiva não deve ser suprimida defende a noção de que o único jeito saudável de abordar a raiva é "liberá-la". Grite, erga sua voz, bata os punhos em algo, deixe claro que o poder de sua energia raivosa foi atiçado. Cuidado. Embora às vezes gritar "PARE" seja um modo eficaz e habilidoso de protestar ou obter atenção, o hábito de erguer a voz ou gritar sempre que você sentir raiva é muito menos capaz de liberá-la, e bem mais propenso a construir um caminho sempre acionado de raiva e agressividade, como uma espécie de padrão preestabelecido. Simplesmente quanto mais reativo você se torna, mais reativo se tornará. Quanto mais berrar e gritar sempre que se aborrecer, mais terá de berrar e gritar quando se zangar. E nada é resolvido. As pessoas podem ter medo de você, achar que é agressivo e controlador. Talvez sintam medo de você, evitem sua presença ou pisem em ovos quando estiverem por perto. Os elos tendem a se romper. Você pode se sentir poderoso, mas na verdade a raiva não foi liberada; provavelmente será reativada com ainda mais facilidade da próxima vez, e é bem possível que já tenha se espalhado para outras pessoas.

Sentindo a raiva e expressando-a com clareza: podemos sentir e expressar a raiva sem que ela seja reativa ou constitua uma reação danosa. A expressão clara da raiva é uma habilidade que necessita de aprendizado e prática. De modo geral, quando tentamos expressar a raiva pela primeira vez, precisamos nos forçar a isso, pois ela é um pouco desconhecida e assustadora. A energia desse esforço significa que costumamos perder o contato com a humanidade da pessoa para quem a expressamos; a conexão se perde e concentramos nossa atenção em nós mesmos para podermos falar tudo, em vez de percebermos o impacto que causamos sobre o outro. Pode parecer para a pessoa que recebe que a raiva é gratuita, e é como se ela fosse atacada. Ainda que nesses momentos estejamos conectados com nós mesmos, não estamos com o outro e podemos temer sua reação.

Raiva ligada ao coração

Sentir a raiva e resolver expressá-la claramente com compaixão é o que chamamos de raiva ligada ao coração. Quando nos tornamos confortáveis com nossa raiva e com todo o escopo das emoções humanas, sabemos que podemos lidar com qualquer coisa e somos capazes de trazer percepção, compaixão e calma à nossa expressão de raiva. Ela pode ou não ser feroz. Mas estamos conectados com nossa humanidade e com a do outro enquanto nos expressamos. Não nos contemos, mas nos expressamos de modo apropriado, compassivo e consciente do impacto sobre o outro. Nosso cuidado com o outro é evidente. Permanecemos conectados com ele. Podemos senti-lo, vê-lo, olhar em seus olhos. Nossa mensagem é que não gostamos de algo que ele fez, mas nem por isso o expulsamos do nosso coração. Não atacamos, mas damos informação a respeito de algo importante para nós. Assim, é mais provável que o outro nos dê atenção e, com isso, a situação se resolva. A conexão pode ser mantida o tempo todo. Talvez ainda precisemos nos acalmar depois, mas não estaremos em um estado de retraimento ou ira. Só poderemos agir assim se nos sentirmos confortáveis com nossa raiva, se pudermos estar presentes em nosso corpo e no coração enquanto a experimentamos, e se aceitarmos os sentimentos das outras pessoas.

A capacidade de expressar raiva com compaixão proporciona clareza, conexão e intimidade. Permite que todo o nosso eu seja incluído e intensifique a nossa sensação de estarmos plenos no mundo.

Movendo a raiva como energia (orgástica)

Além de nos aproximarmos conscientemente da energia, também podemos movê-la com consciência por todo o nosso corpo. É semelhante ao que praticamos na meditação Fluxo do Ser[7] de manhã em workshops e seminários. Significa desviar o foco totalmente da ruminação impulsionada por conteúdo-e-mente, e se concentrar na energia e nas sensações da raiva em si. Você pode permitir ao corpo ter o movimento natural enquanto reage à energia da raiva sem tentar se livrar dela. É mais como um abraço, uma celebração, para o seu bem-estar. Se você se permitir mergulhar nessa experiência, ela pode ser extremamente agradável e até orgástica. Você está presente com seu próprio ser e com a energia que flui em seu interior, com isso consegue amar a si mesmo. "Sou tudo isso!" Claro que não é abordada a questão que desencadeou a raiva em primeiro lugar e, na verdade, pode até ser menos importante quando você retornar ao ponto onde ela começou. Mas a experiência pode lhe dar uma conexão com sua raiva e suas energias poderosas, de uma forma que pode ajudar muito a reconhecê-las e identificá-las dentro de seu ser, principalmente se foram suprimidas por algum tempo.

---

7. A meditação Fluxo do Ser (The Flow of Being) está disponível em CD em: <www.janday.com>; e como arquivo para ser baixado em SoundCloud.

> ### EXPERIÊNCIA DE JAN
>
> *Eu estava participando de um workshop em Maui, onde morava. Alguém disse ou fez algo que me perturbou. Eu me lembro de que começou com alguma história, fiquei nervosa com o conteúdo e, em determinado momento, quando provavelmente já tinha ficado abalada demais, fui convidada a sentir meu corpo e deixá-lo se mover. Convergi meu foco para o meu corpo e dei vazão ao movimento natural dele, que logo se tornou uma espécie de contorção rítmica por todo o piso do local. Lembro-me de que quase tudo pareceu desaparecer. Estava sozinha em meu corpo em movimento, curtindo, e atingi o orgasmo quando deixei toda aquela energia fluir, livremente, e percorrer meu corpo sem parar e sem eu ter de pensar nela.*
>
> *Mais recentemente, fiquei muito chateada com uma situação e percebi que não estava em contato com o pleno poder dos sentimentos. Algumas feridas antigas foram tocadas e começava a ocorrer um amortecimento. Em determinado ponto, a raiva ficou aparente e resolvi deixar meu corpo se mover com ela. Usei uma música[8] que incentiva o fluxo de energia no corpo, e por uma hora permaneci muito presente com os sentimentos no meu corpo, acordei para toda a dor e todo o poder e a alegria que brotavam simultaneamente. Era caótico, como um estado de transe, e depois percebi que tinha maior acesso a mim mesma, mais conexão, mais vitalidade. Conseguia sentir minha força. Podia sentir meu próprio eu, como se tivesse me recomposto de alguma forma. Era um reconhecimento de minha energia e das forças em meu íntimo.*

Deixando-se impulsionar pela raiva

Às vezes, a raiva indica que algo deve ser feito. É um chamado urgente, veemente, para a ação. Quando isso acontece, um acesso de fúria dificilmente seria útil, pois impede que o cérebro enxergue com clareza e tome decisões boas. O acesso à raiva, porém, serve para nos impelir à ação efetiva; dá-nos a energia e a motivação para ativarmos nossa vontade de alterar o que precisa ser mudado.

A partir da perspectiva do tantra, incluir tudo significa poder estar plenamente presente, de modo que todos os nossos centros se envolvam

---

8. "Shamanic Dream", de Anugama.

(coração, corpo e mente) e que possamos fazer escolhas apropriadas, tanto para nós mesmos quanto para as pessoas à nossa volta.

EXERCÍCIO

Escreva no diário, inspirado por estas perguntas:

- O que você costuma fazer quando sente raiva?
- Qual é o resultado? Consegue alguma coisa? (Por exemplo, uma sensação de segurança ou poder?)
- Consegue se acalmar quando sente raiva? Como?
- Você expressa a raiva externamente? Como?
- Guarda a raiva para si? Como faz isso?
- Seu coração fica aberto ou se fecha quando você sente raiva?
- Você tem medo da sua raiva?
- Tem medo da raiva das outras pessoas?
- Consegue usar a energia da raiva para efetuar uma mudança no mundo?

Consulte agora sua lista de incidentes quando sentiu raiva (*ver* o exercício "Quem sou diante da raiva?").

Veja se encontra exemplos de ocasiões em que usou a raiva com atenção plena. Note se recorreu à agressão passiva ou ao sarcasmo para extravasar a raiva. Você às vezes a extravasa de forma deliberada? Consegue permanecer conectado com o coração e, ainda assim, expressar a raiva verbalmente? Usa a raiva como um padrão emocional? Avalie os exemplos, com curiosidade, atento aos diferentes modos como expressou a raiva no passado.

Ser honesto com si mesmo obviamente é importante, mas também é fundamental ser gentil e compassivo. Há momentos em que a maioria de nós é menos hábil do que gostaria na hora de lidar com a raiva, suprimindo-a e agindo de maneira um tanto desagradável ou extravasando-a de forma descontrolada em um momento inapropriado. Precisamos ter compaixão por nós mesmos para podermos observar com sinceridade o que está acontecendo e o que se passa por trás. Algumas dicas estão em um exercício anterior ("Quem sou diante da raiva?"), na resposta à pergunta: "Como se sente em relação à raiva?", e na retrospectiva do que você aprendeu acerca da raiva, de como sua família lidava com ela e qual era sua reação.

A raiva é uma energia poderosa. Encontrar calma na raiva para que você possa usar a emoção e a informação sem ser destrutivo nem causar danos ajuda-o a expressar plenamente sua energia vital, desenvolver seu sentido de completude e se ancorar em sua própria essência.

Tristeza e sofrimento

A tristeza é outra emoção que tentamos evitar. Os homens, especialmente, aprendem que tristeza e lágrimas são vergonhosas ou inaceitáveis. Entretanto, se não permitirmos o fluxo natural da tristeza, quando esta surgir, parte de nós permanecerá fechada e não teremos acesso total para nos conectarmos com nós mesmos e com nossa energia vital. A tristeza em face da perda é parte inevitável da vida. Se não nos permitimos senti-la, podemos cair em um poço de sofrimento mal resolvido que pode ser aberto a cada perda subsequente. Quanto mais temermos a perda e a tristeza, mais precisaremos controlar nossas vidas na tentativa de evitá-las.

EXPERIÊNCIA DA MINHA IRMÃ

Alguns anos atrás, minha irmã passou por um grande sofrimento após a morte trágica de seu marido. Ela conseguiu organizar o funeral e lidar com a maior parte da burocracia, mas obviamente a tristeza que sentia era imensa. Notou que alguns amigos pareciam evitá-la, pessoas conhecidas atravessavam a rua para não se encontrar com ela ou baixavam os olhos quando a viam. Ela tinha a impressão de que as pessoas temiam que sua dor fosse contagiosa. Na verdade, era quase certo que se sentiam desconfortáveis, sem jeito, e não sabiam o que dizer. Minha irmã se sentia isolada, como se agisse de modo errado ao sair às ruas só porque estava enlutada, mas talvez sua presença obrigasse as pessoas a encarar a realidade da morte. Notou também que algumas pessoas que já tinham experimentado a perda pela morte eram mais capazes de acompanhá-la na tristeza. Ela queria que os amigos se aproximassem, mesmo que não ficassem à vontade ou não soubessem o que dizer. E, aos que faziam isso, ela era incrivelmente grata.

> ### EXPERIÊNCIA DE JAN
>
> *Quando eu tinha 30 anos, na décima sexta semana de gravidez, sofri um aborto espontâneo. A felicidade logo se converteu em tristeza. Ainda me lembro da onda de sensações no corpo quando nos certificamos de que o bebê se fora. Nas semanas e nos meses seguintes, quando voltei ao trabalho, minhas lágrimas escorriam nos momentos mais aleatórios. Fiquei surpresa ao constatar que muitas outras pessoas haviam passado pela mesma perda e aquelas que sofreram por conta de um aborto espontâneo (a mulher ou seu companheiro ou companheira) eram capazes de me acompanhar na tristeza, oferecendo a simples presença e bondade, testemunhando meu choro. Já outras pessoas preferiam não ver ou não reconhecer minhas lágrimas, talvez por acharem que seria mais fácil para mim se não atraísse aquele tipo de atenção.*

Quando metabolizamos e vivenciamos perda, dor e sofrimento, e com eles nos reconciliamos, ficamos muito mais preparados para abordar outras pessoas em seu luto e tristeza. Podemos nos abrir para esses sentimentos fortes e fazer as pazes com eles em qualquer momento das nossas vidas, mesmo que de uma forma um tanto desajeitada. Não é preciso fazer tudo certo. Só temos de ser corajosos; assim, encontraremos nosso caminho.

> ### EXPERIÊNCIA DE JAN
>
> *Quando eu tinha 20 anos, resolvi me separar de meu primeiro marido. Estávamos casados havia seis anos, e entre nós existiam muito amor e amizade, mas era evidente que nosso casamento jamais seria consumado, e eu precisava seguir com minha vida e desabrochar minha sexualidade. Então, optei pela separação. Embora a escolha fosse minha, a dor da perda e a tristeza foram imensas. Minha mãe me contou que eu chamava por ele enquanto dormia. Sentia falta dele, embora soubesse que não poderíamos ficar juntos. Foi meu primeiro aprendizado verdadeiro de que, mesmo quando a decisão de se afastar é sua, você ainda sente a perda, a dor e o sofrimento.*

Muitas vezes, quando nos separamos de um parceiro, não nos achamos no direito de sofrer. Mas é totalmente natural sentir tristeza e a dor da perda, mesmo que a separação tenha sido nossa escolha. Criamos vínculos fortes com as pessoas para as quais nós nos abrimos ou com quem passamos longos períodos.

O sofrimento e a perda se manifestam de maneiras diversas para cada pessoa. São comuns os estágios de choque, desamparo, raiva, autorrecriminação ou culpa, negação, desespero, depressão ou a tentativa de evitar o sentimento. Tudo isso pode ocorrer em qualquer sequência e até se repetir. Não há certo ou errado. No fim, com o tempo e o cuidado, chega-se ao estágio final de aceitação da perda.

Quando conseguimos lidar conosco enquanto estamos tristes, temos a possibilidade de permanecermos conectados, e não precisamos nos afastar quando chegam a tristeza, a perda e o sofrimento. Da mesma forma, quando estivermos confortáveis com nosso poço particular de sofrimento, poderemos ajudar os outros quando eles ficarem tristes ou enfrentarem a dor da perda. Não precisamos fazer nada. Basta estarmos presentes para manter a conexão.

Se nossas experiências na infância nos ensinaram a evitar a tristeza, guardá-la, fugir dela ou nos retrairmos para que ninguém a veja, naturalmente nos sentiremos desconfortáveis com o luto e a tristeza. Nós nos veremos sendo pegos desprevenidos pelo surgimento de sentimentos fortes quando acontece uma perda relativamente pequena. Podemos sentir constrangimento e tensão ou nos tornarmos controladores demais. Evitaremos qualquer pessoa que estiver triste ou em prantos ou tentaremos "animá-la" o mais rápido possível para que o desconforto (que nós estamos sentindo) vá embora. Fazer as pazes com a nossa tristeza abre as portas para outro nível de nossa humanidade e integridade.

EXPERIÊNCIA DE PARTICIPANTE: RUTH

Durante todo o treinamento de Tantra Vivo, eu sabia que precisava sofrer por nunca ter recebido a atenção apropriada da minha mãe. Eu sabia da necessidade de tocar esse sofrimento, mas era doloroso demais. De alguma forma, eu consegui realizar meu ritual final com outras três pessoas: uma mulher mais velha do que eu, que nutria sentimentos maternais por mim, e dois homens. E eu dizia (era engraçado, pois na época não tinha ideia de como sabia; era instintivo) que aquele era o meu momento de sofrer. Então, um dos homens instintivamente pôs a mão sobre minha barriga, o outro apenas me acariciava delicadamente. A mulher se sentou ao meu lado, olhando-me com amor, assentindo com a cabeça, em um gesto de encorajamento. Passei o tempo todo em meio a um rio de lágrimas, rindo e chorando – rindo, porque me senti amada por ela, cuidada, e chorando, porque pude me livrar de toda aquela dor ligada à minha mãe. Foi muito especial. Sou grata por ter sido guiada a um lugar onde eu sabia do que precisava e o que podia pedir. Ou seja, determinei minha intenção para o ritual, onde eu queria que as pessoas me ajudassem a criar aquele receptáculo seguro para eu me soltar como nunca me soltara antes, para experimentar a dor, ser capaz de estar com ela. Aquela mulher era muito espiritual, aliás, todos os três eram. Senti-me muito sustentada naquela energia. Nada tinha a ver com minha energia sexual; para mim, era a questão do sofrimento. Foi incrivelmente poderoso. Até hoje sou grata pela experiência.

Vergonha

A vergonha talvez seja um dos sentimentos que menos gostamos de mencionar abertamente, ou que menos compreendemos. Só a existência dela já implica que estamos errados ou cometemos um erro. Por causa da vergonha, queremos nos afastar ou nos esconder e, por isso, não a encaramos com facilidade nem descobrimos o que de fato acontece. Ela toca uma parte de nós que não nos considera suficientemente bons.

A vergonha se confunde com um sentimento de culpa.

Sentimos culpa quando sabemos que fizemos algo que não deveríamos ou deixamos de fazer o que deveríamos. Quando nos sentimos culpados, há o reconhecimento de um ato errado, pelo menos para nós mesmos, e bastante autocrítica para nos repreendermos... E então fazemos a mesma coisa novamente. E, assim, o sentimento de culpa tende a se tornar parte de um círculo vicioso.

Há duas formas de vergonha: a tóxica e a saudável.

A vergonha saudável é quando sabemos que não cumprimos com nossos próprios valores e ética. É como uma bússola interior que aponta para tudo aquilo que valorizamos.

A vergonha tóxica resulta do que absorvemos de outras pessoas, de livros, filmes e canções, de ensinamentos religiosos, de nossa formação cultural. A vergonha tóxica:

- nada tem a ver com nossos valores;
- costuma nos fazer sentir que erramos e suga nossa autoestima;
- geralmente controla nossos impulsos e comportamento para que sejam "aceitáveis" – mas aceitáveis para quem? Não para nós.

Erros

A vergonha geralmente se mistura com o cometimento de erros, e por causa dela tentamos ser perfeitos ou temos medo de errar.

Precisamos cometer erros, se quisermos aprender e crescer. Aprender a tolerar a vulnerabilidade de cometer erros nos permite experimentar mais possibilidades, abrir-se a mais desafios, tentar coisas para as quais não temos habilidade e expandir os horizontes da aprendizagem. Isso se aplica tanto a organizações quanto a pessoas. Onde existe uma cultura de culpa sempre que ocorre uma falha, não há aprendizado e as pessoas tendem a encobrir os erros. Nas organizações em que os erros são examinados e servem para ensinar, segurança e inovação prevalecem.

Note que isso é inteiramente diferente de ser descuidado e desinteressado, o que resulta em erros.

> ## EXERCÍCIO: CITANDO E LISTANDO AS EXPERIÊNCIAS DE VERGONHA
>
> Escreva uma lista com o maior número possível de situações em que você sentiu vergonha.
>
> Quando terminar, examine cada item e tente enxergar o que estava acontecendo.
>
> - Foi uma vergonha tóxica, não baseada em seus valores pessoais, que o fez se sentir mal?
> - Foi uma vergonha saudável, quando você falhou com seus próprios valores?
> - Foi apenas um erro que tinha de ser reconhecido e servir de aprendizado?
>
> Reflita:
> - Adianta sentir vergonha quando você comete um erro?
> - Qual é o resultado de você sentir vergonha quando erra?
> - Há momentos em que a vergonha saudável serve para lhe indicar seus valores pessoais?

Mesmo a vergonha saudável não é fácil de sentir. Tentamos nos esquivar dela. Entretanto, a disposição para encarar a vergonha saudável significa que nossa bússola interior está bem calibrada. Sabemos nossa posição porque identificamos o que nos faz sentir bem, ou não faz, a partir de nosso centro e nossos valores, e não do ponto de vista de outra pessoa. Quando enfrentamos a vergonha saudável, podemos aprender e examinar o que nos fez ficar abaixo de nossos padrões, e nos tornamos mais conscientes do que motiva esses padrões. É um sentimento de "estou incomodado com isso" (algo que fiz ou não fiz) e pode ser seguido de: "Como posso agir diferente da próxima vez?", com uma disposição para pedir desculpas, assumir responsabilidades ou corrigir equívocos.

Lidando com a vergonha tóxica

A vergonha tóxica nos impede de ser quem somos e nos força a viver de acordo com os valores de outras pessoas. Assim, ela nos isola de nossa energia soberana e força vital, e pode ser debilitante. Na cultura ocidental, a sexualidade e a energia sexual geram muito vergonha tóxica. Se quisermos recuperar nossa energia sexual natural, nossa inocência na sexualidade, e permitir que a criatividade flua livremente, precisamos identificar e lidar com essa forma de vergonha.

> ### EXPERIÊNCIA DE JAN: VERGONHA TÓXICA
>
> *Eu tinha cerca de 32 anos, quando fiz um workshop de uma semana focado em sexualidade extática. Como eu trabalhava em um laboratório de pesquisas na ocasião, meu ambiente era bem convencional. Ao chegar à minha casa depois do workshop, senti uma onda de vergonha tóxica. Era um diálogo interno do tipo: "O que eu fiz? Afinal, o que me passou pela cabeça? Aquilo estava errado. Ser sexual demais é nojento. O que fui fazer? Sou uma pessoa ruim". Tinha a sensação de encolher e me ocultar em um turbilhão interno.*
>
> *Resolvi consultar um terapeuta que, eu sabia, trabalhava com questões sexuais. Contei-lhe o que vivenciei e explorei no workshop. E a resposta do terapeuta foi: "Quem me dera ter coragem para fazer uma coisa assim".*

Não precisou dizer mais nada. Foi uma bênção. Tudo ganhou perspectiva e pude reconhecer que minha disposição para aprender, crescer e explorar às vezes não se encaixaria nas normas culturais. E tudo bem! Era a minha jornada para a plenitude.

Enquanto fizermos explorações no campo do tantra, precisaremos encontrar coragem e confiança, uma conexão clara com nossos valores e uma disposição para escutar nossa vergonha saudável para nos manter no caminho certo. Devemos estar alertas à muralha cultural e à vergonha coletiva que podem nos assolar com um julgamento terrível e comprometer nossos esforços.

> **EXPERIÊNCIA DE PARTICIPANTE: GILL**
>
> *O exercício de me despir me pôs em contato com um sentimento profundo de vergonha da minha nudez e a dos outros. No entanto, ao acompanhar uma demonstração com o uso de uma almofada pesada passando por uma fileira atrás de mim, percebi como a vergonha tóxica é transmitida por gerações, mas ela não precisa ser minha. Um modo óbvio de como isso me impactou é que já não me sinto envergonhada de nadar nua quando há gente por perto.*

A vergonha tóxica parece um crítico interno maldoso cuja voz engolimos por inteiro, muito tempo atrás. Podemos investigá-la com um processo parecido com a Terapia das Partes, que exploramos anteriormente. A vergonha tóxica não é uma parte estrita de nós, mas a sentimos como se fosse. Esse é o problema.

> ## EXERCÍCIO:
> ## EXPLORANDO A VERGONHA TÓXICA
>
> Escolha uma situação de sua lista que identificou como vergonha tóxica no exercício anterior.
>
> Comece com três almofadas no chão. A almofada central representa seu eu integrado com todas as suas partes. Uma das outras duas representa a voz que julga você. A voz da vergonha tóxica. Pise nessa almofada e ouça aquela voz sem moderá-la. Dê a ela permissão total para falar.
>
> Depois de ela dizer tudo o que quiser, volte para a almofada do centro e, de lá, olhe em direção à vergonha tóxica. Tente perceber de onde ela vem. De quem é aquela voz? Em algum momento de sua vida, provavelmente desde muito cedo, você a engoliu por inteiro para se encaixar nas convenções. Com 2 anos de idade, precisou fazer isso para seus pais o ajudarem a encontrar seu caminho no mundo. Nessa idade, ninguém tem as partes do cérebro desenvolvidas para permitir o convívio com

outras pessoas. Mas hoje você não tem mais 2 anos, pode escolher e avaliar por contra própria. Parte do antigo treinamento, que pode ter sido útil e bem-intencionado, foi absorvido e ainda o controla. De quem é essa voz? Ela combina com o que você acredita agora? Fale com ela e lhe diga isso.

Agora vire para a outra almofada, que representa seus valores internos pessoais. Os valores que lhe pertencem. Pise nela e fale a partir daquela voz. O que essa parte sua tem a dizer a respeito da situação? Perceba como sua conexão muda à medida que você se afina com essa voz.

Volte para a almofada central. Decida se quer desativar a voz da vergonha tóxica. Pode baixar conscientemente o volume dessa voz. Também pode simplesmente devolvê-la a quem pertence. Pegue-a e diga: "você não pertence a mim. Estou devolvendo você a (minha mãe, meu pai, tio, professor, padre, a existência). Você não cabe mais em minha vida".

Conscientemente, retorne à almofada que representa seus valores pessoais e perceba que essa parte lhe dá apoio, e veja quanto você a valoriza. Se quiser, passe algum tempo anotando seus valores pessoais como uma forma de dar mais prioridade àquela parte e nela se ancorar.

Reflita neste exercício diariamente, durante um mês ou mais. Dê a si mesmo um tempo para reconhecer valores que lhe foram passados, mas não se alinham com os seus. Depois, volte-se para a voz de seus valores pessoais, escute-a e dê a ela prioridade. Falar a partir desses valores em voz alta, ou anotá-los, ajuda no exercício. A repetição frequente é um bom apoio quando você tenta mudar um padrão de comportamento. Uma repetição diária por 30-40 dias pode realmente ajudar um novo padrão de comportamento a ancorar-se em seu interior.

Vergonha saudável

Às vezes, agimos ou falamos de um jeito do qual nos arrependemos depois. Essa sensação de vergonha saudável é nosso guia interior, nossa consciência, nos informando de que desrespeitamos os valores que nos são caros. Saímos do nosso alinhamento. Não precisamos nos punir por isso. A punição provavelmente só provocaria uma repetição do problema. Precisamos, sim, olhar com clareza para o que fizemos, deixar que venha o sentimento de vergonha e remorso, e tentar entender o que nos levou a agir daquela maneira. Foi medo, inveja ou raiva? O que nos fez não alcançar as expectativas do nosso melhor eu? Há uma vulnerabilidade no reconhecimento da vergonha saudável. Nós nos reconhecemos como humanos e falíveis, não somos perfeitos. E, no fim, precisamos nos perdoar.

Perdoar a Si Mesmo

Perdoar é um ato que nos conduz de volta ao coração. Permite-nos abandonar julgamento, retraimento, autodepreciação. Restaura a bondade com nosso eu. O perdão deve começar com uma abertura para todos os sentimentos, tais como raiva, vergonha, inveja, medo ou qualquer outro.

Precisamos fazer um reconhecimento sincero de nossos atos ou palavras que nos desviaram de nossos valores. Podemos ter causado sofrimento a nós mesmos ou a outras pessoas. Reconhecemos esse sofrimento e descobrimos se o causamos inconsciente ou conscientemente. Admitimos que estamos com remorso e pedimos desculpa, com estas palavras: "Eu me perdoo. Meus passos me levam de volta ao meu coração".

Quando encaramos nossas faltas e defeitos com sinceridade, humildade e graça, abrimo-nos para a vida, desvencilhamo-nos do passado e criamos um novo começo a partir do qual avançaremos para uma vida com mais amor.

Coragem e Confiança

Nossa jornada no tantra requer coragem e confiança. Necessitamos compreender a diferença entre confiança cega e confiança real. Precisamos nos conectar com nós mesmos para termos autoconfiança, para usarmos todas as informações que vêm do corpo, do coração e da cabeça. Na confiança cega, entregamo-nos a uma espécie de pensamento mágico, abdicamos da responsabilidade por nossa vida e "nos entregamos à existência". A autoconfiança só é possível quando nos mantemos firmes e vivos no corpo, em sentidos, sentimentos, intuição e mente, de modo que não corremos riscos dos quais não podemos nos recuperar facilmente. De maneira geral, isso significa que devemos ir devagar e testar a água. É a diferença entre coragem e descuido. A confiança cega nos leva a agir sem consideração pelas consequências.

    Igualmente, quando confiamos nos outros ou na vida, nós nos mantemos conectados conosco enquanto nos sintonizamos com as pessoas ou a situação. Confiar não é o mesmo que saber. Quando confiamos, implícita na confiança está a incerteza. E, quando permanecemos conectados conosco nessa incerteza, podemos confiar, sabendo que aprenderemos com o que vier e nos recuperaremos se as coisas forem diferentes do que queríamos. No fim, descobriremos a confiança real no ser único que somos e na coragem para viver esse ser único. Isso abre uma possibilidade maravilhosa para dar a dádiva do nosso ser único ao mundo.

Capítulo 2

Abrir-se Como Ser Sexual

O Poder do Toque

O toque tem um impacto poderoso sobre as pessoas, mesmo que não esteja ligado à sexualidade. Sabemos disso intuitivamente, e tocamos lugares que doem ou seguramos a mão de alguém que precisa de encorajamento. O toque se estende além da pele, para toda a musculatura e todas as memórias emocionais de ser ou não ser tocado. Assim, mesmo que sejamos tocados da maneira exata que queremos, surgem sentimentos fortes. Se não estivermos acostumados a conter esses sentimentos, facilmente poderemos projetá-los para a pessoa que nos toca. Tudo isso significa que a jornada ao encontro com nós mesmos e nossos sentimentos, na qual entramos no começo deste livro, é uma fundação vital para explorar o toque. Uma palavra-chave é *devagar*.

Dito isso, somos seres sociais e precisamos do toque. Os bebês não crescem, aliás, nem sobrevivem, sem o toque e, como adultos, nossa sensação de bem-estar e nosso sistema imunológico são fortalecidos por ele. Aprendemos a nos autorregularmos quando somos tocados. Sem o toque, sofremos. Claro que também há sofrimento quando o toque é inapropriado, insensível ou flagrantemente abusivo. Apesar de tão importante em nossa vida, o toque na infância ou em experiências anteriores pode resultar em sentimentos conflitantes. O que, por sua vez, gera confusão e ansiedade.

"Tolerarei um toque que não seja tão bom só para evitar a ausência total dele."

"Quando me tocam, não me sinto seguro."

"Se eu disser SIM ao toque dele, sou obrigada a deixá-lo me tocar quando ele quiser."

"Se começarmos a nos acariciar, acabará em sexo; então, se não quero fazer sexo naquela hora, digo NÃO às carícias."

"O toque traz prazer e dor. É confuso."

"Quando me toco, sinto vergonha."

Como, no passado, o toque foi uma experiência difícil em vários sentidos, muitas pessoas bloqueiam esse desejo natural, anestesiando-se e chegando mesmo a acreditar que não têm interesse em serem tocadas. O toque pode se tornar sinônimo de desconforto, dor ou até terror. Entretanto, nossa necessidade profunda de toque não desaparece. A abertura para sermos tocados, sentirmos de forma profunda e plena que nos tocam, exige coragem e uma confiança em nossa habilidade para ir devagar o bastante para permanecermos conectados dentro de nossos limites, parando quando for necessário.

O Que São Esses Limites?

Nossos limites descrevem a linha entre o que aceitamos e o que não aceitamos. Não há nenhum tipo de toque ou área de seu corpo que você *deve* tocar ou deixar que toquem. O objetivo é simplesmente ficar conectado com si mesmo, ciente do que acontece em você, capaz de experimentar todas as sensações, energias e sentimentos que surgirem. É muito mais importante limitar o toque aos seus braços ou ao rosto e senti-lo plenamente, do que se forçar a incluir todas as partes do corpo, mas se contrair, retrair ou perder completamente a sensação.

Quando outras pessoas nos tocam, comunicar os limites dá a ambas as partes uma sensação de segurança que é bem-vinda. Os limites não são fixos para sempre. Eles podem mudar, dependendo da tensão existente no corpo, do estado emocional e de quanta energia está disponível. É importante reconhecer isso porque, assim, enxergamos a diferença entre limites e condições ou padrões. Condições e padrões tendem a ser fixos, baseados em ideais ou crenças que pegamos de outras pessoas (pais, irmãos, amigos, ou da religião e da mídia). As condições têm muito pouco a ver com nossa realidade atual. Por exemplo:

"Nunca aceito que toquem minha yoni/meu lingam".[9]
"Acho errado eu tocar meu próprio corpo por prazer".

Tocando o Próprio Corpo

O despertar para o poder do toque pode começar, em geral, com o autotoque, pois este nos possibilita descobrir mais acerca de nosso corpo e do que gostamos ou não. Esse conhecimento nos ajudará quando nos comunicarmos com um parceiro.

> ### EXERCÍCIO:
> ### TOCANDO EM SI MESMO COM AMOR
>
> Deite-se ou se sente confortavelmente, dando um abraço em si mesma. Segure-se como se acalentasse uma criança com alguma dor. Use as mãos para se acalmar e se acariciar.
>
> Pouco a pouco, em questão de minutos, deixe as mãos se moverem por todo seu corpo, percebendo o que é agradável e do que você gosta. Pode, por exemplo, acariciar seu rosto ou pôr as mãos sobre o coração, passar os dedos pelos cabelos ou explorar uma mão ou um braço como se nunca tivesse visto mãos ou braços antes. Dê a si mesmo o máximo de atenção possível. Permaneça conectado com seus sentimentos, usando sua respiração para levar o foco e a atenção plena para diferentes áreas do corpo. Tente abrir e fechar os olhos. Veja se está mais presente e conectado com os olhos abertos ou fechados. Preste atenção a quaisquer sentimentos que surjam. Termine como começou, abraçando-se, e encontre algumas palavras encorajadoras que ache verdadeiras para dizer para si mesmo.

---

9. Um comentário sobre os órgãos sexuais. Geralmente, refiro-me a eles assim: órgãos sexuais femininos: yoni; o pênis: lingam.
Yoni é um termo sânscrito, interpretado literalmente como o ventre e os órgãos reprodutivos femininos. Lingam é uma palavra sânscrita que se traduz como "pilar de luz". Há uma riqueza de simbolismo por trás dessas palavras. Nos círculos tântricos, elas são usadas em referência aos órgãos sexuais. Creio que isso seja útil, pois as palavras usadas na língua inglesa (ou outras modernas) para descrever esses órgãos possuem pouca beleza, e podem ser utilizadas como ofensa ou simplesmente cinismo. Já temos muitos obstáculos para vencer, e não precisamos de palavras que nos afastem da beleza e do deleite de nossos órgãos sexuais. Lingam e yoni inspiram uma nova inocência e despertam o sentido do sagrado.

Descreva a experiência no diário.

- Como se sentiu enquanto fazia o exercício?
- Como se sentiu depois?
- Foi confortável ou estranho se abraçar e se dar um toque de carinho?
- Gostou do momento?
- Conseguiu relaxar durante o exercício?
- Fez alguma diferença ficar com os olhos abertos ou fechados?
- Sentiu alguma coisa surpreendente?
- Incluiu os órgãos genitais e/ou seios no toque?
- Foi mais fácil ou mais difícil do que esperava? Por quê?
- Sentiu-se menos ou mais conectado em si mesmo depois do exercício?

Toques carinhosos por todo o corpo nos ajudam a desenvolver o amor-próprio, fazem-nos sentir que merecemos atenção. É uma introdução magnífica para o autoprazer, fazer amor com nós mesmos. Tocar-se sexualmente, principalmente nos órgãos genitais, é vergonhoso para muitas pessoas. Mesmo que gostem desse tipo de prazer, ficariam horrorizadas se alguém descobrisse. É algo escondido na escuridão, onde prevalece a vergonha.

Aprender esse tipo de toque sexual, descobrir do que gostamos ou não, aprender como aumentar o prazer e circular a energia pelo corpo são habilidades necessárias, se quisermos conhecer nosso corpo e nos comunicarmos com um parceiro. Cada pessoa é diferente. Todos os homens são diferentes e não apreciam o mesmo tipo de toque. Todas as mulheres são diferentes e não gostam dos mesmos toques. Esperar que um parceiro ou parceira seja como os anteriores só gera decepções e falta de intimidade. Até mesmo achar que seremos sempre iguais, de um dia para outro, de um minuto para o seguinte, acabará rompendo a conexão. Assim como mudam nossos limites, o que queremos e apreciamos também se altera, dependendo do nosso estado de espírito, do nível de energia e de nosso grau de excitação. Um toque pode ser prazeroso quando nos excitamos e pode ser muito desagradável quando não estamos excitados, e vice-versa. E só porque algo funcionou na última ocasião, não significa que funcionará na próxima. Intimidade e conexão exigem que estejamos conectados com nós mesmos e com o outro.

Praticar com o próprio corpo e descobrir como ele responde a diferentes tipos de toque são recursos inestimáveis para o autoconhecimento e o desenvolvimento de uma sensação de tranquilidade com o corpo. Mas mesmo com essa forma de toque, não ignore seus limites; se você é uma pessoa que faz as coisas "porque deve" ou se força a ultrapassar cada vez mais os limites, tome muito cuidado para não transformar essa atividade em um "dever" ou uma meta. Aprender a se tocar com carinho (principalmente o toque sexual) é uma oportunidade maravilhosa de entrar em sintonia consigo mesmo e desacelerar o suficiente para perceber qualquer sentimento que ocorra. Durante o próximo exercício, talvez descubra sentimentos de vergonha antes, durante ou depois. Podem surgir sentimentos de mágoa ou raiva, bem como de extremo prazer e alegria. Relaxe nesses sentimentos, quanto for possível, e permita-se estar consigo mesmo.

Conforme prosseguimos para o toque sexual, é importante notarmos a cisão, tão prevalente na nossa cultura ocidental, entre sexo e coração. Para a maioria das pessoas, é mais fácil ser sexual se o coração ficar de fora do cenário. Ser meigo e carinhoso não excita. É algo agradável, mas não incita o desejo. Temos uma tendência de associar sexo com excitação, o fruto proibido. Nos relacionamentos, abrir tanto o coração quanto o sexo é muito mais assustador que abrir apenas um ou o outro. Fundir essas duas energias não parece natural, e pode explicar por que tantos parceiros de longa data têm um relacionamento gentil e amoroso em casa, sem muito contato sexual, enquanto procuram amantes sensuais fora da vida a dois.

Podemos voltar mais uma vez à nossa definição de tantra: o entrelaçamento de tudo o que existe, colocando a consciência em todas as nossas experiências. Queremos entrelaçar e integrar coração e sexo (assim como mente e alma). Não excluiremos nada.

EXERCÍCIO: TOCAR A SI MESMO COM AMOR E COMO UM SER SEXUAL

Este exercício deve levar de uma a duas horas. Você precisará de total privacidade; portanto, programe-se para não ter interrupções, desligue o telefone e arrume o espaço que vai usar como se fosse um templo de amor, preparado para aquele ou aquela que você mais ama. Deve se sentir aquecido, talvez queira até uma boa música, velas e óleos aromáticos. Se quiser, delicie-se em um banho de banheira, como uma forma de preparação. Para a mulher, um lubrificante de boa qualidade pode ser útil; para um homem, um óleo.[10]

Comece a se despir lenta e conscientemente. Tiramos as roupas todos os dias, mas em geral de um modo mecânico, no piloto automático. Enquanto se prepara despindo-se, respire, vá devagar e observe o que sente em relação à própria nudez. Quando começar o toque, também vá devagar. Não há um objetivo. Você não precisa chegar ao orgasmo, embora isso seja possível. Saímos daquele campo de certo e errado. É uma exploração, sem destino específico.

Comece a acariciar o corpo inteiro, ocupando-se de cada área dele e demorando um pouco onde a sensação for boa. Fique algum tempo com as mãos sobre o coração, à escuta do que acontece no centro dele. Eis algumas sugestões para você se conectar com o centro do coração:

1. Imagine que, em seu íntimo, você sorri para si mesmo.
2. Deseje a si mesmo o bem, com a frase: "Que eu seja feliz", repetida em voz baixa.
3. Imagine-se respirando diretamente para o coração e dizendo a palavra "amor" várias vezes. Imagine seu coração se enchendo com a energia do amor a ponto de transbordar, de modo que essa energia se espalhe por todo o corpo e expanda para fora, no universo.

---

10. Dê preferência aos lubrificantes à base de água. Há boas opções no mercado. Em mulheres mais velhas, principalmente, o uso do lubrificante é importante para que o tecido interno não seja danificado. Seja generosa com o uso. É melhor o excesso do que a insuficiência, caso contrário, você pode rasgar o tecido delicado de sua yoni e correr risco de infecção. As yonis adoram bons lubrificantes!

4. Escolha uma música que toque seu coração e escute-a enquanto põe as mãos sobre o centro do coração ou se concentra nele.

Você poderá voltar para o coração a qualquer momento, a fim de restabelecer a conexão, se achar que a perdeu.

Em seguida, comece a expandir o foco em torno do tórax ou dos seios. Isso tem uma importância especial para as mulheres, pois pode abrir o canal para a energia sexual, principalmente se você estimula e acaricia os mamilos. Cada homem e cada mulher são diferentes. O prazer que você sentirá com esse exercício será muito individual. Apenas sacie a curiosidade de saber qual tipo de toque é excitante para você, se houver algum. Talvez queira tocar os lábios e lamber o dedo, abrindo-se para a energia do sexo e da sensualidade. Quando sentir-se pronto, ponha uma mão sobre os órgãos genitais e deixe-as lá fazendo uma leve pressão, focando no centro sexual, como fez antes com o centro do coração. Você pode querer, também, colocar uma mão sobre o coração e a outra sobre a genitália. Aos poucos, comece a pulsar nos órgãos genitais como se invocasse as energias que lá se encontram. Veja se consegue fazer isso de uma forma que cause prazer. Você pode mexer a mão, mas ainda não na direção do estímulo. Vá devagar e aproveite cada desejo que surgir.

Para mulheres: comece a abrir os lábios genitais e acaricie toda a área. Use o lubrificante, se achar melhor. Deslize os dedos sobre o clitóris, mas não se concentre aí. De vez em quando, tente acariciar os seios, os mamilos ou os cabelos. Depois de algum tempo, quando se sentir pronta, aplique uma boa dose de lubrificante e deslize os dedos até eles entrarem delicadamente na yoni. Apalpe quanto puder a yoni inteira, até descobrir as diferentes texturas e sensibilidade em áreas diversas. Pode tirar os dedos e massagear a área em volta da vulva e do clitóris de vez em quando, aproveitando a sensação. Com o dedo indicador, explore a área frontal de sua yoni, deslizando-o para dentro e fazendo um movimento de "venha cá", em profundidades variadas. Talvez encontre uma área de forte sensibilidade e sinta vontade de urinar. Relaxe o máximo que puder e continue estimulando essa área e a yoni inteira, bem como a área externa. Use bastante lubrificante para evitar uma fricção que possa danificar o tecido delicado da yoni. Preste atenção em sua respiração durante toda a experiência, usando-a para se concentrar em seu centro sexual e manter o foco em qualquer sensação que possa surgir. Se o toque se tornar muito prazeroso e excitante, respire, vá mais devagar e relaxe ao máximo toda a musculatura. Geralmente, isso é o contrário do que aprendemos ao nos masturbarmos quando crianças. Tensionar e contrair os músculos pode acelerar o pico orgástico. O relaxamento o prolonga e pode até aprofundá-lo. Imagine que está deixando a energia fluir por todo o corpo. Não há problema em atingir o orgasmo, seja ele no clitóris, na vagina ou em ambos. Permita-se gozar, caso chegue ao orgasmo, e termine com as mãos juntas sobre o centro sexual, com amor e prazer, pulsando levemente como fez no começo. Relaxe e acaricie o corpo inteiro novamente.

Homens: segure seus testículos e o lingam com delicadeza e carinho. Acaricie-os. Sinta as texturas diferentes. Comece a se apalpar delicadamente. Devagar. Você pode usar um óleo no lingam para se sentir confortável. Explore modos diversos de se tocar, apalpar, contorcer, empurrar delicadamente para cima e para baixo, tocando suavemente a área superior do lingam para ambos os lados do frênulo e descobrindo os lugares mais sensíveis. Veja se consegue apalpar e segurar os órgãos genitais por algum tempo, sem tentar atingir o orgasmo. É capaz de amar seu lingam quando ele está flácido do mesmo modo como quando endurece? Experimente deixar a excitação crescer e então se difundir por todo o corpo, massageando-o até o coração, as pernas e volte a se concentrar na ereção. Relaxe e massageie o corpo inteiro de novo.

Observe como se sentiu ao experimentar o autoprazer e ao explorar seu corpo de uma forma espaçosa, bem-vinda, que permite descoberta e curiosidade. Como se sentiu depois e o que fez? Caso tenha sentido vergonha, como lidou com ela? Pôde se abrir para todos os sentimentos que surgiram ao toque?

Saber como tocar em si mesmo com amor é importante para aumentar o amor-próprio e a autoaceitação. A prática do autoprazer, na qual aprendemos a relaxar e prolongá-lo para que não seja apenas "uma rapidinha", é uma informação importante para nosso autoconhecimento e para compartilharmos com um parceiro. Como nos sentimos em relação aos nossos órgãos sexuais pesa em nosso conceito de como somos inteiros e amados. Se rejeitarmos uma parte de nosso corpo, como poderemos nos abrir e relaxar com um parceiro que nos encontra nessa parte? Para as mulheres, tocar o próprio corpo também é importante para a saúde da yoni e do assoalho pélvico.

Se sentirmos rejeição ou nojo em relação à nossa genitália, será muito difícil nos abrirmos e relaxarmos na hora de fazer amor. Entretanto, essa programação interna de nojo e vergonha prevalece e pode persistir durante a vida inteira de uma mulher (é mais comum que as mulheres sintam essa repulsa, mas, sem dúvida, há homens que têm uma relação difícil com seu lingam e testículos, o que é igualmente prejudicial). Encarar aos poucos o desconforto e a repulsa e conter-se diante deles são grandes passos. É importante não submergir nos sentimentos, mas manter-se a uma certa distância deles, assim você não se perde nem tem dificuldade para achar a saída. Se ficar conectado com o coração, dando a si mesmo compaixão e amor, e se ficar conectado com a mente, enxergando a situação de longe e com entendimento, você reforçará a habilidade para estar com os sentimentos sem se perder e ser arrastado por eles.

É útil usar frases do tipo: "Percebo que estou sentindo um pouco de vergonha ou nojo", em vez de: "Estou tão envergonhado" ou "Estou com aversão de mim mesmo". A capacidade de notar e dar seu testemunho o ajuda a não acreditar no julgamento, além de lhe dar uma chance de ver se esse sentimento pertence a você agora ou é um padrão antigo que foi absorvido em reação ao julgamento de pais, professores ou outra figura importante em sua vida.

Escrever no diário sobre o que você sente quando experimenta o autoprazer também pode ser um meio útil de encarar esses sentimentos, elucidá-los e questionar as origens deles.

> ## EXPERIÊNCIA DE JAN: TRABALHANDO COM A VERGONHA
>
> *Quando eu era jovem, claro que cresci com muita vergonha de meu corpo nu e do sexo em geral. Eu me masturbava sim e me descobria, mas tomava muito cuidado para não ser vista nem ouvida. Era algo errado, ruim, vergonhoso.*
>
> *Por volta de meus 28 anos, nos estágios iniciais da "autodescoberta", participei de um workshop de tantra e fizemos um exercício que nos deixou todos muito suados. Não me lembro qual era a atividade, mas me recordo claramente do que veio depois. Devíamos ser umas 24 pessoas (entre homens e mulheres) e nos instruíram a tomar banho. Havia uma sala de banho comunitária com oito chuveiros, ao lado da sala de atividades. Todos entraram ao mesmo tempo e ninguém parecia ter a menor vergonha ou preocupação. Simplesmente entraram nus para o banho, como se fosse a coisa mais natural do mundo. Então, fiz o mesmo. E percebi que não havia nada demais, e senti que era realmente a coisa mais natural do mundo. Sem qualquer discussão, um de meus maiores medos revelou-se ser nada mais que algo que foi colocado na minha cabeça no passado e senti o gosto de uma liberdade que jamais havia experimentado. Depois, meu mundo pareceu maior. Foi um passo enorme eu ter superado a vergonha de meu corpo nu.*

Se você tiver um forte sentimento de vergonha que o impeça de desfrutar do autoprazer, olhe para trás e descubra a causa desse sentimento. De onde tirou a ideia de que seus órgãos sexuais não eram suficientemente bons, grandes ou pequenos, firmes, limpos e belos? Provavelmente ninguém lhe disse isso com todas as letras (ou, talvez, sim), mas você captou a ideia. De onde ela veio? É verdadeira? Já olhou bem para seus órgãos sexuais? Gostaria de vê-los sob um novo olhar?

> ### EXPERIÊNCIA DE JAN: VENDO AS COISAS SOB UM NOVO OLHAR
>
> *Quando eu tinha 29 anos, mudei para o Novo México e lá morei por alguns anos. Lembro-me do primeiro trajeto de carro do aeroporto de Albuquerque a Santa Fé, por vários quilômetros de deserto. Eu olhava ao redor e pensava: "O que é essa região desértica em que me meti?". Parecia feia porque era desconhecida aos meus olhos, que estavam acostumados a ver beleza verdejante e em abundância. Um ou dois anos depois, fazendo trilha pelo deserto e pelas vastas planícies sem vegetação, enxerguei a incrível beleza daquela mesma "região desértica".*

O mesmo acontece com os órgãos genitais. Todos são diferentes. Não há dois iguais. O olhar profundo, com disposição para ver e amar, é uma meditação de cura.

> ### EXERCÍCIO: MEDITAÇÃO DE CURA PARA AMAR SEUS ÓRGÃOS GENITAIS
>
> Prepare um espelho e embeleze o seu espaço. Música suave e relaxante ajuda. Use roupas fáceis de tirar, como uma camisola, um robe ou uma canga. Comece colocando as mãos sobre o seu centro sexual, simplesmente respirando e imaginando que está enviando uma correnteza de amor para o centro sexual por 5-10 minutos. Então, tire algumas roupas para poder vislumbrar seus órgãos genitais no espelho, olhando-os com o mesmo amor que uma mãe olharia para o recém-nascido, banhando-os de amor. Olhe com fascínio, com a intenção de ver e apreciar cada dobra, cada forma e cor diferentes.
>
> Durante essa observação, respire e converse com seus órgãos sexuais com amor e carinho, descrevendo em voz alta a beleza que vê e, ao mesmo tempo, pedindo perdão pelas velhas histórias que você tanto repetiu, por não ter prestado atenção quando não estavam prontos,

por não ter tocado, pensado neles ou sequer olhado para eles com amor. Aceite qualquer sentimento que surgir. Demore quanto for necessário. Quando o padrão for de vergonha e crítica, a beleza pode levar um pouco para aparecer. Por isso, trate-se com gentileza e, quando sentir que é a hora, olhe e, de fato, veja a beleza. Se for difícil no começo, é melhor não se enganar. Se não conseguir ver beleza, peça perdão por não a ver . Sinta a tristeza que você carrega ao se prender a essa velha questão e cite-a em voz alta.

No fim, coloque novamente as mãos sobre seu centro sexual, sentindo sua intenção de levar uma energia de amor e cura a essa área de seu corpo físico.

EXPERIÊNCIA DE JAN

Com mais ou menos 12 anos de explorações tântricas, eu tive um amante maravilhoso, um médico alemão gentil que sabia valorizar e amar uma mulher. Minha yoni nunca fora olhada, adorada e valorizada daquela maneira. Ele olhava para ela deslumbrado, massageava-a, sentia seu gosto e cheiro. Depois, olhava-me nos olhos e dizia: "Nunca deixe ninguém lhe dizer que sua yoni não é bela". Ele me deu um presente enorme de amor, e me lembro de suas palavras e do momento com muita clareza. Ele repercutiu para mim a beleza de minha yoni e abriu uma porta para um amor-próprio mais profundo, pelo qual serei sempre grata.

Há poder nas palavras que falamos e pensamos. Esse poder pode se tornar a causa de um grande mal ou de um grande bem. Se percebermos as palavras negativas que usamos a respeito de nós mesmos, poderemos quebrar os padrões prejudiciais de pensamento. Não estou sugerindo a repetição de afirmações em que você não acredita. Sugiro, sim, observar o que é verdadeiro e o que não é, o que foi programado inconscientemente e, em seguida, remover o "ferrão" ou a negatividade. Assim, você verá a realidade e poderá se cuidar com gentileza e carinho.

Aqui vai um exercício de terapia cognitivo-comportamental, ou TCC, que pode ser útil para você lidar com as falas autodepreciativas.

> **EXERCÍCIO**
>
> Use uma caderneta que seja fácil de carregar. Sempre que perceber qualquer pensamento autocrítico ou desabonador, anote no lado esquerdo da página. Mais tarde, no mesmo dia, sente-se, leia o que escreveu e considere a verdade das autocríticas. Escreva o que é verdadeiro no lado direito da página.
>
> Por exemplo, talvez tenha escrito no lado esquerdo: "Minha yoni é feia e nojenta".
>
> Mais tarde, veja essa anotação e escreva do lado direito: "Acho difícil enxergar beleza em minha yoni. Não estou acostumada a olhar para ela. Gostaria de lhe dar mais amor". Ou: "Ouvi muitas histórias sobre os órgãos sexuais femininos serem feios. Não deve ser verdade".

O Significado Que Demos ao Sexo no Passado

À medida que nós nos abrirmos como seres sexuais, encontraremos velhas histórias, crenças e significados que demos ao sexo ou que formaram nossa visão dele, bem como pensamentos que temos a respeito de pessoas que gostam de sexo ou que o abominam. A maior parte é apenas um velho condicionamento e, geralmente, nem nos damos conta disso. Podemos dizer que nossa sexualidade não será inocente enquanto não removermos esse condicionamento, que deu a ela um significado particular. Depois que fizermos isso, estaremos livres para encontrar um significado próprio, descobrir o que a sexualidade realmente é para nós.

Conforme descobrimos nossa sexualidade inocente e natural, não precisaremos nos ater aos sentimentos desconfortáveis que surgem enquanto o velho condicionamento é questionado, no desconforto de nos recriarmos de dentro para fora. Para isso, devemos fazer as pazes com a nossa vida emocional para podermos estar com os sentimentos, ao mesmo tempo que permanecemos firmes. Podemos voltar à analogia do bolo (*ver* Capítulo 1) para não perder de vista nosso nível de ativação. Precisamos ficar na camada do meio do bolo, onde ocorrem os suculentos aprendizados e a vitalidade, e não sermos impelidos à reatividade, ou à camada superior, mais rapidamente do que podemos assimilar e integrar qualquer coisa que surgir. Por isso é tão importante irmos devagar nos estágios iniciais de nossa jornada tântrica. A vagarosidade estabelece as bases para nos mantermos firmes, quaisquer que sejam nossos sentimentos. Significa um comprometimento com as práticas básicas que possibilitam a estabilidade:

- Meditação;
- Escrever um diário;
- Bons autocuidados;
- Ter uma caixa de primeiros socorros emocionais;
- Uma prática baseada no corpo, para se conectar com o corpo e a respiração.

Eis alguns dos significados mais comuns que encontrei ao trabalhar com pessoas empenhadas em descobrir sua sexualidade natural:

- Sexo é usado como poder;
- Sexo é bom e me traz amor;
- Sexo é bom e me traz status;
- Sexo é para o prazer;
- Sexo me permite rebelar e ser quem sou;
- Sexo é doloroso e desagradável;
- Sexo é ruim e não sinto amor;
- Prazer sexual é pecaminoso ou vergonhoso;
- Atração sexual significa que me tratam como objeto;
- Sexo é uma obrigação em algumas circunstâncias.

Podemos nem perceber quais são as nossas crenças. Mas talvez as identifiquemos mais facilmente se examinarmos nossos próprios julgamentos e o modo como reagimos à sexualidade das outras pessoas.

Como você se sente ou o que acha das seguintes afirmações? Aproveitará bastante, se usá-las como um exercício.

EXERCÍCIO: DESCOBRINDO NOSSAS CRENÇAS E CONDICIONAMENTOS

Leia cada uma das afirmações a seguir. Depois, feche os olhos, imagine uma cena para ilustrar cada uma e veja o que sente. Como você se sente em relação à pessoa em cada situação? A ideia aqui é a autodescoberta; portanto, deixe que venham os julgamentos. O importante é descobrir o que é automático e condicionado. Só há evolução quando você sabe onde você começa.

- Uma mulher que adora abertamente sexo, flerta, seduz os homens e tem mais de um parceiro;
- Um homem abertamente sexual é o que gosta de seduzir mulheres;
- Um homem/uma mulher que acha que o sexo é apenas para reprodução;
- Uma mulher que finge orgasmos para agradar a seu parceiro;
- Uma amiga que usa o sexo para incitar um homem à conexão;
- Um homem que tenta ser bom de cama para se sentir amado;
- Uma mulher que tenta ser boa de cama para ser sentir amada;
- Uma mulher que acha o sexo excitante por ser proibido (pelos pais, pela religião, etc.);
- Um homem que finge ser sexualmente confiante;
- Um homem que se gaba com seus amigos de sua última conquista;
- Uma mulher que tem medo de fazer sexo para não ser julgada como inadequada;
- Um homem/uma mulher que só gosta de sexo se for forçado(a), se ficar amarrado(a), for dominado(a);
- Um homem/uma mulher que só gosta de sexo se estiver em posição de poder e controle;
- Uma mulher que se nega a fazer sexo com o parceiro;
- Um homem que se nega a fazer sexo com a parceira;
- Um homem que quer muitas amantes, mas não compromisso;

> - Uma mulher que quer muitos amantes, mas não compromisso;
> - Uma mulher feliz em um casamento sem sexo;
> - Um homem feliz em um casamento sem sexo;
> - Uma mulher sexualmente insaciável;
> - Um homem sexualmente insaciável.
>
> Quaisquer que sejam seus sentimentos ou julgamentos nas situações anteriores, convido você a considerá-los com a atitude de: anteriores, *"Ora, isso não é interessante?"*. Tenha curiosidade, assim poderá aprender e se abrir para as possibilidades.

Quanto à sexualidade:

- como um homem "deveria" ser?
- como uma mulher "deveria" ser?

Claro que, na realidade, não existe "deveria", mas temos uma ideia de como as coisas devem ser (geralmente sob uma perspectiva cultural) e essas ideias nos impedem de descobrir nossa sexualidade natural, que pode ser muito diferente da de qualquer outra pessoa de nossos círculos (ou não).

O problema do condicionamento é que faz com que determinado jeito de ser sexual ou não sexual pareça familiar – e o familiar dá a impressão de ser seguro. Mas não é. Assim, somos atraídos por esse sentimento de segurança ou reagimos contra ele em busca de excitação. Nem uma nem outra reação nos permitem ficar em contato com nós mesmos, com nosso corpo e os sentimentos, para estarmos presentes e darmos atenção a nossos impulsos e desejos.

É como se nosso condicionamento criasse um filtro pelo qual flui nossa energia sexual. Ela é poderosa, flui e se move. Nunca fica realmente parada. Mas sua origem no impulso energético natural e o modo de se expressar depois de passar por todos os filtros dentro de nós podem variar incrivelmente.

EXPERIÊNCIA DE PARTICIPANTE: PETER

Para mim, havia uma divisão entre corpo e alma no Cristianismo. Vim de uma família evangélica. O corpo tinha importância, mas era visto como um lugar onde a tentação entrava facilmente. Se você seguisse os impulsos do seu corpo, poderia deslizar por uma rampa escorregadia e temível de sexo antes do casamento.

O sexo foi sempre considerado algo belo e criado por Deus, mas somente em determinado contexto. Aquela era, portanto, uma forma confusa de interpretar o corpo, e cresci com desconfiança dele, achando que me desviaria do caminho certo se não tomasse muito cuidado. Eu separava espírito e corpo em duas entidades. Por isso, acho que não foi nenhuma surpresa quando comecei a experimentar o tantra e a parte abaixo da minha cintura estava amortecida. No que hoje reconheço como meus três chacras inferiores, não havia sentimento algum. Eles estavam completamente inacessíveis. Sofri muito por causa disso e sentia que me fechara.

Aqueles que conheço hoje como meus chacras superiores estavam plenamente acessíveis. Até agora sinto certo formigamento quando falo deles. Mas, quanto aos chacras da base, o instinto, os chacras sexuais ligados à Terra, havia sempre uma ausência total de sensação. Não foi algo que fiz conscientemente. Quando comecei no tantra, estava amortecido em minha identidade sexual. Parte de minha jornada consistia em me enraizar como uma árvore no solo e absorver energia não de cima o tempo todo, mas às vezes de baixo. Fui incentivado, então, a andar na grama sem sapatos e sem meias, aproveitando a sensação deliciosa, sensorial, dos pés em contato com a terra. Com isso, voltei a sentir as coisas de novo. Comecei a me despolarizar do meu eu mais alto, espiritual, e meu eu vil e indigno de confiança, para um eu integrado. Isso fez uma diferença enorme em minha vida, tanto que não vejo mais nenhum sinal de uma guerra interna. Não me vejo combatendo a mim mesmo. Percebo que sou vários elementos diferentes que podem se harmonizar.

A meditação "The Flow of Being"[11] foi essencial, pois comecei a sentir meu eu animal despertando de uma forma nunca permitida antes. Passei a

---

11. Disponível em CD ou download em: <www.janday.com>.

> *me relacionar com aquele animal interior, como uma parte de mim que poderia me ajudar. Não era uma parte boa nem ruim. Era instintivo e selvagem. Comecei a ver que o bom e o selvagem não se opõem, que você pode ser selvagem e confiável ao mesmo tempo. Continuo a contar com essa parte selvagem de meu ser como fonte de energia no cotidiano, de uma forma que antes não era possível. Sinto-me muito mais vivo agora. Descobri que não precisava desligar meu centro sexual para evitar problemas. Na verdade, o problema foi a supressão dessa minha parte com o passar dos anos. Bloqueou muita energia criativa. Descobri que minha criatividade começou a retornar assim que permiti à minha sexualidade voltar também. As duas parecem intimamente ligadas.*

O olhar através das lentes de relacionamentos e parcerias do passado nos permite ver a nós mesmos com maior clareza e nos desembaraçarmos de velhas crenças. Isso, por sua vez, nos possibilita entrar no espaço do desconhecido, onde podemos nos descobrir a partir de uma perspectiva de inocência, estabelecendo uma conexão com nós mesmos em todos os níveis de nosso ser: sensações físicas, energias, sentimentos, coração, mente e alma. Algumas dessas lembranças podem ser dolorosas; portanto, anote-as com atenção e permita-se um tempo para se mover, dançar e respirar por meio de qualquer sentimento que anotar no diário. Talvez descubra alguma noção louca, mas inteiramente lógica, que desenvolveu na infância. As crianças usam da melhor maneira possível as informações disponíveis. Assim, se algo não é dito, elas preenchem as lacunas como podem. Veja uma história singela, como exemplo.

Uma de minhas amigas tinha três filhos: dois meninos e uma menina. A menina era a mais velha. Na hora do banho, o dela era o primeiro; depois vinham os meninos. Eles nunca tinham visto o pai nu, mas viam a mãe e a irmã no banho. Assim, na lógica de um menino de 5 anos, ao notar que a mãe e a irmã não tinham pênis, achava que o dele iria cair um dia, e ele ficaria parecido com aquelas duas pessoas mais velhas em sua vida. Preocupava-se com isso e certa vez perguntou à mãe: "Quando meu pênis vai cair?".

A maioria das pessoas não recebe muita informação a respeito do sexo quando criança; é por isso que criamos certas suposições malucas.

EXERCÍCIO: QUAL ERA O SIGNIFICADO DO SEXO PARA VOCÊ?

Você pode fazer este exercício com uma lista ou um mapa mental, dependendo do que lhe parecer mais criativo.

Escreva nomes ou eventos dos quais você ainda se lembra, ligados à sexualidade. Por exemplo:

- O primeiro beijo em Stephen, atrás do bicicletário;
- Ver o pênis de meu pai;
- Ouvir meus pais em uma relação sexual;
- Sexo com John na adolescência no assento traseiro do carro;
- Um baile na escola;
- A primeira relação sexual com Elaine;
- A reação de meus pais a um chupão;
- Minha primeira menstruação;
- Ver pornografia pela primeira vez;
- Minha primeira masturbação;
- Ver o sangue menstrual de minha namorada pela primeira vez;
- Namorados com meus vinte e poucos anos;
- Namorados com meus trinta e poucos anos;
- Minhas férias românticas na Itália;
- Meu namorado/minha namorada na faculdade;
- Sexo na lua de mel;
- Relação sexual quando eu não queria (mas não disse);
- Vontade de uma relação sexual, mas não tinha parceiro/a.

Agora, para cada lembrança, acrescente algumas observações. Por exemplo:

- Primeira relação sexual com Peter: foi boa, gostosa e excitante. Senti-me segura. Achava que ter uma relação sexual significava que eu devia amá-lo.
- Sexo com um namorado na faculdade: gostava dele e queria agradar. Mas não queria sexo. Doeu, ele era muito grande e eu não estava preparada. Não sabia dizer NÃO. Quis evitar o ato sexual depois. Não me sentia segura. Senti-me violentada. Perdi a sensação de segurança e confiança.

Qualquer uma dessas lembranças pode ter impacto em sua vida sexual atual. Geralmente, apenas o reconhecimento desse impacto basta para tirar dele o poder, olhar com novos olhos e ter outros sentimentos na atualidade.

Nossas crenças e os significados que damos ao sexo evoluem em estágios por toda a nossa vida. Nenhum estágio é errado; aliás, cada um deles é necessário e, se perdemos um, às vezes precisamos voltar e vivê-lo para integrarmos as lições aprendidas.

> ### EXPERIÊNCIA DE JAN
>
> *Veja o significado que eu dava ao sexo quando tinha 17 anos e como ele evoluiu até os meus 40 e 50 anos.*
>
> *Naquela idade, eu achava que ter relações sexuais com um homem era algo a ser evitado a todo custo, porque seria desagradável e vergonhoso. Se pudesse ter amor sem sexo, seria o máximo. Masturbação era uma delícia.*
>
> *Aos 40, achava o sexo delicioso, dava ao meu corpo um sentimento de prazer e expansividade. Poderia ser uma experiência que mexia com o corpo inteiro, me acendia, abria meu coração e criava conexão com outra pessoa. Parceiros múltiplos eram bem-vindos e estimulantes.*
>
> *Aos 50, sentia que a mistura de sexo e amor com um homem era a relação mais profunda e bela possível. O sexo não precisa ser excitante. A conexão entre o coração e o corpo inteiro, oriunda do ato sexual com uma pessoa dedicada, é mais profunda e sustentável do que a busca por excitação.*

Veja a seguir alguns significados sexuais que muitas vezes guardamos no inconsciente. O que podemos aprender como indivíduos e como uma sociedade, quando examinamos essas sombras sexuais?

Sexo como poder: a energia sexual é poderosa. É um dos motivos por que trabalhamos com ela. Há um impulso forte, facilmente observável na maioria dos adolescentes, de se envolver em atividade sexual. Em diversos períodos da história e em vários países, culturas e religiões, os líderes já tentaram controlar e limitar a atividade sexual, dando-lhe um significado negativo. Se não estivermos ligados com essa força poderosa em nosso ser, não teremos muito poder pessoal. Seremos mais submissos e facilmente controlados. Essa variação geralmente é mais usada pelos homens para reduzir o poder das mulheres. Mas as mulheres conectadas com seu poder erótico pessoal também utilizam esse poder para manipular os homens. O ideal seria estarmos em contato com nossa energia erótica e sexual, perceptivos e conscientes de como usá-la. A energia sexual é o poder da criação. É a força suprema da criatividade, gerando a própria vida. Quando pudermos estar com essa energia, podemos também usá-la para impulsionar nossa criatividade e canalizar um êxtase que ilumina todo o nosso ser. Mas um passo por vez. Primeiro, devemos conhecer e ficar à vontade com nossa energia sexual e fluir com ela sem ficarmos obcecados, viciados ou reativos.

Sexo é bom e me dá status: ao ouvir histórias de homens e mulheres, fica claro que muitos adolescentes se esforçam para se encaixar em seus grupos e elevar o status, gabando-se de suas conquistas ou experiências sexuais, ou fingindo que as tiveram. Esse tende a ser mais o caso de meninos e rapazes do que de meninas. Uma versão ligeiramente diferente se aplica às mulheres (jovens ou não): consiste no apelo erótico visto como status. Costuma se refletir no modo como se vestem.

Da perspectiva oposta, homens e mulheres muito jovens que ainda não experimentaram o sexo podem se sentir inadequados ou envergonhados por sua falta de experiência.

Sexo é bom e me traz amor: quando exploramos diferentes atitudes para com o sexo nos workshops de Tantra Vivo, uma frequentemente observada é a de mulheres (às vezes, também de homens) que parecem não ter o menor problema com a sexualidade. Já tiveram muitos parceiros sexuais e parecem se sentir à vontade com sua natureza sexual. Até examinarmos um pouco mais de perto e descobrirmos que faziam o que achavam necessário para conduzir o relacionamento a alguma forma de compromisso. Não faziam sexo porque queriam, mas porque era esperado que fizessem. Com sorte, talvez tenha sido prazeroso, mas se tratou de uma permuta, uma troca na qual esperavam receber amor ou compromisso. Uma mulher não consegue se conectar com seu desejo sexual autêntico se estiver ocupada usando-o em troca de outra coisa.

Sexo como prazer e rebeldia: os adolescentes (e crianças mais novas) acabam descobrindo que o sexo (ou pelo menos a masturbação) é divertido e agradável, mas também percebem que é depreciado. Para alguns, isso resulta em supressão, mas para outros é uma atitude de "não posso fazer, é proibido e, portanto, deve ser ainda mais excitante e divertido". Portanto, uso o sexo como rebeldia e gosto disso. Não faz diferença se fazemos o que julgamos ser esperado de nós ou se nos rebelamos. Ambas são reações ao esperado e atrapalham a descoberta do nosso caminho natural.

Sexo é doloroso e desagradável: infelizmente, por causa de uma falta geral de uma educação sexual prazerosa decente, muitos jovens (principalmente mulheres) têm experiências prematuras que são desajeitadas, inaptas e desconectadas. Há muito embaraço, falta de comunicação, ausência geral de ternura, cuidado e tranquilidade. A excitação, o entusiasmo e o poder de um pênis ereto são compreensíveis e precisam ser explicados para que as mulheres mais novas ou menos experientes não desgostem do sexo, no fim das contas. Não sabemos intuitivamente como navegar pelo sexo com facilidade, elegância e consideração, nem como dar prazer à outra pessoa. Precisamos aprender essas habilidades, começando por descobrir do que gostamos e aprender a comunicar o que nos agrada ou não.

Sexo é ruim e não serei amado. "Boas meninas não fazem": é perfeitamente compreensível que os pais tentem impedir seus filhos de se tornarem pais ainda na adolescência. A experimentação sexual é natural e, claro, pode ter consequências problemáticas. Infelizmente, muitos pais dão aos filhos a impressão de que sexo é uma coisa ruim em si, em vez de ensinar a eles como lidar com os impulsos sexuais. Por isso, o sexo se torna sinônimo de "algo ruim" ou "errado".

Sexo é pecado. "Não é de Deus": adoro a história que Osho nos contou a respeito disso. Mostra a insanidade de transformar o sexo em algo profano. Como uma energia tão natural e fundamental à vida humana seria pecaminosa? Claro que ela pode ser usada de maneira abusiva e pecaminosa. Infelizmente, podemos dizer que a própria supressão do sexo, em especial em gerações de padres que foram forçados ao celibato, terminou em abuso sexual. A sexualidade natural, inocente, não necessariamente culmina em abuso. Entretanto, se você cresceu em um ambiente com a mensagem religiosa ou cultural de que o ato sexual é ruim, isso pode se tornar uma crença enraizada. Em algum ponto, perdemos a conexão com nossa bondade.

Uma história de Osho (em minhas palavras): um jovem padre criava cópias de manuscritos originais. Ele percebeu que algumas palavras tinham sido copiadas erroneamente e as corrigiu uma por uma. Correu para informar o pároco: "Era CELEBRADO, não CELIBATO!!".

EXPERIÊNCIA DE PARTICIPANTE: NICOLE

Com formação católica, aprendi a acreditar que sexo era errado, ruim, perigoso. O Tantra Vivo me ajudou a ver como o sexo pode ser inocente, agradável e terapêutico. O fim de semana de Páscoa com Tantra Vivo foi uma transição ritualística profunda para um novo modo de ver a energia sexual, uma força vital, nada do que se envergonhar, embora esse nível de crença tenha levado muito tempo para ser reescrito.

Prazer sexual é pecaminoso ou vergonhoso: isso significa que o sexo, apesar de ser bom, porque afinal precisamos dele para procriar, não deve ser usado para o prazer nem gerar prazer; não se deve procurá-lo para isso. Ou seja, podemos ter relações sexuais, desde que elas não sejam prazerosas. Nossos corpos, entretanto, são estruturados de uma forma para encontrar prazer no sexo. É natural sentir prazer sexual. É muito confuso o fato de que às vezes uma situação abusiva como o estupro cause prazer. Isso pode levar a uma vergonha profunda e dificultar a cura, porque a pessoa passa a associar sexo com vergonha. O trabalho com o trauma do abuso, em paralelo à lenta conscientização e disposição de encarar e entender a vergonha, permite que ocorra a cura, restaurando, assim, a inocência e o prazer.

> ## EXPERIÊNCIA DE PARTICIPANTE: PETER
>
> *Surgiram sombras sexuais enormes, o medo de que minha identidade sexual fosse inerentemente prejudicial aos outros, às mulheres. Não era de surpreender, uma vez que fui criado como cristão, acreditando que sexo seria sempre uma área de pecado que nos arrasta se não tomarmos cuidado.*
>
> *Fiquei obcecado por esta ideia: "Estou seguro se viver plenamente ou há algo inerentemente perigoso em minha sexualidade?", Assim, minha sombra crescia e eu me debati com ela durante boa parte do workshop. Percebi que, enquanto não confiasse em mim, alguma coisa ficaria desequilibrada... Não reconhecer minha identidade sexual seria muito mais perigoso do que vivê-la, pois eu a empurrava para o subconsciente. Percebi que meu grande passo seria viver minha plena e selvagem identidade e ser, portanto, meu "eu" mais confiável. Para mim, os dois sempre foram opostos: selvagem era perigoso; cauteloso e retraído era seguro e bom. Mas encontrei o maravilhoso significado da confiabilidade inerente de meu eu selvagem. Meu animal selvagem. Fazer o que ele faz e, obviamente, com todo o treinamento de permissão e consentimento que tivemos no Tantra Vivo. É um jeito muito mais consciente de ser sexual.*

Atração sexual significa que me tratam como objeto: sem dúvida, há momentos em que homens e mulheres veem outros homens e mulheres somente como um objeto de desejo sexual. Há uma energia de conquista e aceitar isso é muito desagradável.

A atração sexual é natural. Sem ela, provavelmente não existiríamos como espécie. Por causa da prevalência do mau uso do poder, existe a tendência a rejeitar toda a atração sexual, como se ela fosse uma forma de transformar pessoas em objetos. Isso só acrescenta mais vergonha e falta de confiança a uma visão já distorcida da sexualidade. Principalmente nos dias de hoje, faz com que os homens tenham medo de demonstrar sua atração por temerem ser vistos como predadores, gerando uma crença de que a atração sexual é ruim.

Acredito que seja importante distinguir entre a energia da atração e o que fazemos com ela. Podemos sentir atração sexual e ver a humanidade da pessoa envolvida; podemos entrar em sintonia com o outro, valorizá-lo e deixar que a atração seja uma dádiva de apreciação, se for apropriada. Por outro lado, podemos ter atração sexual e desconsiderar a pessoa humana, não a ver nem entrar em sintonia com ela, usando-a apenas como um meio de satisfazer o impulso de nossa atração. Outra possibilidade é expressar essa atração em afirmações bem-intencionadas de uma sinceridade radical, que não são convidadas nem bem-vindas. Tudo depende de como pensamos, olhamos ou agimos, e da qualidade energética de como conquistamos algo.

Você deve ter consciência dos seus modos de receber ou conquistar as coisas. A maioria das pessoas tem um jeito próprio de conquistar o que quer, e é algo tão habitual que se torna inconsciente. Quando estamos conscientes de como extravasamos a "energia da conquista", temos escolha e nos tornamos mais compassivos quando testemunhamos essa energia nos outros.

Sexo é uma obrigação ou um direito: quando o sexo é visto como uma obrigação com um parceiro ou um direito que pode ser exigido, seu potencial para o prazer e a conexão diminuem consideravelmente. É verdade que, em meio a nossa vida agitada, às vezes precisamos priorizar o sexo, pois, caso contrário, simplesmente não temos tempo para ele. É verdade também que vale a pena sair da corrente de agitação, por mais inconveniente que seja, desacelerar e imergir na união sexual. Isso é diferente de sexo como obrigação. O ato sexual sem vontade ou forçado nos desvia de nossa natureza e degrada sua beleza natural.

Essas são apenas algumas das crenças comuns acerca da sexualidade. Há muitas outras, portanto, não se surpreenda ao se deparar com algumas que não aparecem nessa lista. Nosso objetivo é nos conscientizarmos dos padrões e das crenças que carregamos inconscientemente. Quando os distinguimos, reconhecemos e lhes damos nome, tiramos deles o poder e nos abrimos para mais possibilidades de escolha, conectados ao nosso próprio ser no presente.

Além dos significados e das crenças que damos ao sexo em si, costumamos ter certas noções de como homens e mulheres lidam com o sexo. Eis alguns exemplos:

- As mulheres devem aos homens a obrigação do sexo;
- Os homens querem sexo o tempo todo;

- Os homens querem mais sexo do que as mulheres;
- As mulheres não gostam de sexo;
- Mulheres que gostam de sexo serão usadas;
- Homens querem sexo, mas não compromisso;
- Homens não respeitam mulheres que transam no primeiro encontro.

Veja se você compartilha dessas ideias ou como reage quando as lê. Elas afetam o seu modo de agir sexualmente?

EXERCÍCIO: REVISÃO DO PASSADO

Nós levamos antigos significados e crenças para nossos relacionamentos sexuais. Pense em seus últimos encontros e relacionamentos sexuais, e veja como essas velhas crenças a respeito do sexo e de como homens e mulheres devem agir sexualmente afetaram o seu modo de viver sua sexualidade. Observe se alguns dos seus conceitos antigos sobre sexualidade já não lhe servem mais. Quer mudá-los?

Visão e Avanço

Além de nos conscientizarmos de velhos padrões e crenças, devemos incluir uma visão própria. Que significado você gostaria de dar ao sexo? Se pudesse criar uma visão de sexualidade exatamente do jeito que a deseja, como seria? Já exploramos isso de forma sucinta no exercício "Explorando seus sentimentos em relação à sua natureza sexual", no Capítulo 1. Se não fez ainda, tente agora. Ou então releia o que escreveu.

Depois de revisar o exercício anterior, acrescente algo a ele e aprofunde-se um pouco mais. Aqui vão algumas sugestões para você começar a viver mais plenamente sua visão de sua natureza sexual:

EXERCÍCIO: VISÃO SEXUAL

1. Use giz de cera para um desenho que represente tudo o que você gostaria de viver em sua sexualidade.
2. Coloque alguma música que seja alegre, exuberante e emocionante, e dance sua visão sexual.
3. Escreva algumas histórias que explorem como você gostaria que fosse um encontro sexual.

Imaginar e viver nossa visão sexual dão à mente um foco e nos ajudam a avançar em direção a ela, criando essa visão. Não se trata de magia. Geralmente nosso foco está na direção que seguimos. Nossa mente é poderosa e conseguimos usar esse poder para superar velhas crenças e padrões. Fica muito mais fácil livrar-se de velhos padrões quando você tem uma nova possibilidade para substitui-los.

Expressando necessidades e desejos

Se não nos sentirmos confortáveis com a nossa sexualidade e nossos desejos, essas necessidades e desejos não desaparecerão. Eles se escondem e acabam se expressando de maneira sutil ou sombria. Quando reconhecemos e expressamos nossos desejos, ganhamos uma grande liberdade. Conseguimos aceitar mais plenamente nossa identidade e nos livramos da vergonha de ser quem somos. Também paramos de tentar obter o que queremos. Quando trazemos consciência aos nossos desejos, eles se mostram naturalmente. Nós sabemos que a pessoa que é nossa companheira os compreende, de modo que podemos nos render e não mais manipular ou controlar o outro para a satisfação de nosso desejo. Nessa abertura, também recebemos integralmente aquilo que nos é dado.

Erotização das feridas

Quando começamos a explorar nossa sexualidade e abrimos a caixa de Pandora, é bem comum encontrarmos fantasias de estar amarrado, ser chicoteado ou fazer isso com outra pessoa. Parece erótico e nos abre para um grande prazer. Muitas pessoas fazem disso uma exploração mais profunda, porque é muito excitante, e se tornam obcecadas com a ideia. Fantasias dessa natureza foram descritas como uma erotização de feridas antigas.[12] Não sei se essa explicação é verdadeira, mas faz sentido para mim.

SIM, NÃO, comunicação e sexualidade

No Capítulo 1, exploramos nossos sentimentos ao dizer e ouvir SIM e NÃO. Examinamos o peso das duas palavras que levam as pessoas a

---

12. Veja *Bringing Your Shadow Out of the Dark*, de Robert Augustus Masters (2018; Sounds True Inc.).

dizer SIM quando querem expressar o NÃO, ou o contrário; ou simplesmente não sabem o que querem.

Quando combinamos nossas dificuldades em dizer SIM e NÃO com toda a confusão e a angústia ligadas à sexualidade, vemos como surgem os equívocos, os ressentimentos e os problemas. Além disso, o sexo é algo tão carregado de sentimentos, expectativas, esperanças, medos, etc., que nossa comunicação geral antes e principalmente durante o ato sexual é crivada de dificuldades.

Em geral, nós sabemos se nosso NÃO é bem-vindo ou não. Do mesmo modo, se olharmos para dentro de nós, identificamos se queremos ou não um NÃO de um parceiro ou amante. Afinal, por que preferiríamos o NÃO? Certamente, ninguém gosta de ouvir NÃO! Se permanecermos nisso, veremos que, caso não aceitemos um verdadeiro NÃO, será menos provável que ele venha, o que significa que receberemos um SIM quando o outro quer dizer NÃO. Isso indica que tocaremos ou até faremos amor com uma pessoa que não quer naquele momento. Essa sensação não é muito boa e coloca toda a responsabilidade sobre aquele que inicia. Se você não pode confiar que o outro dirá NÃO quando quiser realmente o NÃO, também não poderá confiar no SIM dele. Dessa perspectiva, receber um NÃO é de fato bem-vindo.

Vale a pena darmos uma boa olhada em nosso nível de congruência com a comunicação a respeito do sexo. Pelo menos, seremos sinceros com nós mesmos, se não pudermos ser com nosso parceiro. Provavelmente, será desagradável e talvez você tenha de dar muitas desculpas para explicar por que nem sempre é sincero. A principal delas pode ser que você não quer magoar a outra pessoa. Vamos escavar um pouco mais fundo, abrindo-nos para estar com nós mesmos e com os nossos parceiros em uma intimidade mais profunda.

Neste ponto, precisaremos explorar algumas polaridades. Sair da trilha, por um lado ou por outro, nos desequilibra. Se dissermos SIM facilmente, mesmo que seja desconfortável, não respeitamos nossas próprias necessidades e limites. Se sempre dissermos NÃO quando estamos desconfortáveis, sem ao menos tentar, podemos desenvolver uma rigidez e uma falta de vontade de explorar novas áreas com a outra pessoa. Nossa sexualidade pode ficar um pouco estéril, tornando-se apenas "as sobras": aquilo que sobra quando você e eu tiramos tudo o que nos deixa ligeiramente desconfortáveis e acaba nos restringindo a uma gama estreita de opções.

A disposição para tocarmos as margens do nosso desconforto, onde se fundem o medo e a excitação, nos permite ir devagar *e* explorar novas possibilidades.

EXERCÍCIO: COMO VOCÊ SE COMUNICA?

Seu parceiro ou parceira sugere algo que você nunca fez antes, mas lhe parece um pouco ousado e estranho. O que você faz?

- diz SIM, porque quer agradar a pessoa;
- diz SIM, porque é seu hábito dizer SIM;
- diz SIM, porque espera alguma coisa em troca;
- diz SIM, porque tem um interesse genuíno em experimentar algo ousado;
- diz SIM, porque sabe que o parceiro ou parceira ficará chateado com um NÃO e você quer evitar conflito;
- diz SIM, porque acha que gosta da sugestão;
- diz SIM, porque tem medo de perder a pessoa;
- diz SIM, porque percebe que a pessoa não quer ouvir NÃO;
- diz SIM, porque teme que a pessoa se magoe com um NÃO;
- diz NÃO, porque tem certeza de que não gostaria daquilo;
- diz NÃO, porque é seu hábito dizer NÃO;
- diz NÃO, porque tem medo de que, se disser SIM, sofrerá mais pressão;
- pede um tempo para ficar com os sentimentos que surgem, a fim de que possa tomar uma boa decisão;
- pede um tempo para pensar e depois volta a falar do assunto;
- explica seus temores, preocupação e ansiedade, e os analisa com a pessoa?

> Pense nas perguntas a seguir e procure exemplos reais em sua vida. Dê um tempo para absorver os sentimentos que surgirem em resposta. Observe as desculpas que vêm automaticamente à tona quando você percebe que nem sempre é sincero quanto ao que deseja ou não. Considere o que acontece quando pede algo à outra pessoa e ela diz SIM, embora não esteja disposta.
>
> - Você se sente à vontade para dizer à outra pessoa que gosta ou não gosta de algo?
> - Sente-se à vontade para pedir a ela algo que seja sexualmente um pouco ousado?
> - Sente-se à vontade para conversar com a pessoa sobre a sexualidade dos dois juntos?
> - Quer saber do que o parceiro tem vontade, gosta, o que deseja ou de que não gosta?

A sexualidade não é um assunto muito discutido e vários adultos aprendem alguma coisa dela com pornografia ou por intermédio dos amigos, por isso às vezes somos um bocado inseguros quanto ao que é "normal", esperado, aceitável. É uma área da vida carregada de incerteza, ansiedade, expectativa, medo e traumas do passado, bem como desejo, anseio e prazer. Assim, as conversas a respeito de sexo são extremamente vulneráveis. O que fazemos quando nos sentimos vulneráveis? O que nossos parceiros fazem quando se sentem vulneráveis?

Dá para imaginar como é ser ao mesmo tempo vulnerável e sexual? Como você se sentiria, na condição de um ser sexual, se tivesse a certeza de que poderia dizer NÃO quando quisesse e seria sempre respeitado? Como se sentiria se soubesse que seu parceiro queria realmente ouvir um NÃO de você, que preferiria sua sinceridade e não tinha a menor intenção de pressionar? Dá para imaginar a liberdade de falar de seus desejos, se soubesse que isso permitiria uma conversa franca, sem julgamento, coerção ou tentativas de agradar?

Quando nos comprometemos a manter uma comunicação sincera com nossos parceiros sexuais, estabelecemos uma base de autoconfiança e intimidade. Podemos confiar em nós mesmos. Essa confiança abre a porta para cada um de nós, como indivíduo, descobrir quem é em sua natureza sexual. Ela nos dá a possibilidade de sermos brincalhões, criativos e ousados.

Perdão a si mesmo por erros do passado

Inevitavelmente, cometemos erros no aprendizado da sexualidade. Se nos perdoarmos, poderemos seguir em frente e aprender (ver Capítulo 1, seção "Perdoar a Si Mesmo"). Veremos uma descrição mais detalhada da prática do perdão no Capítulo 4.

Vivência do Desconhecido em Relação à Sexualidade

O que é conhecido *dá a impressão* de segurança. Nossos hábitos *parecem* conhecidos e seguros. Normais. Mas isso não significa que *sejam* seguros. Exploraremos agora o conhecido e o desconhecido em relação à sexualidade.

Se nós nos fechamos para a sexualidade, vivenciar o desconhecido é um passo na direção da nossa natureza sexual e de nos sentirmos como seres sexuais, cientes da energia sexual que percorre todo o corpo, permitindo-nos ficar excitados pela visão de uma laranja ou o toque de uma folha sobre a pele.

Se, por outro lado, somos exageradamente sexuais, a vivência do desconhecido será o conhecimento de que estamos bem e somos amados, mesmo que não ofereçamos nosso corpo para o sexo. Talvez isso envolva a liberdade de não termos de ser vistos com maquiagem/gel no cabelo/salto alto, e possamos sentir quem somos sem a carga erótica.

De qualquer forma, estamos nos abrindo para mais escolhas e possibilidades, com o intuito de incluir tantas partes de nós quanto pudermos. Na exploração do desconhecido, queremos nos conhecer com mais clareza e celebrar todo o nosso ser, livres ao menos de parte de nosso condicionamento. Nosso objetivo é desenvolver tranquilidade, liberdade de expressão e confiança. Quando você tem uma base firme dentro de si, descobrirá uma confiança maior, pois está conectado com sua essência interior. Não se trata de ser desse ou daquele jeito. Não há um jeito certo de ser. Você já é suficiente. Trata-se de uma exploração para reconhecer os limites que lhe foram impostos pelos outros ou por si mesmo, e expandir as possibilidades. Encontrar um modo especial de exprimir sua natureza sexual, curado de velhas feridas e livre das ideias dos outros, permite que você enxergue sua inocência. A inocência é uma forma de expressar sua sexualidade natural sem tentar ganhar algo em troca, conectado à sua vulnerabilidade e aos seus sentimentos. Significa ser pleno.

Encontrando a inocência e revelando bloqueios

Para encontrarmos a inocência, precisamos nos descobrir e nos libertar do que a bloqueia. De modo geral, significa simplesmente tomar consciência de um padrão ou uma crença de como deveríamos ser para que possamos experimentar algo novo e descobrir quem somos em relação a isso. Talvez seja necessário se abrir aos medos ou às preocupações que alimentam esse padrão.

Enquanto crescemos, vamos absorvendo as crenças da família, da sociedade, da religião e dos nossos pares, sem questionar se nos servem ou não. À medida que crescemos, somos programados para nos enquadrarmos. Por isso, comportamo-nos, ou fingimos nos comportar, de uma forma que não combina com a nossa natureza verdadeira. A noção de que o sexo é errado ou pecaminoso, embora nossa energia sexual não possa ser totalmente suprimida, atrapalha a expressão natural, extática, bem como o prazer da sexualidade. Os primeiros passos para sairmos daí podem ser assustadores, porque nos afastam do que é conhecido.

Nossos temores, ansiedades e inseguranças quanto à nossa sexualidade também podem se manifestar de tal forma que sabota nosso fluxo natural. Uma mulher que se sente insegura da própria sexualidade, por exemplo, pode desenvolver um comportamento maternal com um homem, porque isso bloqueia efetivamente a carga sexual e dá uma sensação de segurança. Do mesmo modo, um homem que não confie em sua energia sexual pode entrar em uma energia infantil ou ficar aflito ou exageradamente zeloso, encorajando a mulher a assumir o papel de mãe. Experiências e percepções ruins do passado podem provocar um medo da sexualidade. A maioria de nós teve alguma experiência ruim com o sexo, porque aprendeu principalmente por intermédio de amigos, ou da internet, em sites pornográficos, ou em conversas carregadas de vergonha e constrangimento. Não aprendemos sobre o consentimento, ou como dizer NÃO, nem sabemos expressar o que queremos ou não. E é quase certo que não festejamos ao entrar na puberdade, e ninguém nos ensinou a dar e receber prazer. O resultado é que muitos jamais descobrem a alegria e o prazer total de uma conexão sexual profunda, íntima e amorosa.

Trauma

Experiências traumáticas do passado às vezes nos fazem evitar nossa expressão sexual. Quando o trauma provoca uma retração, é importante procurar uma terapia especializada contra trauma, como a Experiência Somática ou a Terapia de Dessensibilização e Reprocessamento por Movimento Ocular (EMDR, na sigla em inglês). Se você sofre com ativação repentina da memória, estado de congelamento, tremedeiras e grande confusão ao explorar a sexualidade, seria aconselhável buscar terapia contra o trauma antes de iniciar a jornada tântrica. Muitas pessoas tiveram experiências ruins com a sexualidade, principalmente quando eram muito jovens. Nem todos têm uma reação traumática, mas, se esse for o seu caso, vale a pena investir nessa forma sugerida de terapia.

Sexualidade exagerada

Outro bloqueio à descoberta da nossa natureza sexual natural e inocente é o exagero da sexualidade. Isso ocorre, em geral, quando há uma aprovação e um interesse muito prematuros pela expressão sexual. Não há nada errado em ser altamente sexual. A questão aqui é que o comportamento altamente sexual pode ser um padrão inconsciente ou um meio de obter amor, sem conexão com o fluxo livre, pleno, de nossa energia sexual natural. Frequentemente, na sexualidade exagerada a autoestima aumenta por meio de encontros sexuais ou da atenção recebida dos outros. As pessoas nesse grupo podem achar que sua sexualidade é fácil e livre, e que não têm o menor problema com ela. Só enxergam o bloqueio quando sentem a sexualidade consciente, conectadas com seus desejos e com plena permissão de dizer NÃO, se quiserem. Quando temos a liberdade para deixar nossos desejos fluírem naturalmente, livres do dever ou da obrigação, sem precisar receber amor em troca, podemos experimentar desejo e prazer mais intensos, e descobrir que nossa sexualidade pode ser uma fonte de felicidade, prazer, conexão espiritual e de um sentimento de união. Pode ser calma e conectada. A característica viciante desaparece. Estamos plenamente presentes enquanto estamos envolvidos na intimidade sexual. Há uma sensação profundamente revigorante.

Imagine este cenário:

Um caminho com pessoas em cada um dos lados e na própria trilha.

De um lado, uma pessoa que evita o sexo ou faz julgamentos.

Do outro, uma pessoa com muita experiência sexual, mas que nunca se sente satisfeita.

Na trilha, uma pessoa com a liberdade para fluir na sexualidade, sem se sentir forçada.

Padrões e Modos de Evitar a Sexualidade

EXPERIÊNCIA DE JAN

Cresci com a noção de que sexo era ruim e eu mesma manifestava certa prova disso. Por isso, aos 20 anos, eu tinha um medo inerente e sentia nojo de sexo. Já era especialista em evitá-lo. De modo geral, eu simplesmente evitava parecer mulher. Usava jeans e camisa xadrez, e saía com os rapazes em aventuras. Se eu tentasse conhecer um homem, era capaz de entrar em uma sala com 50 pessoas e me sentir naturalmente atraída por aquele que, por qualquer motivo, não se envolveria sexualmente comigo. Depois que superava isso e por um acaso conhecia um homem que talvez quisesse o envolvimento sexual, descobria diversos meios de afastá-lo ou desencorajá-lo, e os mais comuns eram: tornar-me sua amiga ("somos apenas amigos"), humilhá-lo sutilmente ("vou provar que sou melhor que você") ou me mostrar desinteressada ("estou ocupada/distraída com outra coisa"). Todas essas atitudes me impediam de me conectar com minha identidade interna, e confrontar os medos e a vulnerabilidade que o sexo evocava em mim.

Vamos começar examinando alguns modos de viver o conhecido e algumas práticas para sair dele. Não há certo ou errado. Estamos apenas observando nossos padrões e vendo o que mais é possível além deles. Temos padrões e hábitos em todas as áreas da vida. Muitos são úteis. A maioria é inconsciente.

Explorando como nos vestimos

O que vestimos é uma declaração a respeito de quem somos e pode revelar boa parte de nossas crenças e padrões. Algumas pessoas querem se vestir bem para parecer atraentes ao sexo oposto. Outras evitam se vestir de um jeito que atraia atenção sexual. O que você faz?

EXERCÍCIO: EXPLORANDO O DESCONHECIDO

- Podemos sentir um poder mais confiante quando nos vestimos para chamar atenção. Tanto as mulheres quanto os homens podem se vestir para atrair contato sexual.
- Achamos que queremos ser aceitos como somos e não nos vestimos de forma impecável porque isso significaria que não somos bons o suficiente.
- Algumas pessoas se vestem bem com facilidade por diversão ou por respeito, para celebrar um evento social. Para outras, a segurança e o bem-estar relacionados às roupas confortáveis indicam que nunca lhes ocorreu que, se quiserem conhecer alguém, deveriam usar roupas limpas.
- Outras talvez nem ao menos notem a relevância do vestuário.
- Algumas pessoas têm medo de se arrumar porque a boa aparência envia um sinal de que elas querem atenção e, se não conseguirem, se sentirão humilhadas.
- O que você faz?
- Quais são seus motivos para se vestir como se veste quando tem a intenção de conhecer pessoas ou dançar?
- Como se sente com as roupas que veste?
- Que mensagem está enviando a si mesmo e às pessoas que conhecerá?

- Como se sente se alguém elogia seu modo de se vestir? Alegria ou ultraje?

Lembre-se de que não há certo ou errado. Estamos aprendendo acerca de nós mesmos, levando consciência às atividades mais banais e corriqueiras, coisas às quais não damos o devido valor.

Em nossa investigação do desconhecido, os modos de explorá-lo são vestir-se, dançar, caminhar, ver e provar o gosto.

Vestir-se

Tente se vestir de um jeito que não seja de seu costume.

Ou seja, se costuma usar roupas mais casuais/práticas, experimente algo que faça você se sentir sexy, ou que lhe pareça sexy, e saia para uma caminhada. Veja se caminha de outro jeito e se percebe sentimentos diferentes.

Se você jamais sai de casa sem usar roupas chiques, maquiagem, joias, gel no cabelo, etc., veja o que acontece se vestir algo mais informal. Como se sente? Ainda se acha sexy ou sensual em trajes mais informais?

Você também pode experimentar trajes íntimos mais sexy, ou do tipo que usaria na academia, e observar o que sente. Você precisa de trajes íntimos sexy para se sentir sexy? Roupas íntimas sexy lhe dão uma força interna e fazem você celebrar sua sexualidade? Precisa delas?

Dançar

Você pode fazer isso em casa, talvez diante de um espelho, ou em um evento com dança animada.

Experimente dançar e se mover de maneira que lhe pareça sexual. Quais áreas de seu corpo se mexem? Tente mexer os ombros, quadris, lábios, braços. Consegue se mexer de um jeito que desperte sua energia sexual?

Depois, tente se mover de um jeito esquisito, brincalhão. Dê total liberdade para os movimentos de seu corpo. Experimente movimentos que não faria normalmente.

Caminhar

Tente sair para uma caminhada, ciente, a cada passo, de sua condição de ser sexual. Como se mexe e respira? Parece normal ou estranho? Sente segurança?

Experimente respirar diretamente para seu centro sexual enquanto anda, prestando mais atenção àquela área.

Ver

Na mercearia ou até no supermercado, tente ver a sensualidade exuberante das frutas e dos legumes. Observe suas formas e cores. Se puder, sinta a textura. Olhe-os como se nunca os tivesse visto antes. Veja como normalmente você olha sem ver. Enquanto isso, percorra seu centro sexual com sua respiração e note se o seu olhar o toca naquele nível. Tenha consciência de que está fazendo esse exercício de olhar como um ser sexual.

Enquanto caminha por uma rua cheia de pessoas ao redor, ou se senta em um café e observa as pessoas lá fora, olhe para os adultos e tente vê-los sob um prisma diferente, em todas as suas possibilidades: como pais, amantes, inventores, pessoas vulneráveis, temerosas, alegres, que salvaram a vida de alguém, permitiram-se amar; que são, enfim, seres sexuais. Note se consegue enxergar todo o espectro de possibilidades em cada pessoa, ou se as coloca em caixas.

Paladar

Escolha uma fruta. Um morango é perfeito para isso, e descreveremos a exploração com ele, mas pode ser qualquer fruta.

Faça isso bem devagar. Leve uns 15 minutos.

Respire, fique conectado consigo e olhe atentamente para o morango, como se nunca tivesse visto um. Veja cada detalhe. Aproxime-o do rosto e sinta seu aroma. Absorva o cheiro do morango. Aproxime-o dos lábios e aproveite a sensação de tocá-lo de leve, sentindo o frio e a textura do morango nos lábios. Esteja aberto aos sentimentos e às sensações que surgirem. Com muita delicadeza, esfregue o morango contra os dentes, liberando apenas um mínimo de sumo. Deixe-se dominar pelo gosto. Agora, deixe cair na boca um pedaço pequeno do morango. Continue provando, cheirando, vendo, sentindo, respirando. Fique quanto tempo puder atento na experiência do morango.

> **EXPERIÊNCIA DE PARTICIPANTE: RUTH**
>
> *O exercício do morango foi muito bom. De novo, é o jeito que Jan vai falando, como suas palavras me deixaram focar aquele morango, levá-lo aos lábios, possuir tanta beleza e a sensualidade da fruta nos lábios. Jan explica que assim é o tantra: você se imagina entrando lentamente nesse ato de amor. Isso foi poderoso, para mim, porque minhas experiências com o sexo não eram nada íntimas; quando penso nelas, pareciam íntimas, mas não eram. E, de repente, enxerguei a verdadeira intimidade e foi com um morango, mostrando-me como podem ser as coisas se você proceder devagar. E Jan diz que você pode demonstrar amor até para o dedinho. A ideia foi adorável. E a ideia de que posso encontrar alguém que queira estar comigo nesse nível de intimidade é maravilhosa.*

Fazer as atividades cotidianas de maneiras diferentes nos abre para novas possibilidades. Ajuda-nos a sair do piloto automático para termos atenção plena a qualquer momento. E certamente nos confronta com a percepção dos nossos velhos padrões habituais. Qualquer coisa nova e diferente que você experimente pode ser um convite para o despertar de uma percepção mais profunda de quem você é. Mudar de trajeto para o trabalho, olhar uma seção diferente da livraria, acordar em um horário diferente podem nos tirar da rotina que nos mantém estagnados. Não que as rotinas sejam inerentemente ruins. Muitas vezes, a estrutura de uma rotina nos ajuda a manter o equilíbrio e promove o bem-estar. É outro caso de chegar a um equilíbrio e não desviar do caminho por um ou outro lado. Se quisermos descobrir quem somos, é bom nos livrarmos de alguns de nossos hábitos. A intenção é sempre aumentar a percepção, fazer as pazes com o que encontrarmos e ter disposição para explorar novas possibilidades, de modo que possamos evoluir e ter mais escolhas.

Terapia das partes

No Capítulo 1, exploramos duas partes de nós: nosso eu sexual ferido e a parte que está plenamente viva em nossa sexualidade alegre e vibrante ("Explorando seus sentimentos em relação à sua natureza sexual", parte 2 do exercício). Nós começávamos a tocar e aceitar os sentimentos que surgem no campo da sexualidade. Agora daremos mais um passo e entraremos em algumas partes de nós que "são exatamente o que somos", mas, na realidade, impedem nossa expressão sexual inocente.

A Terapia das Partes pode ser usada para explorar qualquer parte de nós, e é aplicada extensivamente no programa de Tantra Vivo para investigarmos e aprendermos acerca de algumas partes de nós que foram muito abusadas, ocultas, retraídas, desequilibradas e identificadas de uma forma que não nos serve mais. Todos nós possuímos uma multiplicidade de partes e, de modo geral, identificamo-nos melhor com algumas porque sempre nos serviram e protegeram. Podemos acabar recorrendo a elas por hábito e não perceber que fizemos isso, que só funcionamos a partir daquela parte em uma situação específica. Quando agimos assim, não temos acesso ao nosso corpo total de inteligências e nossas escolhas são limitadas. Podemos pensar ou sentir: "sou assim e pronto".

Já exploramos o acesso a uma parte que limita nossa natureza sexual e a uma parte plenamente viva em nossa natureza sexual. Podemos levar essa exploração mais adiante, se examinarmos partes que envolvem crenças ou identidades específicas.

Eis algumas partes de nós que merecem exploração por conta da sexualidade:

- A mãe – esta é uma parte extremamente aceitável socialmente, fazendo com que muitas mulheres ignorem a sexualidade;
- O pai – se você entra nesta parte, pode fazer com que a outra pessoa adentre uma parte jovem que talvez não seja tão sexual. Você e ela podem se sentir seguros nessa dinâmica;
- A criança – temos muitas partes de criança. Somos indefesos, animados, rebeldes, brincalhões, ressentidos, inocentes... Muitas delas são maravilhosas e contribuem bastante para todo o nosso ser. Quando nos identificamos com uma parte de criança, não podemos vivenciar nossa natureza sexual adulta total;
- O controlador – esta é uma parte útil necessária na maioria das áreas de nossa vida, embora possa ser usada com exagero. O controlador

provavelmente nos tira da cama de manhã, nos impele a fazer coisas como ir ao trabalho, comer com certa moderação, evitar riscos desnecessários. O controlador gostaria de controlar todas as partes de nossa vida e tudo e todos à nossa volta. A maioria das pessoas segura as rédeas do controlador para que ele seja apenas útil e não dominador. É fascinante deixar-se entrar no controlador e ver o que ele pensa, o que faz e o que gostaria de fazer e por quê. Se nos identificarmos com o controlador durante o ato sexual, dificilmente será divertido e não experimentaremos as possibilidades plenas da relação. Mas o controlador pode ser muito eficaz para nos ajudar a decidir com quem, quanto e como interagimos sexualmente;

- O protetor (às vezes é combinado com o controlador) – todos precisamos de um protetor dentro de nós. Às vezes, ele necessita de um impulso; em outros momentos, certas partes específicas de nós precisam ser levadas à atenção do protetor ou mesmo ter um protetor individual. Ele também pode ser útil para nos ajudar a decidir com quem, quando e como nos relacionamos;
- A parte que "sabe que é boa o suficiente sem dar nada em troca" – descobrir esta parte pode ser uma revelação para algumas pessoas;
- A parte que "sabe que sua natureza sexual é sagrada e bela" – uma parte inocente que nos abre para o prazer e a beleza em nossa sexualidade;
- A parte que confia na vida;
- A parte que é cautelosa;
- A parte que se anima com o crescimento e a mudança;
- A parte que quer estabilidade e resiste às mudanças;
- A parte que é cuidadosa;
- A parte que é despreocupada;
- A parte que se importa com os outros;
- A parte que é indiferente.

E assim por diante. É uma exploração de uma vida inteira usar essa ferramenta para descobrir onde nossa vida é limitada, explorar nosso lado secreto, incluindo tanto a luz oculta e as partes alegres quanto aquelas que nos parecem menos atraentes. Nosso objetivo é incluir tudo, não deixar nada de fora.

Sempre que encontramos um problema, um padrão, um ponto em que nos sentimos estagnados ou limitados, podemos perceber uma parte com a qual nos identificamos melhor naquela situação e, usando a Terapia das Partes, podemos entrar nela, verificar se a visão é limitada e, em seguida, passar para uma parte que esteja no polo oposto ou que a complemente ou apoie. Não precisamos conhecer uma parte para conseguirmos entrar nela. O que funciona é pisar em uma almofada e descobrir como é entrar na referida parte e vivenciá-la plenamente, descobri-la a cada momento em nosso corpo. Não podemos pensar nela. Apenas entramos e contemplamos o mundo a partir daquele lugar, incorporados, sentindo como é ver o mundo a partir dali. Talvez você se sinta diferente no corpo, ou ache sua postura diferente. Depois de permanecer lá e falar a partir dessa parte, volte para sua parte central (o ser humano plenamente integrado) e observe a outra a distância, percebendo o que ela traz à sua vida, ou o que poderia trazer se você lhe fizesse um convite real. Há uma fluidez e uma flexibilidade fantásticas nessas explorações que nos permitem experimentar e ser criativos.

EXPERIÊNCIA DE JAN

Passei por uma iniciação poderosa na Terapia das Partes em um retiro Zen, com Genpo Roshi, na Holanda, em 2010.

Tive a sorte de ser uma das poucas pessoas na plateia que não ouvira falar de Mu koan nem tinha trabalhado com isso. Fui voluntária e escolhida para uma demonstração de como a Grande Mente, o Grande Coração (com base no trabalho de Diálogo da Voz) podem ser usados para lidar com o desconhecido, e na resolução de um koan. Certo de que eu não tinha ideia do que era Mu, Genpor Roshi me convidou. Fez várias perguntas, pediu-me para lhe mostrar a mão de Mu, apontar para Mu, e assim por diante; depois, orientou-me a voltar para dentro de mim, e mais uma vez para Mu, e sentir a diferença. Foi espantoso sentir que eu podia simplesmente entrar em outra parte de mim e ver o mundo de uma forma tão diferente, com a liberdade e a tranquilidade que eu não experimentava em minha vida cotidiana.

EXPERIÊNCIA DE PARTICIPANTE: ANDREW

No diálogo da voz da Terapia das Partes, fiz um avanço incrível. Percebi que, em todos os meus relacionamentos até aquele ponto, minha criança interior escolhia a pessoa com quem eu me relacionaria. Minha escolha nunca era a partir de meu adulto masculino. Minha criança ferida procurava alguém que bancasse a mãe ou brincasse com ela, mas de forma muito desestruturada. Assim, minha criança interior escolhia pessoas que me destratassem. Ou me manipulassem emocionalmente. Eram relações de medo e ansiedade.

... Eu não entendia por que mantinha um relacionamento que era tão destrutivo. Então, eu espalhei as almofadas. Uma para meu eu integrado e outra que não sabia para que era. Queria entrar naquele local a fim de descobrir o que estava acontecendo em meu relacionamento. Quando entrei, percebi que era a posição de minha criança ferida. Falando a partir dela, eu me ouvi dizendo que queria ser amado e cuidado. Era fácil para a criança ferida atrair mulheres. Sua vulnerabilidade era bastante atraente. Mas, com uma mulher atraída nessas condições, eu só reproduzia o triângulo. Minha criança ferida enxergava a criança ferida da outra e nós nos tornávamos perseguidor, salvador e vítima.

Desde que descobri a necessidade de escolher pessoas a partir do meu lado masculino saudável, e não da criança ferida, cada vez que conheço uma mulher, pergunto ao meu eu integrado: Qual parte de mim se sente atraída por essa mulher? É uma parte que quer salvá-la? Vem da minha criança ferida que quer atenção e amor? Ou vem do meu masculino saudável? Se esse for o caso, a escolha é boa, pois, com ela, o relacionamento pode ser consciente. Ela não abusará de mim psicológica ou emocionalmente. Ela está mesmo emocionalmente disponível ou tem medo e ansiedade? E, se tiver, consegue lidar com isso?

Enfim, o resultado da Terapia das Partes foi que consegui separar meu eu integrado daquelas partes e ver os padrões que se formaram em minha vida. Então, poderia fazer escolhas melhores. Só quando vi a profundidade disso, entendi o que se passava. Recentemente, eu estive em um festival tantra onde havia muitas mulheres que se dariam bem comigo se eu me aproximasse. Mas toda vez que parava para sentir como seria a conexão, ouvia dentro de mim um forte "NÃO".

Na verdade, a atração vinha de onde eu não gostaria que viesse de pessoa alguma, em um relacionamento. Quero alguém caminhando ao meu lado na vida, que não precise ser resgatada.

EXPERIÊNCIA DE PARTICIPANTE: JOE – TERAPIA DAS PARTES: ENCONTRANDO AMOR, CURANDO A VERGONHA

Minha maior exploração foi com meu crítico e minha criança interiores para que houvesse muito mais amor.

Descobri que precisava de mais limites para o crítico e muito mais amor por mim na tentativa de abrir espaço, compreender meu crítico e tentar abordar suas necessidades. E aprendi que a criança precisava de mais amor.

Descobri que podia abrir espaço para compreender e ouvir qualquer parte de mim. Era capaz de abordá-la e ver de onde vinha. Aliás, precisava abrir espaço para todas essas partes, relacionar-me com elas e explorá-las. Entrei em contato com meu protetor, coisa que nunca fizera antes, e percebi que lhe dava muita atenção. Em seguida, explorei o rebelde, que às vezes é o oposto de meu protetor. Compreendi, então, como essa energia está presente em minha vida. E há uma polaridade nela talvez desequilibrada, porque não passei tempo suficiente tentando entendê-la. Ver a polaridade nas partes foi muito útil. Agora tento escutar mais o meu protetor, o que significa amar mais a mim mesmo e me dar melhor atenção. Meu protetor tenta cuidar de mim; portanto, devo lhe dar mais atenção e carinho. Por meio desse trabalho e do trabalho com o crítico, abri meu coração para mim mesmo, para o amor-próprio. Um portal aberto para mais amor por mim.

> ## EXPERIÊNCIA DE PARTICIPANTE: MICHAEL – TERAPIA DAS PARTES
>
> *A Terapia das Partes me ajudou em muitas áreas de minha vida, principalmente para lidar com sentimentos avassaladores e difíceis que eram constantes depois de me comprometer com um relacionamento duradouro. Esses sentimentos criavam uma tendência a encontrar meios de sair do relacionamento, como, por exemplo, me sentir atraído por outras mulheres, imaginando sempre se não haveria alguém "melhor" por aí. A Terapia das Partes me ajudou a evitar a "manifestação" dessas tendências destrutivas ou viciantes, dando-me um espaço central firme, de onde eu podia sentir e escutar aquelas partes, mas não as seguir. Para mim, enxergar essa distinção e aprender a usá-la foi muito poderoso e provavelmente essencial para um relacionamento duradouro.*

Aprofundando-se na Sexualidade

Vivenciar e aceitar a própria sexualidade geralmente não ocorrem de uma só vez. Quando nós nos abrimos para a sexualidade, desenrola-se à nossa frente todo um panorama de possibilidades. Minha recomendação é que você vá devagar, experimente e se mantenha consciente e curioso.

No caso das mulheres, é comum que elas nunca tenham realmente olhado para seus órgãos genitais e tenham ideias de como eles devem parecer, do que é aceitável, além de terem uma noção negativa de como são de fato. Isso pode ser motivado por medo, por ojeriza sexual ou por influência de vídeos pornográficos.

O próximo exercício é um modo de começar a se aproximar, apreciar e amar seus órgãos genitais. Você pode começar sozinha, mas em determinado ponto, seria ótimo experimentar com um pequeno grupo de mulheres e/ou com um parceiro.

EXERCÍCIO:
AMOR GENITAL PARA MULHERES

Providencie um espelho e sente-se confortavelmente, relaxada, em uma toalha limpa. O ambiente deve ser aquecido e bem iluminado. Tire as roupas e ajeite-se de um modo que consiga ver a genitália.

Comece olhando. Veja. Note. Fascine-se com a aparência dos grandes lábios (externos). Observe a forma e a cor, e como os pelos (se você tiver) os cobrem e criam um lindo jardim de cachos e de mistério. Experimente puxar delicadamente alguns pelos, como se os penteasse. Há uma miríade de terminais nervosos nas bases dos pelos que causam uma sensação deliciosa quando eles são levemente estimulados.

Durante o exercício, atente para quaisquer pensamentos que surjam e anote-os ou diga-os em voz alta. Se vierem pensamentos negativos ou rudes, pergunte-se de onde vêm essas ideias. Observe como se descobrisse seus órgãos genitais pela primeira vez, com fascínio, enxergando beleza.

Ao separar os pequenos lábios dos grandes, revelando o interior mais macio e muitas vezes de uma cor diferente, veja como as dobras são primorosamente intrincadas, como uma flor. Cada mulher é diferente; são tantas as flores. Observe sua flor no espelho com a lente da beleza. Se estiver com outras mulheres, é mais fácil ter acesso a isso vislumbrando os órgãos de outra antes de olhar para os seus. Às vezes achamos mais fácil ver beleza em outras pessoas, quando não a vemos em nós.

Comece a tocar, sentir a maciez e talvez a umidade das dobras de pele. Note como a textura da pele difere, à medida que você toca o exterior e o interior da vagina. Aproxime um dedo do nariz para detectar a fragrância de sua yoni. É gostosa? É estimulante? Tem cheiro de sexo, e como você se sente com isso?

Agora, passe um dedo pela yoni e leve-o à boca. Tem gosto do quê? Seja curiosa. Toque e olhe com amor.

Se não gostar do gosto ou do cheiro dos seus órgãos genitais, seria bom investigar sua alimentação, checar se há infecções, ou se é apenas uma aversão à sua sexualidade. Se você tiver uma candidíase ou uma infecção urinária, pode resultar em cheiro e gosto desagradáveis. Por experiência própria, isso pode ser tratado com probióticos e com menor ingestão de açúcar, e vale a pena também consultar um médico.

Pelos pubianos

No momento em que escrevo este livro, é moda remover parte dos pelos pubianos para que a área fique "limpa", ou até remover todos. Lembro-me de ter assistido a uma magnífica série de uma educadora holandesa com adolescentes (*Sex in Class*: infelizmente, não mais disponível). Ela mostrava cerca de 30 fotos de órgãos genitais femininos com quantidades diferentes de pelos e perguntava aos meninos quais eles preferiam. A maioria preferiu sem pelos, dizendo que eles eram nojentos ou anti-higiênicos. "Que interessante", disse a educadora. "Parece que gostam mais de órgãos que pareçam de garotas pré-adolescentes do que de mulheres." E explicou que manter mais pelos em volta da região pubiana é mais higiênico, e lhes deu como lição de casa raspar os pelos. Na semana seguinte, todos os estudantes estavam horrorizados com o desconforto de tirar todos os pelos pubianos, pois a área coçava muito quando eles cresciam de volta e, se quisessem mantê-la macia, tinham de raspar novamente.

Tive a sorte de ouvir minha mãe falar com carinho de seus pelos pubianos, chamando-os de sua "floresta". Se você tem o hábito de raspar todos os seus pelos, ou a maior parte deles, pense de onde veio essa ideia e para quem você a põe em prática. Talvez seja para você mesma e goste realmente disso. Mas talvez não faça isso por você, e sim porque acha que é o esperado.

Brinquedos sexuais

Muitas pessoas, quando descobrem sua natureza sexual e começam a se conhecer como seres sexuais, me perguntam a respeito dos brinquedos sexuais. Eis minha opinião.

Quase tudo que lhe dá prazer e excita é bom. Entretanto, uma palavra de advertência. Se você se acostuma com um vibrador, creio que seu corpo se ajusta àquele nível alto de estimulação e, por isso, pode ser mais difícil se excitar com uma pessoa de verdade usando a língua, os dedos ou o lingam. Tudo bem se você estiver sempre à vontade com um vibrador. Mas é bom pensar na advertência.

Além disso, se quiser explorar a lentidão no sexo – levar bastante tempo para se excitar e despertar sensibilidades sutis –, o vibrador pode não ser o ideal nesse cenário. Creio que, pelo menos até certo ponto, um vibrador dessensibiliza para sensações mais sutis. De modo geral, queremos seguir na direção de mais sensibilidade, não menos. Mas é claro que os vibradores podem ser excitantes.

Os brinquedos sexuais para mulheres que acho muito úteis são as bolas de pompoarismo. Elas não vibram, mas quando você se mexe, agitam-se de um jeito delicioso, que desperta atenção para sua natureza sexual. É como um chamado, que diz: "Estou aqui, estou aqui".

Capítulo 3

Conhecer as Pessoas Como Seres Sexuais

Conhecendo Alguém em Nossa Natureza Sexual

Quando podemos relaxar em nosso próprio ser, descobrindo nossa sexualidade natural e como ela parece e como nos sentimos, podemos nos abrir para o prazer, para nos relacionarmos com prazer, celebrar e desfrutar da nossa sexualidade natural, tanto com parceiros quanto sozinhos. Podemos estar presentes com nossa experiência durante os encontros sexuais, sem a sensação de sufoco. Podemos descobrir a potência e o gozo de nossa energia sexual fluindo em nós, tanto se estivermos envolvidos com outra pessoa ou simplesmente fazendo compras no supermercado. Se canalizarmos aquela energia vital em nosso centro sexual, ela simplesmente se torna disponível. Podemos aprender a dar atenção à nossa energia sexual, dançando e nos sentando com ela, vivendo uma vida animada por seu fluxo. Essa é a promessa da exploração de nossa natureza sexual por nós mesmos, para que, quando estivermos com um parceiro, possamos relaxar nessa natureza.

Honrando a si e ao outro

Até aqui, focamos nosso próprio eu, abrimo-nos para nosso corpo, seus sentimentos e energias, observando nossos padrões de pensamento, crenças, valores e comportamentos. Com isso, passamos a nos conhecer cada vez melhor e nos tornamos mais capazes de estar com nós mesmos e menos propensos a representar. Cumprimente-se por esse crescimento e essa percepção aprimorada. Nosso próximo passo é conhecer o outro.

Com uma percepção mais apurada de nós mesmos e dos nossos padrões, provavelmente conseguiremos estar presentes com nosso próprio ser, mas também nos abrir para o outro e vê-lo. Essa habilidade para manter a conexão com o próprio eu e com o outro ao mesmo tempo é a base da honra. Não podemos honrar a nós mesmos se não estivermos conectados. A empolgação e a ansiedade surgidas do encontro com um novo parceiro podem facilmente nos desequilibrar e nos desconectar de nós mesmos, de modo que ignoramos nossas necessidades, sentimentos, desejos e preocupações. Nosso foco muda facilmente para: "Será que ele gosta de minha aparência?", "O que ela está pensando?", "Será que gosta de mim?", "O que ele/ela vai pensar se eu disser tal e tal coisa?", "Ele/ela vai querer me encontrar de novo?", "Que tipo de vestido de casamento devo usar?".

No workshop "Encontros sem máscaras", nós praticamos ir a um encontro do jeito que estamos, permitindo-nos ser vistos para que aconteça, de fato, o encontro. Praticamos voltar conscientemente para nós mesmos com nossa respiração, focando o que acontece com o corpo. Esse momento de conhecer uma pessoa que lhe desperta o interesse sexual é outra situação em que vale a pena ir devagar e com calma. É realmente muito difícil ficar presente em seu corpo, seus sentimentos e seu coração, se você usa a mente para criar uma rodinha de hamster de tanta ansiedade. Sem presença e conexão consigo, você não conhece de fato a pessoa nem ela a você. Não há ninguém em casa para receber o outro ou ser recebido.

Honrar a si mesmo significa harmonizar-se com seu corpo e com o que sente e pensa, para, em seguida, se comportar de acordo. Significa não convidar ninguém para lhe fazer algo sem seu consentimento. Significa também que você se dispõe a se mostrar como é. Não estaria honrando a si mesmo, por exemplo, se fingisse não gostar de toque ou conexão quando, na verdade, é o que mais queria.

Honrar o outro significa honrar a si mesmo enquanto também se harmoniza com o que está acontecendo com a outra pessoa, onde ela tem energia, o que está sentindo, o que deseja, do que precisa. Você não pode honrar o outro sem honrar a si mesmo antes. Como é isso na prática?

Amy e Richard saíram juntos. No fim da noite, Richard se sente muito atraído e excitado com Amy. Ele consegue reconhecer isso para si e gosta da sensação física. Percebe que Amy também se sente atraída e interessada nele. Mas também percebe que está inibida, talvez temerosa, e que seu corpo não está ansioso para iniciar um contato naquele momento, que ele precisaria ir devagar. Richard honra a si mesmo ao reconhecer que está excitado. Ele não precisa esconder de si a sensação nem sentir vergonha. Consegue apreciá-la. Poderia até falar delicadamente a Amy sobre como se sente, ao mesmo tempo que diria o que percebe nela.

"Estou gostando muito de estar com você. Meu corpo inteiro se sente vivo e excitado. É uma sensação deliciosa. Eu adoraria dançar com você, quando estiver disposta. Sinto, também, sua necessidade de ir devagar, sua ternura. Gosto disso também."

Richard está dizendo a Amy o que acontece com ele naquele momento, não esconde nada dela e deixa claro que não a pressiona só porque está excitado; ele a vê e a reconhece, ao mesmo tempo que não rejeita o que acontece com ele.

Nesse ponto, seria fácil para Amy ignorar os próprios sentimentos e entrar em uma conexão mais física antes de estar pronta. Afinal, Richard é gentil e atencioso, e os dois passaram uma noite deliciosa. Talvez o jantar tenha sido por conta dele. Claro que ela poderia corresponder aos sentimentos de Richard. Mas, a menos que realmente tenha esse desejo, estaria desonrando a si mesma. E, com isso, não o honraria tampouco. Ela pode honrar a si se ficar conectada e permitir-se tocar pela atração e excitação de Richard, examinando o que acontece dentro de si antes de se mover e mudar. Não há nada rígido ou predeterminado. É apenas uma questão de estar presente ao que acontece em seu íntimo e ao que ocorre com o companheiro. Acontece uma comunicação em diversos níveis, uma harmonia com o próprio corpo e o corpo do outro, mas também com as palavras e o campo energético. É uma comunicação viva e honrosa. Richard não precisa ter vergonha da intensidade de seus sentimentos nem Amy de não sentir a mesma intensidade.

Se Amy envergonhasse Richard ficando zangada ou enojada pela excitação dele, se o acusasse de tratá-la como objeto, ela o desonraria.

Se Richard tentasse pressionar ou persuadir Amy a corresponder aos seus desejos, e talvez ser mais sexual do que está disposta no momento, ele é que a desonraria.

Devagar

Talvez o mais importante a lembrar nesse ponto seja que a energia sexual pode ser muito forte e, quando ela se entrelaça com a energia da atração, podemos perder a cabeça e o coração. Quando começamos a nos sintonizar conscientemente com a energia sexual, podemos sentir que, por causa de sua força, ela pode dominar a energia do coração e da mente. Ainda que estejamos realmente conectados com nosso corpo e a energia sexual, podemos não notar as energias mais sutis do coração e da mente.

Podemos também ser tão dominados pela energia sexual que nos esquecemos de que estamos na presença de outro ser humano com todo seu passado delicado, suas necessidades e vulnerabilidades. Para honrarmos um ao outro, precisamos ir devagar o suficiente até nos sintonizarmos com a outra pessoa, sem, contudo, perder a conexão conosco. O que eu quero? O que ele/ela quer? Onde podemos nos encontrar?

Nosso objetivo no tantra é o "entrelaçamento de tudo o que existe", permanecendo conectados e conscientes em todos os nossos centros, enquanto nos conectamos também com o mundo além de nosso ser; nesse caso, a outra pessoa.

EXERCÍCIO/PRÁTICA: "ESTOU ATENTO..."

Esta é uma extensão da prática apresentada no Capítulo 1. Em vez de fazê-la sozinho, faça agora com um amigo ou parceiro.

No começo, este exercício funciona melhor na companhia de uma pessoa que você conheça bem. Depois de aprender, poderá praticá-lo em silêncio quando estiver com outra pessoa, só para se sustentar na autoconsciência. Também pode ensiná-lo aos amigos ou a um parceiro, como um meio de aprofundar a intimidade.

Revezem-se dizendo: "Eu percebo...", e acrescentem a declaração de qualquer coisa percebida.

Por exemplo:

- Eu percebo meu coração batendo no peito;
- Percebo seus cabelos encaracolados;
- Percebo o som de um avião;
- Percebo o ar frio em meus braços;
- Percebo meu nervosismo;
- Percebo pensamentos que me distraem;
- Percebo um calor no meu peito;
- Percebo a excitação;
- Percebo que fico animado;
- Percebo que me distraio com os sons de alguém lá fora;
- Percebo seu sorriso;
- Percebo certo pânico interior;
- Percebo lágrimas escorrendo em seu rosto;
- Percebo uma cadeira rangendo.

Revezem-se no exercício, dizendo uma frase por vez, por 5-10 minutos. Note o impacto sobre você. Como se sente? E como se sente em relação à outra pessoa?

Esse é um modo de desacelerar conscientemente e escutar a si, observar seu parceiro e, assim, os dois se sintonizarem.

Pode ser uma ótima introdução para falar de como você se conecta, principalmente no sentido físico ou sexual.

Falando sobre sexo, intimidade e limites: descobrindo um ao outro

Quando adolescentes se conhecem, geralmente têm vergonha de falar sobre sexo. Quando nos tornamos adultos, achamos que deveríamos saber o que estamos fazendo, e pensamos ser capazes de ler a mente do outro. Afinal, temos tanta experiência que raramente falamos com franqueza e honestidade sobre nossos desejos, gostos, necessidades e medos. Aliás, tampouco falamos de nossos limites, do nosso estado civil, nossa orientação sexual, o estado de nossa saúde sexual ou a necessidade de diversas formas de proteção, como a camisinha, por exemplo. Há muitas informações extremamente importantes que devem ser transmitidas, por mais desconfortáveis que pareçam no começo. Ainda que seja um encontro de uma única noite, você precisa ter todas as informações ou, ao menos, a maior parte delas.

Informação básica

Considere o que é importante para você e faça acordos ou perguntas pessoais sobre o que mais lhe interessa. Por exemplo, antes de entrar na intimidade física e, dependendo de suas necessidades e valores pessoais, talvez seja importante você saber ou revelar:

- a existência de um casamento ou compromisso com outros;
- informação sobre ser bissexual, heterossexual, homossexual ou transgênero;
- qualquer doença sexualmente transmissível (DST);
- quantidade de parceiros desde o último exame de DST;
- estado de fertilidade;
- necessidade/desejo de usar preservativo.

EXERCÍCIO

Note como se sente mesmo ao pensar em perguntas a respeito de saúde sexual, experiência, e modos de cuidar da higiene sexual e da contracepção. É bom fazer um relatório de como lidou com isso no passado.

- Como você passou e recebeu informações para sentir segurança e tranquilidade no começo da exploração sexual em um nível físico?
- Já teve conversas antes do contato físico íntimo? Conseguiu ver com clareza e sinceridade o que acha importante para você e a outra pessoa?
- Dê um tempo para refletir nos contatos do passado e pense se você se sentiu confortável perguntando e respondendo a essas questões. Do que tinha medo? O que foi fácil? O que você nem sequer considerou?
- O que é importante para você?
- O que precisa saber para sentir segurança e tranquilidade?

Se tiver alguma clareza quanto ao que quer saber, o que é importante para você e que arranjos são necessários, será mais fácil ter a tal conversa e respeitar suas necessidades e valores.

Uma vez preparado o terreno, podemos começar a exploração do toque em si e do contato, os dois se descobrindo enquanto se tocam.

EXPERIÊNCIA DE JAN

Quando era jovem, passei muito tempo nos ashrams *de Osho na época em que a Aids era uma preocupação. Aprendemos perfeitamente a necessidade de higiene sexual e os perigos do sexo sem proteção. Mais ou menos dez anos depois, lá pelos meus quarenta e poucos anos, conheci um homem chamado Rick, que morava nos bosques de um vale remoto em Kauai. Passamos alguns dias juntos, em um período de férias românticas, e havia muita atração entre nós. Antes de eu voltar para casa, queríamos fazer amor. Eu lhe disse que, se fizéssemos, ele teria de usar camisinha. Ele respondeu que era selvagem, vivia na floresta e não usava camisinha. Respondi: "Tudo bem; então, sem acordo. Não faço amor sem camisinha". Essa discussão se estendeu por algum tempo até Rick perceber que eu falava sério. Sem camisinha, sem sexo. Bem, ele concordou e fizemos amor. E foi uma experiência maravilhosa. Se, para mim, não fosse clara a necessidade de usar camisinha, eu poderia facilmente ter dito: "Ah, tudo bem. Compreendo". Mas, depois, eu não me sentiria bem.*

Descobrindo o corpo do outro: limites

O passo seguinte em nossa jornada de conhecer outra pessoa como um ser sexual é deixar claros nossos limites.

Nossos limites são os locais em que não queremos ser tocados e os modos como não queremos que nos toquem. Eles geralmente são bem fluidos e dependem de muitos fatores, tais como: a pessoa com quem estamos; o estado de excitação do nosso corpo; o estado de nosso coração e mente; o ambiente; a duração do encontro; e assim por diante.

Limite não é o mesmo que condições. As condições tendem a ser rígidas e costumam fazer parte dos nossos padrões. São "o que fazemos sempre" e talvez nem tenhamos consciência de sua origem.

Em nossos workshops, usamos um jogo chamado 0, 1, 2, com o qual as pessoas podem descobrir os limites e os corpos delas mesmas e dos outros de um jeito divertido, que as ajuda a redescobrir como gostam e precisam do toque.[13]

Recomendo que você aprenda esse exercício com um amigo íntimo e depois o sugira aos novos parceiros, como um meio de os dois descobrirem o corpo e os limites um do outro.

Note que cada pessoa está dando ou recebendo o toque. Vocês não dão e recebem ao mesmo tempo. Quando fazem esse exercício pela primeira vez, muitas pessoas se sentem constrangidas e tentam dar o toque enquanto o recebem. Note como você é afetado com apenas uma dessas ações. Provavelmente você perceberá quanta informação há em dar ou receber, e compreenderá quanto se perde quando tenta fazer as duas coisas ao mesmo tempo.

Em se tratando de receber o toque, é importante se lembrar de que ele vai muito mais fundo do que a nossa pele. As sensações de ser tocado, ansiar por esse toque, ser tocado de um jeito que você adorou ou detestou, ser tocado quando não queria; enfim, podemos entrar em contato com todas essas sensações. Por isso, é normal você sentir ansiedade antes do toque, achar que não quer ou se desligar quando ele ocorrer. Nos exercícios seguintes, é mais potente dizer NÃO a qualquer toque que não seja apenas nas suas mãos, mas ser capaz de senti-lo realmente, do que aceitar o toque por todo o corpo, mas ficar anestesiado e não sentir nada. O uso de palavras como SIM, NÃO, POR FAVOR, ESPERE, DEVAGAR, PARE ajudará você a manter a conexão e não se dispersar. E ainda é importante lembrar-se de que o objetivo é *estar presente* ao toque. Não deve haver pressão para ser tocado além do que você quer e onde consegue se manter em contato com a sensação. Ser tocado menos ou mais não prova nada.

---

13. O exercício "0, 1, 2" se baseia no "Yes, No, Please", criado por Alan Lowen para os workshops "Body, Heart & Soul®".

EXERCÍCIO 0, 1, 2

Parte 1: Tocando as mãos e os braços

Para esta primeira parte do exercício, limitaremos o toque apenas às suas mãos ou suas mãos e braços. Antes de começar, combine com a outra pessoa. Revezem-se. Comecem com três minutos para cada um.

Primeiro, fechem os olhos, respirem algumas vezes e se conectem consigo. Vejam o que estão sentindo. Quando ambos estiverem prontos, abram os olhos.

A Pessoa A estende as mãos e diz: "Zero", "Um" ou "Dois". O Zero, Um ou Dois se refere a quantas mãos ela quer que a toquem.

A Pessoa B, se a outra quiser, começa a tocar as mãos da Pessoa A, com uma ou duas mãos, conforme o pedido. Ou seja, se A diz "Um", B a tocará somente com uma mão. Se disser "Dois", B a tocará com uma das mãos ou as duas.

Assim que começar o toque, A diz "SIM", "NÃO", "POR FAVOR", "ESPERE", "DEVAGAR" ou "PARE", ou "Zero", "Um" ou "Dois".

- O SIM significa: "Sim, gosto desse toque".
- O NÃO significa: "Não, não gosto desse toque", e pode ser seguido por A pegando a mão de B e demonstrando como quer ser tocada. B pode tocá-la, então, dessa maneira. Isso não significa PARE.
- POR FAVOR significa: "Sim, gosto muito disso; por favor, faça mais".
- Dizer ESPERE significa: "Por favor, pare de tocar, mas não precisa tirar a mão. Alguma coisa foi tocada e preciso de um tempo para refletir. Talvez alguma lembrança tenha sido tocada ou seja apenas uma incerteza".
- Dizer DEVAGAR significa: "Por favor, toque mais devagar".
- Dizer PARE significa: "Por favor, pare de me tocar". Não significa: "Vá embora e nunca mais me toque".

Depois dos três minutos de cada um, conversem a respeito da experiência por alguns instantes. Enquanto o parceiro fala, tente assumir uma atitude de fascínio e curiosidade. Lembre-se de que esse exercício é para os dois começarem a descobrir um ao outro.

Esse exercício feito só com as mãos e/ou os braços permite relaxar sem correr nenhum risco.

Leva algum tempo até nos abrirmos para o toque em todos os níveis. Se formos rápidos demais, provavelmente ficaremos anestesiados ou perderemos a conexão com um ou mais de nossos centros. Talvez até façamos alguma coisa que nos deixe tensos, contraídos e fechados, ou, pior ainda, bloqueados, dissociados e até traumatizados. Nosso objetivo é ir devagar o suficiente para não fazermos nada de que não possamos nos recuperar com facilidade. Podemos, então, tocar nossas margens, os lugares em que nos sentimos um pouco desconfortáveis ou um pouco excitados. Mas não ultrapassamos nossos limites para uma área que nos provoque agitação e nos bloqueie. É mais ou menos como a fábula da tartaruga e do coelho. A lentidão no começo nos permite alcançar profundezas maiores e avançar mais do que se começarmos rapidamente.

EXERCÍCIO 0, 1, 2

Parte 2 : Passando para o toque no corpo inteiro

Este exercício é o mesmo que o anterior, exceto pelo fato de o corpo inteiro estar disponível para o toque. Você só começa a tocar o parceiro quando ele disser 1 ou 2 (a quantidade de mãos que podem tocá-lo). No começo, é importante ir devagar. O principal motivo para isso neste exercício é que, no início, você não estabelece limites. Assim, precisa ir devagar o suficiente para que a outra pessoa possa dizer NÃO antes de suas mãos sequer chegarem a ela, e começar o toque pela frente, para a pessoa enxergar o que está acontecendo. Se quiser tocar uma área mais íntima, como o bumbum, os seios ou a área genital, siga lentamente a partir de outra região do corpo, para o parceiro poder dizer PARE ou NÃO antes de ser tocado. O propósito é dar ao seu parceiro prática, aprender a receber um NÃO como informação útil e garantir que a outra pessoa *possa* dizer NÃO.

Assim que você receber o toque, *deve* dizer SIM, NÃO, POR FAVOR, ESPERE, DEVAGAR ou PARE a cada 5-10 segundos. Basicamente, trata-se de uma exploração que possibilita aos dois descobrirem um ao outro e construírem a habilidade para uma comunicação clara, simples e sem justificativa. Sim, as palavras provavelmente atrapalham a experiência do auge do prazer. Mas, por outro lado, desenvolvem a confiança e expandem as possibilidades, e você poderá usar esses ensinamentos continuamente depois.

Se a pessoa que você está tocando não disser nada, pare e diga apenas "Oi", como uma forma simples de perguntar se ela está "em casa" ou não.

Sugiro um revezamento curto de 2-3 minutos cada, seguido de um intervalo para conversa, e depois a repetição do exercício com 10-20 minutos para cada pessoa.

O exercício funciona melhor com ambos de pé, principalmente no começo, porque normalmente as pessoas não são tocadas nessa posição e, por isso mesmo, têm mais facilidade para estar presentes e não desviar para os padrões habituais de tocar ou receber toque.

O exercício anterior tem níveis múltiplos de aprendizado. Antes de continuar a leitura, certifique-se de ter conversado e refletido bastante.

A maioria das pessoas não se sente muito à vontade dizendo ou ouvindo NÃO. Com um parceiro, você pode descobrir a incrível tranquilidade que resulta de saber que ele pode dizer e dirá NÃO se não gostar do que você está fazendo. Quantas vezes você teve de adivinhar ou ler os pensamentos do outro, ou se restringiu porque não tinha certeza até onde podia ir? A informação que vem com o NÃO lhe permite compartilhar a responsabilidade de criar segurança e não dar o toque de um jeito que não seja apreciado. Você também pode encarar e romper o hábito de não dizer NÃO, por medo de o toque parar por completo e nunca mais voltar, ou por medo de magoar a pessoa que dava o toque. Terá mais tranquilidade para expressar o NÃO de maneira sincera, gentil, para o parceiro ouvir sem ficar na defensiva. Perceberá que, se o parceiro disser NÃO quando precisa, o SIM dele será muito mais confiável. Quando não precisamos ler a mente de uma pessoa para saber o que a incomoda, podemos ser muito mais agradáveis e criativos, experimentar modos diferentes de toque e tocar lugares que, caso contrário, seriam arriscados demais.

Depois desse exercício, você terá uma boa ideia de seus limites com a pessoa com quem explora neste momento. Pode ser diferente mais tarde hoje, ou amanhã, e certamente não será igual com outra pessoa. Além disso, você se sentirá mais confiante para comunicar seus limites.

Os limites mudam por diversos motivos, portanto é bom fazer ajustes sempre que você se conectar com outra pessoa por meio do toque. Lembre-se de que seus limites são afetados pelo seu estado. Geralmente isso é óbvio, mas há situações em que vocês podem acertar os limites no começo e, depois, querer mudá-los sob um estado diferente. É algo que necessita de grande atenção e consciência.

Joe, por exemplo, concordou em dar a Julia uma sessão de uma hora de toque. No começo da sessão, Julia deixou claro que seus limites não permitiriam relação sexual. No fim da sessão, muito excitada, ela queria fazer amor com Joe. Essa é uma situação complicada. Após uma hora de toque, Julia pôde entrar em um estado um pouco alterado e sua mente cognitiva não estar plenamente engajada. É preciso atenção e cuidado.

Um exemplo mais perigoso é quando ambos concordam de antemão com o toque genital e acontece uma massagem íntima. Julia, por exemplo, concordou com um toque que incluísse sua yoni. Joe a toca delicadamente por 40 minutos e Julia se excita. Sem conversar, os dois passam para o ato de amor, que não fora combinado antes. Tudo parece ótimo. Mas, no dia seguinte, Julia se sente incomodada, liga para Joe e lhe diz que ele ultrapassou seus limites, que não tinham combinado ter relação sexual, e ela o acusa de estupro. Joe fica chocado, pois achava que fora totalmente consensual.

O toque na yoni de uma mulher desperta nela lembranças do passado que são guardadas como uma memória dentro da yoni. Isso não significa, claro, que não se pode tocar na yoni antes de fazer amor. Estimulá-la é um prenúncio maravilhoso ao ato de amor. O importante é concordar verbalmente se a relação sexual é prevista ou esperada, e receber um SIM verbal antes da penetração.

Três SIM

Para a segurança de todos, e por uma questão de clareza quanto à comunicação a respeito da penetração, é sempre bom criar o hábito de usar três SIM.

1. O primeiro é um **SIM energético**. Ela (ou ele) está lhe dando um SIM energético? Você saberá se olhar para a pessoa, percebê-la, observar sua linguagem corporal.
2. O segundo é um **SIM verbal**. Ela (ou ele) precisa dizer a palavra SIM quando você pergunta algo do tipo: "Posso entrar em você agora?". A palavra em si é importante porque desencadeia a participação da mente ativa. "Hummm" não tem o mesmo efeito.
3. O terceiro é o **SIM do corpo**, seja a yoni ou o ânus dela ou dele. Se estiver fechada/o e contraída/o, a pessoa não está pronta e o corpo está dizendo NÃO. Não significa "NUNCA". Traduz-se como NÃO AGORA. Mas não é um SIM.

A autorização por meio dos três SIM garante que não haja erros de comunicação e que possam ser evitados desfechos estressantes.

Talvez você pergunte agora: "Bem, se eu receber um SIM verbal, certamente é um SIM definitivo, não é?". Não, não é. Muitas vezes as pessoas dizem SIM, mas não estão conectadas com si mesmas, têm medo ou estão dissociadas, ou apenas tentam agradar. Em situações assim, o SIM do corpo ajuda a desenvolver a segurança e a confiança mútua. Talvez seja um momento para desacelerar, bater um papo ou apenas se abraçar. Não significa que você saiba mais da outra pessoa do que ela mesma. É um mero reconhecimento do fato de que nós nem sempre dizemos o que pensamos.

Acordos: escutar, compreender, encontrarem juntos um caminho

Um acordo é algo que se faz com alguém. É um produto de um espaço "NÓS", diferente do espaço "EU". Para criar um espaço "NÓS" que propicie um acordo, precisamos antes escutar e compreender um ao outro. Isso é algo que não fazemos com naturalidade e raramente alguém nos ensina. Você precisa de muita prática para de fato ouvir alguém expressar visões diferentes das suas. É uma prática que vale a pena, não só para os acordos, mas também porque expande nossa visão de mundo e aumenta a compaixão quando vemos o mundo a partir de diferentes perspectivas. Escutar com profundidade é um ato que desenvolve nosso centro do coração e nos permite incluir muito mais em nosso círculo de cuidado.

Quando escutamos com a intenção de compreender, assumimos uma postura de ver o mundo pelos olhos daquele que nos fala. Tentamos nos sintonizar com o estado de sentimentos da pessoa e entramos no mundo dela. Vemos que suas palavras fazem sentido, mesmo que não concordemos com elas. Note como isso é diferente de manter uma distância emocional e fazer um cálculo mental de tudo que você discorda enquanto ouve. Ver o mundo pelos olhos do outro pode ser um passo difícil. Você precisa entrar em um mundo talvez muito diferente do seu. Precisará perceber como seu corpo é afetado e observar quaisquer sentimentos que surjam. Em outras palavras, você se deixará tocar pela perspectiva do outro.

Além disso, enquanto escuta o outro, você precisa confirmar se o que ouviu foi o que ele disse. Será que você entendeu bem? Há uma analogia que uso para ajudar as pessoas a sentirem a diferença entre o que se diz e o que se ouve. Imagine que a pessoa falante lhe atirou uma bola amarela, mas você pega uma bola vermelha porque ela passou por uma membrana que trocou sua cor. Tudo o que ouvimos é filtrado por nossas perspectivas passadas, nossas crenças, preconceitos, experiências, expectativas, medos e dores.

Damos o nosso melhor quando nos esforçamos para escutar, deixando os filtros de lado. Para confirmar se houve um bom entendimento, sugiro às pessoas usarem a frase: "Entendi que você...", em vez de: "Ouvi você dizer que...". A expressão "entendi que você..." reconhece que o ouvinte entendeu algo, mas pode não ser o que a pessoa disse. As palavras "ouvi você dizer que..." compõem uma afirmação que pode estar certa ou errada e não encoraja a profundidade da curiosidade necessária para a compreensão mútua.

Quando há o entendimento, a pessoa falante sente um relaxamento em seu corpo, uma sensação visceral de ser compreendida. Cria-se uma conexão. Se entendemos erroneamente ou não entendemos, a pessoa detectará nossa boa vontade e a tentativa de compreender, e poderá confirmar ou dizer o que não captamos. É um processo terapêutico de uma conexão profunda que nos tira do estado combativo normal que surge quando tentamos fazer as coisas do nosso jeito ou brigar para conseguir algo enquanto elaboramos um acordo.

Obviamente precisaremos inverter os papéis, para que o outro também nos escute e nos entenda.

Mesmo que não concordemos, conseguimos nos entender perfeitamente: eu compreendo por que isso ou aquilo é importante para você, o significado e o valor que tem para você, e sei que você também entendeu minhas necessidades e desejos. Criamos efetivamente um espaço "NÓS" no qual podemos trabalhar em um acordo satisfatório para ambos. Claro que podemos não conseguir tudo o que desejamos, mas estaremos em melhores condições de encontrar uma solução que agrade aos dois. Não aceitaremos nada sem pensar. Se concordarmos com algo que seja um passo grande para ambos, será consciente; as duas pessoas compreenderão a vulnerabilidade ou o desafio do ato. Há respeito mútuo. Sabemos que estamos pisando em ovos. Talvez encontremos soluções criativas que nos permitam obter o que queremos ou satisfazer nossas necessidades. Talvez mais importante que obter aquilo que pensamos querer, ou que julgamos necessário, seja o reconhecimento de que certas coisas são demais para um de nós lidarmos. É um reconhecimento da nossa humanidade e dos pontos que prejudicamos mais do que aguentamos atualmente, um reconhecimento de que não estamos imunes a tudo e temos limites ou precisamos ir devagar. Revela também escolhas, linhas vermelhas que escolhemos não ultrapassar. Quando trabalhamos juntos em vez de competir, podemos ser mais criativos e achar um caminho reto que honre os dois.

Quando você faz um acordo, é importante não se sentir pressionado a fazê-lo nem a ceder mais do que pode. Às vezes, não é possível fechar um acordo. Um dos dois quer algo que está além da capacidade do outro. Nesse caso, você deve fazer uma escolha e será uma questão de prioridades. O que é mais importante: seu desejo ou esse relacionamento? Talvez você decida fazer o que quer e, provavelmente, haverá consequências do impacto que isso tem sobre a outra pessoa.

Exploraremos agora a escuta com atenção plena e veremos exemplos de acordos e dos processos neles envolvidos.

Escutando o outro

É importante analisar com sinceridade o que fazemos e como lidamos com conversas necessárias para criar um acordo. Vale lembrar que frequentemente tendemos a nos reunir em grupos que compartilham visões semelhantes, reduzindo assim a possibilidade de sermos expostos a uma visão de mundo alternativa, substancialmente diferente da nossa.

Aqui estão algumas declarações abordando temas nos quais talvez você tenha encontrado necessidades e desejos conflitantes ou, simplesmente, visões conflitantes:

- Enquanto namoro você, não quero outra pessoa/Enquanto namoro você, quero continuar saindo com outras pessoas até chegar ao ponto de querer um compromisso exclusivo.
- Quero fazer amor com você depois de alguns encontros/Quero esperar e só fazer amor depois do casamento.
- Quero um relacionamento monogâmico (o que significa isso para você?)/Quero outros relacionamentos íntimos enquanto estou com você.
- Quero ter certeza de que você nunca sentirá atração sexual por outra mulher ou outro homem/Quero liberdade para explorar minha sexualidade em algumas situações limitadas.
- Quero expressar tudo o que penso, inclusive meus julgamentos. Não quero esconder nada/Quero que você leve em conta meus sentimentos e resiliência, e não quero ouvir uma descarga total de seus pensamentos e julgamentos.
- Quero ter este bebê/Quero abortar.
- Quero filhos/Não quero filhos.
- Quero priorizar segurança/Quero priorizar aventura.
- Quero um governo que priorize a economia/o *status quo*/Quero um governo que priorize o bem-estar de toda a população e apoie oportunidades iguais.
- Quero que mulheres trans possam entrar para nosso grupo de mulheres/Quero manter nosso grupo de mulheres só com aquelas que nasceram mulheres.

- Quero compartilhar todas as nossas finanças e dinheiro; se nos casarmos, deixaremos tudo em cesto só/Quero ter contas bancárias separadas e ser financeiramente independente, mesmo depois de casada(o).
- Quando sairmos, dividiremos a conta/Quando sairmos, cada um contribuirá conforme sua condição/Quando sairmos, quem deu a ideia paga a conta.
- Quero que minha mãe more conosco porque ela precisa de cuidados/Quero que sua mãe fique em um asilo de idosos.
- Quero certa flexibilidade na criação dos filhos, assim poderemos ir a eventos que são importantes para nós/Quero horários fixos para cuidarmos dos filhos, assim poderei organizar minha vida em torno disso.

EXERCÍCIO: REVISÃO DE CONVERSAS PASSADAS

Fazendo um relatório

Você escuta com atenção? Quando? Quando não escuta nem entende?

Leia a lista anterior e lembre-se de conversas em que não concordou com tudo, ou quando houve um conflito entre o que você e a outra pessoa queriam. Como lidou com a situação? Como se sente ao se lembrar da situação ou da discordância? Foi capaz de escutar com atenção? Mesmo que não concordasse, conseguiu entender?

Observe se você simplesmente evita pessoas com as quais não concorda politicamente ou em áreas delicadas. Observe como se sente em relação a esses temas e veja se consegue se abrir para entender uma visão diferente.

EXERCÍCIO: ESCUTANDO O OUTRO

Para este exercício, você precisará explorar com alguém. Pode ser um amigo ou um parceiro.

Percebam que vocês provavelmente estão entrando em um território desconhecido, sejam gentis um com o outro. Quando tentamos aprender um jeito novo de escutar, é fácil recair nos padrões antigos. O modo como os evocamos tem um grande impacto sobre nossa capacidade de aprender. É natural cometermos erros enquanto escutamos. Lembre-se de que, se não pudermos errar, não poderemos aprender.

Escolham um tema sobre o qual suas opiniões sejam diferentes. Decidam quem falará primeiro (A) e quem será o ouvinte (B).

Comecem com A falando o que é importante para ela. O tempo de fala deve ser três minutos, antes de você verificar se entendeu. Não se trata de um teste de memória; portanto, você precisa separar o que diz em blocos pequenos para o ouvinte não se distrair no esforço de se lembrar. Agora a pessoa B diz à A o que ouviu e pergunta: "Entendi direito?".

A responde, acrescentando algo que ache que não tenha sido ouvido. B pergunta: "Mais alguma coisa?", incentivando A a continuar falando.

De modo ideal, a pessoa A continuaria falando em blocos até dizer tudo e, quando vier de novo a pergunta "mais alguma coisa?", pode responder: "Não, já falei o que precisava. Obrigado por escutar. Posso ouvir suas opiniões agora?".

Entretanto, no mundo real, talvez seja necessário pôr um limite no tempo de fala de cada um nesse exercício, assim ambos terão a chance de se expressar. É um reconhecimento de que vocês não têm um tempo infinito disponível. Fazer esse acordo no começo ajuda a relaxar e mostra que os dois reconhecem o valor das opiniões do outro. Depois que ambos falaram e se entenderam na medida do possível, digam como se sentem e, se for apropriado, quais seriam os próximos passos se precisarem chegar a um acordo. Claro que em alguns temas vocês concordarão em discordar, enquanto compreendem, porém, que as pessoas têm visões diferentes. Sempre com a atitude de: *Não é interessante?*

Resumo do exercício

1. Escolham um tema.
2. Estipulem o tempo para cada um expressar suas opiniões.
3. A fala e B escuta e, em seguida, diz o que entendeu.
4. B fala e A escuta e, em seguida, diz o que entendeu.
5. A e B conversam sobre o que sentem agora e verificam se algo mudou entre os dois. Já conseguem dar sugestões para um acordo?

Você pode praticar o exercício anterior sem companhia, enquanto ouve qualquer conversa, lê postagens em mídias sociais ou editoriais, assiste aos noticiários, etc.

É interessante também se estender para além de sua costumeira visão de mundo lendo livros ou revistas fora de seu alcance usual, aproximando-se e conversando com pessoas que não sejam de seu convívio, ouvindo músicas que você não escolheria, indo a lugares que talvez desafiem sua visão de mundo.

Acordos

Agora que exploramos como escutar com atenção, veremos alguns exemplos de acordos e do processo envolvido neles. Examinaremos acordos que não são bem acordos, abordaremos a importância de elaborar um acordo e o que fazer se você precisa mudar um acordo ou se rompeu um.

Exemplo 1

Linda e Sally saíram algumas vezes e agora falam sobre "estar em um relacionamento". Querem continuar se encontrando e ver até onde vai. Comprometeram-se a não namorar outras pessoas enquanto estiverem nessa fase. Sally sabe que fica ansiosa nesse estágio de um relacionamento e não quer estragar tudo, mas tem certeza de que ficará cada vez mais nervosa e, por isso, pergunta se Linda não se importaria em enviar-lhe uma mensagem de texto todos os dias, só para manter a comunicação, e se podem marcar uma data para o próximo encontro sempre que as duas saírem. Linda gosta de mais espaço e espontaneidade, mas não sabe recusar sem se sentir desconfortável; além disso, quer continuar com Sally. Então, acaba concordando. Linda não pergunta mais nada a Sally a respeito do assunto nem tenta entender por que ela pediu aquilo. Apenas disse SIM, mas, sob a perspectiva de Linda, não foi um acordo. Sally achou que agiu bem ao pedir o que queria, para variar, e sentiu que o acordo era claro. No fim da noite, Sally perguntou quando elas se encontrariam de novo, e Linda disse: "No fim de semana". Não era o que Sally esperava; ela não sabia em que momento do fim de semana elas se veriam e, de repente, precisaria deixar o fim de semana inteiro livre, em vez de sair com os amigos, pois queria estar disponível para se encontrar com Linda. Ela respondeu: "Ok, ótimo", mas não era o que sentia.

Linda e Sally não se fizeram entender e criaram uma desconexão.

No dia seguinte, Linda manda uma mensagem de texto curta para Sally, mas no outro dia ela esquece. Não parecia importante. Afinal, já haviam combinado de se encontrar no fim de semana. Sally fica ansiosa e magoada. Tenta se acalmar, mas acaba enviando uma mensagem para confirmar o encontro. Linda responde: "Sim", mas sem beijos. Não passou confiança. A ansiedade de Sally cresce a ponto de ela desafiar Linda por causa do acordo rompido. Envia mais algumas mensagens e Linda responde a uma delas, mas sem transmitir confiança. No entender de Sally, Linda se tornou indigna de confiança e rude. Na sexta-feira, Linda manda uma mensagem e diz que gostaria de ver Sally no sábado à noite, as duas poderiam dar um passeio ao longo do rio e depois ir a um de seus restaurantes favoritos. Linda não sabe que há algo errado. Quando vai buscar Sally, ela está tensa e quer conversar. Durante a caminhada, diz que Linda não é confiável, pergunta por que não cumpre os acordos e a acusa de não se importar com os sentimentos dos outros. De repente, Linda não tem mais vontade de jantar com Sally e fica na defensiva. Elas acabam discutindo e Linda leva Sally de volta para casa, sem entender o que aconteceu.

Nessa história, não houve acordo, embora Sally quisesse um.

Linda não disse a Sally que algo a incomodara, e Sally não disse a Linda por que aquilo era importante para ela. Portanto, Linda disse SIM a esmo, sem realmente levar a sério e sem perceber a importância do pedido de Sally. A visão de mundo de Linda e suas necessidades são muito diferentes das de Sally, mas Linda não sabe disso. Elas não se entendem. Embora Sally se conheça o suficiente para saber que precisa pedir aquilo de que necessita, não explicou nada disso a Linda, para que ela compreendesse a importância do pedido.

Como poderia ter sido:

Sally sabe que fica ansiosa nesse estágio de um relacionamento e não quer estragar tudo, mas sabe também que sua ansiedade aumentará; então, pergunta se Linda não pode enviar uma mensagem de texto todo dia, só para manter a comunicação, e se elas podem marcar a data do próximo encontro toda vez que saírem. Sally explica a Linda que gosta muito dela e sabe que ficará ansiosíssima diante da incerteza. Não quer ser exigente, mas espera que Linda compreenda e ajude com uma simples mensagem de texto por dia. Linda prefere mais espaço e espontaneidade, mas percebe que Sally é sincera e nota sua vulnerabilidade. Linda também está ciente de que detesta enviar mensagens de texto, principalmente com conversa mole. Tudo bem, uma mensagem de "Te vejo às 8", mas para manter a comunicação? Eca! Linda não gosta nada disso. Então, diz a Sally: "Olhe, posso até concordar, mas sei que não vai dar certo. Detesto escrever mensagens de texto. E, no telefone, não sou muito melhor. Tenho claustrofobia, como se estivesse enjaulada. Mas acho que posso ligar rapidinho a caminho do trabalho. Uma chamada curta. Tá tudo bem pra você?". Sally adora a ideia e agradece a Linda. É mais do que ela podia esperar. Pergunta a Linda, então, se podem conversar um pouco mais sobre sua necessidade de marcar dia e horário para se reencontrarem. Explica que não é pressão, ela apenas gostaria muito de sair com Linda de novo e costuma marcar uma série de compromissos com amigos no fim de semana. Sally sabe que provavelmente passará o fim de semana inteiro à espera de Linda e, depois, ficará magoada. Além disso, tem dificuldade para lidar com a incerteza. Essas duas coisas, a mensagem e o encontro marcado, poderiam ajudá-la a ficar calma.

Linda fica aliviada. Entende o pedido de Sally e vê que ela não quer reservar o fim de semana inteiro. Concordam em se encontrar na sexta-feira à noite e deixam para depois a questão do fim de semana. As duas conseguiram o que queriam. Sally sabe que verá Linda na sexta-feira e talvez depois também. Linda sabe que tem o fim de semana inteiro, pode deixar as coisas rolarem com espontaneidade e, ao mesmo tempo, se encontrar com Sally.

Linda e Sally são vulneráveis e suas necessidades são conflitantes, até certo ponto. Escutar uma a outra foi um ato que gerou entendimento e elas encontraram uma solução satisfatória para ambas.

Exemplo 2

Steve e Julie iniciaram um relacionamento e já começam a falar de sexo. Julie não quer engravidar e pede a Steve que use camisinha pelo menos até os dois passarem por uma série de exames de infecções sexualmente transmissíveis (ISTs). Steve acha difícil usar camisinha e prefere evitá-la. Diz que jamais engravidou uma mulher e pode "tirar" fácil, e duvida de que tenha alguma IST. É saudável e forte, e sente que a camisinha afeta sua masculinidade. Além disso, teme que não talvez não consiga manter uma ereção ou sentir prazer.

Enquanto conversam, Steve percebe que Julie não conseguirá relaxar e se abrir para ele se não se sentir segura contra infecção e gravidez. Ele sabe que também não quer engravidá-la e, como ela já fez um aborto antes, talvez haja um risco real. Steve concorda em usar a camisinha porque compreende que as desvantagens são menores se comparadas com os riscos de não usar. Sente também a intimidade, a proximidade e a tranquilidade que vieram de ele compartilhar suas preocupações com Julie. Assim, embora essa não seja sua preferência, Steve faz um acordo.

O que poderia ter acontecido? Steve, embaraçado demais para discutir a questão, diz SIM para cortar o assunto e, apesar do SIM, ele não honra o acordo. Na hora do ato sexual, Steve só coloca a camisinha quando Julie pede e, caso escape, ele não se preocupa muito. Julie se frustra e se sente potencialmente abusada.

Note a diferença entre sentir pressão ou não ter escolha e fazer um acordo que talvez não seja o que você mais deseja, mas serve para a ocasião com aquela pessoa, pois vocês compreendem todos os fatores que dificultariam demais conseguir o que desejam, e porque valorizam o relacionamento mais do que um desejo específico.

O sentimento de pressão vem de um desequilíbrio de poder. O poder se manifesta em diversas formas e aparências. Às vezes, as pessoas bancam as vítimas indefesas como um meio de usar o poder para conseguir o que querem. Na verdade, essa é a base do triângulo do drama. As duas pessoas precisam deixar claras suas necessidades, forças e vulnerabilidades. Se você e o outro não fizerem um acordo útil para os dois, o acordo não cumprirá sua função.

E, afinal, qual é a função de um acordo? Qual o seu propósito? Para que se dar ao trabalho de fazer um acordo?

Os acordos nos ajudam a descobrir onde pisamos quando há outras pessoas envolvidas, a identificar o que é importante para cada um e o que podemos esperar nas áreas que nos afetam.

Muitos dos acordos que fazemos não são falados e só se baseiam em pressuposições. Geram mal-entendidos, na melhor das hipóteses, ou até acusações de traição ou abuso, em um cenário pior. Portanto, a "função" de um acordo é garantir que os limites sejam respeitados, e que você e o parceiro compreendam as necessidades um do outro. Acordos criam transparência quanto ao que é importante para nós e nos mostram onde estamos alinhados ou não. Graças a eles, não enterramos a cabeça na areia esperando pelo melhor, mas recebendo o pior.

Acordos não são gravados em pedra. Geralmente, você faz um acordo e depois as circunstâncias mudarão e você terá de renegociar, o que implica outra conversa franca a respeito da posição e dos desejos de cada uma das partes.

Essas conversas às vezes são difíceis, abordando temas desconfortáveis para nós, ou expressando opiniões que podem gerar conflitos. Entretanto, essa é a base para a profunda intimidade e conexão. Tudo o que aprendemos a respeito de nosso desconforto servirá agora para elaborarmos acordos.

Se não fizermos um acordo direito, ou se as situações mudarem e não o atualizarmos, corremos o risco de cometer um erro e romper o acordo. Como agir, então? Sejam francos e peçam desculpas. Aprendam com os erros. Compreendam o que os impediu de expor suas necessidades e quais foram as sensações no corpo quando o acordo foi quebrado. Observar é aprender.

Se a outra pessoa rompe um acordo, talvez você se sinta magoado, traído ou pior. Expressar esses sentimentos é importante, assim como é fundamental receber um pedido sincero de desculpa. Também é necessário prestar atenção se houve um erro honesto ou uma manipulação desonesta na qual você foi desvalorizado. Pois, então, valorize-se o suficiente para se afastar de uma pessoa que não o respeita.

De que acordos precisamos? No fim das contas, de acordos a respeito de questões importantes para nós e que podem ser impactadas por outras pessoas.

Considere as situações na lista a seguir e veja se precisa de um acordo, ou se estaria bem apenas por seguir o fluxo dos acontecimentos:

- Seu parceiro vai a um evento cheio de pessoas que podem ser atraentes. O que você espera em termos de limites e do comportamento entre o parceiro e outras pessoas?

- Você vai se encontrar com uma pessoa. O que espera em termos de pontualidade, atraso e informação prévia, caso um ou outro tenham de se atrasar?
- Dinheiro. Quem paga o quê e do que depende a situação?
- Tempo juntos. Quanto tempo e qual é a prioridade? Como é definida?
- Você é vegano(a). Não se importa se a outra pessoa levar carne à sua casa?
- Você tem asma. Não se importa se a outra pessoa fumar em sua casa?
- Você quer monogamia. Importa-se se o parceiro não quiser? Quer saber se ele se relaciona com outras pessoas?
- Saúde sexual e risco de DSTs.
- Casamento/compromisso.

Não há certo ou errado nos termos de um acordo. Ele tem a ver com o que importa para vocês. Estabelecer acordos é um modo de mostrar ao parceiro o que é importante para você e de convidá-lo a fazer o mesmo.

Vulnerabilidade

Voltamos à nossa definição de tantra: queremos incluir tudo, entrelaçar todas as nossas partes. Em termos de sexualidade, tendemos a focar apenas o corpo, ou o corpo e as fantasias e imaginações da mente. A princípio, abrir-se sexualmente para outra pessoa é um gesto que costuma ativar nossas ansiedades, temores, expectativas, empolgação, esperanças e geralmente nosso nervosismo. Como será? Eu terei um bom desempenho? O outro terá um bom desempenho? Os dois ficarão satisfeitos? Ela/ele vai me julgar? Eu vou julgá-lo(a)? O que pode acontecer? Haverá conexão? Terei um orgasmo? Ele/ela terá orgasmo? O que ele vai achar de minha barriga? Será que conseguirei ter uma ereção? E assim por diante. Há tantos modos de entrarmos em um estado de nervosismo que nossa mente acaba assumindo o controle. Por mais que nos entreguemos ao sexo, não teremos intimidade.

A intimidade exige conexão com o que sentimos, transparência com esses sentimentos, além de sintonia com o que acontece com a outra pessoa. Envolve desapegar do controle, deixar que nos vejam e nos conheçam. Conhecer uma pessoa em nível sexual e íntimo pode ser delicioso, mas nos abre para uma vulnerabilidade com a qual talvez não estejamos totalmente confortáveis. Mesmo assim, a entrega a essa vulnerabilidade permite um encontro muito mais íntimo e profundo. Examinemos, então, o modo como lidamos com a vulnerabilidade.

Um ano e pouco atrás, eu recebi um e-mail de um homem que obviamente se sentia mal com sua vulnerabilidade e queria desafiar minha visão do assunto. Ele incluiu um *link* para um artigo de uma pessoa que ensinava que os homens não devem ser vulneráveis. Fazia a pergunta: "Para que você desejaria ser vulnerável? Não sabe o que isso significa? Significa que você pode se ferir. Quem quer isso? Só quem for louco deseja ser vulnerável".

Em parte, é verdade. Se você se torna vulnerável com outra pessoa, abre uma porta para que ela o machuque. Então, claro que ninguém quer se abrir a esse ponto, a menos que confie na pessoa e saiba que ela não será maldosa. Sem dúvida, alguém pode magoar você sem querer, inconscientemente, ou apenas por preferir se afastar.

Você pode tentar se proteger de mágoas e, até certo ponto, muita gente faz isso. Pode vestir uma armadura e tentar controlar o andamento das coisas. Mas isso nunca dá certo e o custo é enorme. O que perdemos com essa autoproteção é a magia, o mistério, a intimidade, a conexão que ocorrem quando tiramos a armadura. O que perdemos é a possibilidade de sermos conhecidos, vistos e amados pelo outro.

Não estou sugerindo que você jogue toda a precaução pela janela e confie cegamente em todas as pessoas que encontrar. A cautela para evitar riscos dos quais você pode não se recuperar é um autocuidado necessário, um modo de amar a si mesmo. O risco de mostrar sua vulnerabilidade se torna maior à medida que você se aproxima de seu mundo interior e desenvolve a resiliência. Quanto maior for sua capacidade de sentir e assumir o sentimento, mais fácil será abrir-se com o parceiro em intimidade, confiança e sexualidade. Se não conseguir amar a si mesmo e se respeitar, provavelmente não poderá ser vulnerável sem criar drama. Porém quando for capaz de acalentar a si e estar com seu mundo interior sem drama, poderá se abrir para a vulnerabilidade e para a conexão que conduz ao auge do amor.

Esse é um dos motivos mais comuns da cisão entre sexo e coração na sociedade ocidental. É mais assustador e vulnerável conhecer e se conectar com o parceiro tendo todos os seus centros abertos do que se conectar apenas com o corpo/sexo ou coração. Creio que isso explique em parte por que alguns casais aparentemente felizes não têm relações sexuais, mas mantêm casos secretos para satisfazer as necessidades sexuais sem perturbar o *status quo* do seu ninho seguro. Talvez seja também um dos motivos por que os casais optam pelo poliamor. Além da excitação e do drama, se você tem mais de um parceiro, não guarda todos os ovos em um único cesto. A vulnerabilidade e os riscos são menores.

Abrir-se tanto para a vulnerabilidade como para a sexualidade provavelmente desacelera as coisas. Há mais sentimento e presença. A rapidez torna mais fácil ignorar os sentimentos e as sutilezas. Quando vamos devagar, entramos em harmonia com a beleza, a sensibilidade e o carinho, absorvendo e sendo estimulados em um nível mais profundo por cada toque, movimento, palavra e olhar. Seremos menos servidos por padrões de atitude que talvez acalmassem nossos nervos em tempos passados. Chegaremos provavelmente a uma espécie diferente de sexualidade que emerge a cada momento, que é mais lenta, mais gratificante e revigorante. É uma sexualidade centrada no coração que convida a intimidade à dança. Pode parecer menos "excitante", mas, pelo contrário, é uma forma diferente de excitação, de se mover lentamente para o desconhecido, descobrindo o mundo em um grão de areia, um único olhar, um toque delicado. A excitação de se dissolver em uma conexão profunda e íntima.

Durante o Tantra Vivo, exploramos as sombras sexuais. Uma sombra descoberta por Greg, e que muitos outros conseguem identificar, é a que chamamos de "Sexo por Números". Era um modo de tocar de um jeito e depois de outro, aqui e ali. Um movimento talvez habilidoso, ainda que um bocado técnico, de abrir a parceira e excitá-la. Com isso, Greg se sentia seguro; ele sabia o que ia fazer, tudo parecia sob controle, e um resultado específico parecia provável. Ele não precisava se sentir ansioso porque sabia que passo dar em seguida. Infelizmente, perdia-se a magia do desconhecido, da intimidade, da vulnerabilidade e da conexão que surge quando duas pessoas se conhecem em um momento por vez. Greg via que o "Sexo por Números" era um meio de controlar sua vulnerabilidade e se sentia bem com isso. Mas, ao examinar melhor, percebeu que o custo era alto demais.

Se nos abrirmos com o coração e o sexo para uma pessoa, nós nos sentiremos mais vulneráveis e íntimos.

EXERCÍCIO: REFLEXÃO

Reflita por algum tempo em seu modo de lidar com a vulnerabilidade.
- Em que situações você se sente vulnerável?
- O que faz para evitar a vulnerabilidade em geral ou com um parceiro?
- Onde você corre riscos? Onde os evita?
- Onde e como tenta manter o controle?
- Percebe em quem pode confiar?
- Acha que consegue evitar riscos dos quais não poderia se recuperar?
- Você está disposto a se abrir à vulnerabilidade, mesmo havendo a possibilidade de perda?
- Como se sente se alguém abre o coração, enquanto você está no modo sexual?

Sexo e Espiritualidade

No Ocidente, além de nossa tendência de separar sexo e coração, também alienamos o sagrado e o espiritual da sexualidade. O que aconteceria se incluíssemos o sagrado em nossa natureza sexual? Como podemos incluir os centros superiores e nossa natureza sexual na abertura para o sagrado?

No Capítulo 1, definimos os três centros principais como:

1. **Corpo** – os centros inferiores vigorosamente físicos (instinto, sexo e poder);
2. **Coração** – a energia emocional do amor;
3. **Cabeça** – os chacras superiores que conduzem ao centro da mente superior e à conexão além do físico.

É fácil cairmos na cilada da mente, ruminando, planejando, tentando controlar e manipular, tentando entender. Nossos jogos mentais podem dominar nossa vida. Quando levamos mais equilíbrio aos centros inferiores, atendendo às necessidades do corpo e nos acomodando com o fluxo de nossos sentimentos, encontramos a possibilidade de abrirmos nossa mente superior, o sentido de intuição, um sentimento expandido de conexão além do reino físico, experimentando a consciência da unidade, uma conexão que nos transcende. Desde tempos imemoriais, as pessoas sempre encontraram termos diversos para tentar descrever isso. A essência da maioria das religiões tem nomes e rituais para apoiar o acesso a esse reino da existência. Muitas pessoas encontram um portal na beleza crua da natureza. Outras o encontram na prece dirigida a um plano superior, repetindo os nomes de Deus, invocando o Bem-amado, respirando no mistério anterior ao início do tempo. Se ansiarmos e nos virarmos na direção do sagrado, encontraremos nosso jeito único de acessar esse centro superior de nosso ser, que nos conecta com o Espírito. Nosso anseio por essa conexão é o primeiro passo em uma jornada da vida que nos aproximará do cerne do próprio Amor.

EXPERIÊNCIA DE JAN

Na adolescência, explorei o Cristianismo com o anseio de encontrar uma conexão e unidade profundas. Desanimei e segui por outras direções, encontrando práticas de ioga ascética, estudando os essênios e, depois, descobrindo Osho. Mas talvez minha experiência mais profunda de me abrir para Deus tenha sido aos quarenta e poucos anos, quando me consultava com um terapeuta na Suíça.

Um dia, ele me perguntou: "Como é o seu relacionamento com Deus?". A resposta mais simples foi: "Quase inexistente". Ele me perguntou, então, se eu gostaria de desenvolver um relacionamento com Deus e respondi que sim. Mostrou-me uma variedade de práticas, incluindo um ensinamento a respeito da prece. E a prece mais forte naqueles tempos difíceis consistia no uso de um mantra. Na Índia, é chamado de Japa: a repetição do nome de Deus (e claro que existem muitos nomes, principalmente na Índia). O terapeuta

> *me orientou a escolher um mantra e repeti-lo em voz alta ou em silêncio o tempo todo, exceto quando eu estivesse ativamente pensando em outra coisa. O tempo todo, por um mês. Foi uma experiência profunda e que ainda uso. Um mês depois, um amigo comentou que eu parecia radiante.*
>
> *Se você quiser desenvolver uma conexão com o sagrado, essa é uma prática que merece ser explorada até você descobrir o que lhe acontece.*

Não importa o caminho escolhido para subir a montanha. O caminho do tantra simplesmente convida você a incluir tudo. Convida você a incluir sua sexualidade em sua jornada espiritual, permitindo que faça parte dela. O entrelaçamento de corpo, coração e Espírito significa que nada é excluído, e nossa jornada humana pode ser celebrada em todo o seu potencial e magnificência.

Geralmente, não somos incentivados nessa direção. A maioria dos ensinamentos religiosos nos encoraja a abandonar a sexualidade ou ter vergonha dela. Isso não é uma surpresa. A energia sexual é poderosa e pode ser facilmente mal utilizada. Se a excluirmos, evitaremos muitos acidentes que ocorreriam por brincarmos com fogo. Mas, por outro lado, excluindo-a diminuímos a nós mesmos, nossa possibilidade para uma consciência de unidade, nossa felicidade essencial. Quando separamos a espiritualidade da sexualidade, diminuímos ambas e as deixamos incompletas.

Minha jornada pessoal com a sexualidade consistiu em me afastar da vergonha e, gradualmente, me sentir à vontade em minha natureza e energias sexuais. Reconheço os perigos desse caminho e, de fato, vi tantas pessoas dominadas pela energia do sexo que elas acabaram desviando do amor, do sagrado, caminhando em direção a uma energia de ganância, vício e abuso. Não é à toa que os sacerdotes de muitas religiões tentam proteger seus rebanhos desses perigos. Infelizmente, essa proteção costuma surtir o efeito contrário e culminar em uma sexualidade desestruturada e uma separação de Deus.

Quando não estamos à mercê da nossa energia sexual, quando acolhemos e integramos nosso impulso sexual, essa energia muito humana e poderosa pode servir à nossa conexão com a Fonte, com Deus, com o Bem-amado. Ela nos possibilita incluir tudo na magnificência da vida. É parte de nosso todo. Como podemos nos conectar com o Divino se excluímos uma parte tão fundamental de nós mesmos?

Então, como convidamos o sagrado para nossa vida e nossa natureza sexual? Para muitas pessoas, o primeiro passo nessa direção é lidar com todas as conotações e experiências negativas que vieram do convívio com a religião na infância e, em seguida, encontrar um meio de nos reabrirmos para o Espírito. Alguns conseguem por um caminho totalmente diferente. Se tiveram formação cristã, tentam explorar o Budismo, o Sufismo ou a devoção a um guru. Ou encontram a Deusa na natureza. Não importa *como* encontramos o caminho ou qual seguimos. Se não conseguirmos experimentar a conexão com "a fonte antes do início do tempo", com Deus, com o Bem-amado, com o Amor Infinito, limitaremos nossa experiência humana.

Se você vir sua vida em retrospectiva, certamente encontrará momentos em que se sentiu conectado com algo além de si, uma união com a existência, uma sensação de infinitude, ou de consciência de unidade, na qual os limites normais pareciam dissolvidos.

Em meu caso, senti essa conexão em momentos claros na natureza: uma corrida no parque e uma caminhada por montanhas cobertas de neve são as duas ocasiões que se destacam em minha memória.

Anos depois, tive uma experiência poderosa depois de um ritual de amor, durante a qual vislumbrei por várias horas o mundo radiante, como se um véu tivesse caído. Foram momentos de uma superação, em glória e graça.

> ## EXPERIÊNCIA DE PARTICIPANTE: PETER – UNINDO DEUS E A SEXUALIDADE
>
> *Percebi, no Tantra Vivo, meu grande relacionamento com Deus. Lembro-me de ter muita raiva da Igreja por praticamente estragar meu crescimento sexual. E foi muito útil reconhecer o fato de que, embora a Igreja não tenha sido boa em minha vida, eu fui parcialmente responsável. Estrangulei minha vida sexual, que mal começava, dando prioridade aos outros, nesse caso, agradando a Deus e à Igreja, acima do meu prazer pessoal, meu desenvolvimento, meus instintos sexuais. Quando consegui assumir a responsabilidade por isso, saí do modo vítima/perseguidor com a Igreja e da convicção de que ela tinha estragado minha vida. "Na verdade, a responsabilidade foi minha, e posso desfazer o que fiz." Foi um passo grande para mim. Livrei-me da raiva e me permiti ver novamente Deus como parte da deliciosa exploração que estava vivendo com o sexo. Deus não estava nos chacras superiores. Deus vive através de meu corpo, e na Terra e no céu. Todos esses locais são o que hoje vejo como a presença superior. A cura foi incrível. Uniu Deus e a sexualidade, para o benefício de ambos.*

> ## EXERCÍCIO: RECORDAÇÕES
>
> Pense um pouco no passado e relembre momentos em que se sentiu mais conectado, deslumbrando-se com a beleza ou o amor, teve um sentimento de conexão universal e pertencimento.
>
> Permita-se reviver esses momentos, absorvendo o que lhe mostraram e o significado que você atribuiu a eles. Note como se sente quando se concentra nessa direção, quando imerge nas recordações e nas horas e dias que vieram logo depois. Quando nos sintonizamos com uma orientação específica, fica mais fácil caminharmos na direção dela.

Creio que nos deparamos acidentalmente com esses momentos de graça. Não tenho certeza de que somos capazes de construí-los, mas podemos nos tornar propensos a esses acidentes e aumentar a probabilidade de ocorrerem. Dois dos portais mais acessíveis são o amor devocional e a beleza.

Podemos nos treinar para ver através dos olhos do amor e da beleza e, com isso, convidamos o sagrado para a nossa vida e os nossos relacionamentos.

Isso nada tem a ver com um sentimentalismo melodramático e açucarado. Não precisamos nos desligar da realidade, da verdade. O que temos a fazer é desapegar dos padrões habituais de crítica e julgamento, e olhar para a beleza e a bondade em toda situação, principalmente em nosso parceiro no amor.

PRÁTICA: VENDO O BEM-AMADO, A BELEZA, A MÃO DE DEUS EM TUDO

Esta é uma exploração que começa com a orientação interior de que o Bem-amado, Deus (ou o nome que queira dar) está em tudo. Não há um lugar ou uma pessoa em que Deus não esteja. É fácil a mente atrapalhar, usar argumentos racionais, morais, etc. Experimente olhar a partir da perspectiva de que o Bem-amado está em tudo, e que nada nem ninguém é excluído. Espie além dos julgamentos, das ideias e da escuridão; veja o toque do Bem-amado em todos os lugares. Permita-se enxergar a partir do coração ou do terceiro olho, sabendo que onde seus olhos pousarem, lá estará o Bem-amado.

Experimente fazer este exercício por um breve período, todos os dias, em situações diversas. Talvez seja melhor começar na natureza ou em uma situação mais propícia para ver o Bem-amado ou sentir a presença de Deus mais facilmente. Mas também pode ser no escritório, no trem, no supermercado. Note o que acontece em seu corpo, em seus sentimentos e no coração.

EXERCÍCIO: OLHOS NOS OLHOS

Para este exercício, você precisa de um parceiro, mas não necessariamente um parceiro de uma relação romântica nem muito longa. Sentem-se de frente um para o outro, a uma distância na qual os dois possam se olhar nos olhos. Feche seus olhos e, por alguns minutos, simplesmente respire fundo até a barriga, abrindo-se delicadamente

> e ouvindo o que acontece dentro de você, abrindo espaço para tudo. Então, abra os olhos e olhe delicadamente para a outra pessoa, como se visse além dos olhos dela um portal para a alma. Sinta-se abrindo para receber o outro, em vez de apenas encará-lo. Permita-se piscar, se for necessário. Não force nada. Se um dos dois tiver de desviar o olhar, que isso aconteça normalmente, e retomem quando puderem.
>
> Se não tiver parceiro, você pode fazer o exercício diante de um espelho ou contemplando a chama de uma vela.
>
> Prepare um cronômetro, de preferência com uma campainha ou um som agradável, para avisar o fim do tempo combinado. Vocês podem começar com um período breve, de cinco minutos, por exemplo, e prolongue depois, talvez para 30. Observe o que acontece em seu íntimo e, em algum momento, compartilhe com seu parceiro.
>
> Dizem que essa era uma das principais práticas de Rumi.

O sagrado recebe um convite do ambiente que criamos tanto em nosso mundo interior quanto no exterior. Graças à nossa disposição para abrir o centro mental superior, o sagrado entra em nossa vida cotidiana e se estende até a nossa sexualidade.

Essas práticas nos ajudam a aceitar nosso anseio e a intenção de transcender o trivial. Assim como a prática do perdão, elas nos colocam em uma direção e um caminho. O ponto final é menos importante que nossa disposição e intenção, que convidam o sagrado para entrar em tudo o que fizermos. Essa conexão estará sempre disponível se nos voltarmos para ela.

Convidando o sagrado para o nosso ato de amor

Em primeiro lugar, sagrado não precisa significar algo melancólico, reprimido ou sério. Assim como podemos enxergar e distinguir diferentes partes de nós como seres humanos, também podemos ver que em muitas culturas são celebrados diferentes aspectos do Uno na forma de deuses e deusas. Krishna trouxe alegria e prazer; Kali, porém, destruição e transformação...

Talvez seja mais fácil começar com os modos como tornamos nosso ato de amor mundano e limitado. Em seguida, poderemos ver além. Qualquer coisa que reconheçamos como uma "fuga", que nos distraia de nós mesmos e de nosso parceiro no presente, nos desviará do sagrado. Os modos inconscientes com os quais nos deixamos entrar em maneiras mecânicas de tirar a roupa, de tocar ou de ter como objetivo o orgasmo ou um tipo específico de orgasmo nos prendem ao mundano. Os candidatos óbvios, que são o telefone celular, a televisão ou a bagunça no quarto, indicam nossa relutância em entrar em uma conexão sagrada de intimidade. Os mesmos sinais vêm da deslealdade e da hesitação em nos revelarmos, da nossa fixação na energia de receber e de querer controlar o ato de amor.

Os caminhos que nos levam ao sagrado são atos de carinho, criam beleza, tornam-nos verdadeiros e dispostos a dar e receber, deixam-nos dispostos a viver cada momento sem impaciência ou distração. Em meio a tudo isso, ainda podemos ser letárgicos e vagarosos ou brincalhões e selvagens. Podemos ser sensuais ou altamente sexuais. Nós nos soltamos juntos em uma dança de unidade e com todos os nossos centros. Dissolvemos no amor.

Há recursos disponíveis para nos ajudar nisso. Os exercícios e as práticas neste livro certamente ajudam, pois nos convidam a ficar em paz com nossa natureza sexual. Essa paz é um pré-requisito necessário para a presença. Presença significa que somos capazes de estarmos com nós mesmos, aconteça o que acontecer seja a situação confortável ou não, permitindo que nossas energias e emoções fluam livremente, sem ficarmos à mercê delas.

A presença com Espírito significa, para muita gente, estar em paz com Deus ou a Fonte, ou um poder superior. Isso talvez implique lidar com todas as cicatrizes da doutrinação religiosa antiga. Se ainda carregamos essas cicatrizes, provavelmente nos apegamos ao trivial como uma forma de autoproteção.

Criar uma intenção ajuda porque nos orienta na direção do sagrado. O modo como preparamos o espaço para honrar a nós mesmos e nosso parceiro pode nos ajudar, e pode incluir criar um lindo espaço decorado com velas, incenso ou óleos e música. Essas coisas em si não criam o sagrado. Mas nossa atitude ao providenciá-las, sim. A maneira como preparamos nosso corpo faz diferença. É importante nos lavarmos do suor e dos odores estagnados do corpo, mas também é necessário manter nosso odor natural e não nos cobrirmos com perfume ou colônia pós-barba para disfarçá-lo.

O sagrado se manifesta quando entramos no desconhecido, um momento após o outro, com toda a vulnerabilidade que isso traz. Não deixamos nada para trás e nos rendemos ao amor, permitindo que o ato de amor nos conduza a estados de felicidade e êxtase.

Esses estados de felicidade e êxtase têm um impacto em nossa vida inteira. Eles nos possibilitam caminhar na Terra com mais segurança, aceitar a nós mesmos com maior plenitude, estar mais presentes na vida. Quando fazemos amor desse jeito, incluindo nosso corpo inteiro, sentidos, coração, sentimentos, existência, voz, mente e espírito, dançamos com o Divino e literalmente fazemos amor.

Conversas sobre sexo

De volta aos nossos princípios iniciais: como aprendemos com tudo e incluímos tudo?

Nem toda nossa comunicação acontece por meio da fala, mas é fácil interpretar erroneamente o parceiro e fazer suposições, principalmente quando vocês começam a se conhecer. Por isso, falar de suas experiências, com o intuito de verificar a realidade e compreender melhor o outro, pode ajudar e aprofundar sua conexão. No entanto, uma conversa também pode causar tensão, bate-boca e mal-entendido, porque não estamos acostumados a escutar ou a expressar ideias de uma forma que nos ouçam. Além disso, a sexualidade é um tema incrivelmente sensível, carregado de muitas ideias a respeito de nossa bondade e amor-próprio, e muitas vezes repleto de carga emocional, vergonha, incerteza, autojulgamento, autocrítica, e julgamento e crítica dos outros. Mesmo o compartilhamento do nosso prazer e dos nossos gostos pode ser mal interpretado, como uma exigência para ter tais coisas no futuro.

Caminhe com cuidado e confie em si para poder falar a partir de seu ser e não se enredar em reatividade que logo sai do controle. As recompensas são proporcionais aos desafios.

Conversas durante o ato sexual

Isso é muito pessoal. Algumas pessoas gostam de palavras ditas em voz alta durante a relação sexual, mas para outras isso é demais, pois as tira do próprio corpo e as joga no campo do pensamento, o que estraga a experiência. É bom tratar desse assunto com o parceiro antes, para que cada um saiba das preferências do outro. Como as palavras ditas durante uma relação sexual podem ainda ser muito mal interpretadas, ajuda falar de sua experiência em vez de dizer à outra pessoa onde ela está "errando". Lembre-se de que só porque você não gosta de algo, não significa que a experiência esteja errada ou que você esteja. Simplesmente não gosta, e pronto.

Uma situação em que as palavras são realmente necessárias é aquela em que os limites são ultrapassados. Se os dois concordaram com o uso da camisinha, mas não é o que acontece, diga: "Pare, preciso falar uma coisa". Se você pedir toque delicado, mas está muito forte e doloroso, diga: "Pare, preciso lhe mostrar uma coisa". Tolerar o que não é bom não faz parte da entrega; é um sacrifício que transforma você em uma vítima. Não importa se for desconfortável falar ou se o parceiro não gosta de ouvir. Se os limites forem violados, pare e deixe isso claro. Se seus limites mudarem durante a relação sexual, pode dizer: "Preciso parar um instante. Alguma coisa está acontecendo e não consigo estar presente". E explique sua necessidade.

O outro extremo do espectro é o uso de tantas palavras que a pessoa se sente controlada:

"Acaricia minhas costas agora?"
"Só um pouco mais delicado."
"Beija meu pescoço enquanto faz isso?"
"Não, um pouco mais firme."
"E em minhas nádegas também, sim, mais firme."
"Mais devagar com a mão esquerda, por favor."
"Chupa meu dedão esquerdo."

Sinta a diferença entre expressar sua necessidade e coreografar tudo do jeito que você quer.

As palavras ou sons de prazer podem ajudar, e algumas pessoas se sentem mais confiantes se tiverem a certeza de que você gosta do toque delas. Mas esses sons também podem parecer uma exigência ou controle. Provavelmente você saberá, no íntimo, se seus sons têm o objetivo de conseguir algo ou se são uma expressão espontânea.

Conversas depois do ato sexual

Não recomendo conversar logo depois de fazer amor. O extraordinário estado de ser pode durar algumas horas após a relação e é facilmente interrompido. Também processamos nossas experiências, elas amadurecem e fazem mais sentido quando as deixamos digerir com o tempo. Uma conversa para o dia seguinte permite isso, além de criar um sentido de honra e conclusão. Vocês compartilharam algo profundo, geralmente sem palavras, e agora podem se integrar melhor e aprender mais entre si quando falarem da experiência.

É maravilhoso começar e até terminar com o reconhecimento do que foi bom, o que você adorou e com o que sentiu prazer.

Ao falar de algo que foi difícil para você, que por si só pode ser difícil para você, reconheça isso e escolha palavras que reflitam a experiência. Sinta a diferença entre estas afirmações:

1. "Você foi rápido demais quando tocou minha yoni no começo".
2. "Sinto que você foi rápido demais quando tocou minha yoni no começo".
3. "Achei difícil permanecer conectada e aproveitar as sensações quando você tocou minha yoni no começo. Adoraria se tivesse se demorado um pouco mais lá. Como se sentiu ao me tocar ali?".

As duas primeiras provavelmente deixariam o parceiro na defensiva, pois parecem um ataque. A terceira convida o parceiro a refletir e notar se estava nervoso ou inseguro, ou com pressa para ir adiante. Talvez ele até peça que você fale mais sobre como deseja ser tocada. Assim, a conversa pode ser mais criativa e aberta.

Trauma

Às vezes, um trauma do passado é revivido durante o ato de amor. Quando isso acontece, passado e presente podem se fundir e projetar as feridas do passado no parceiro do presente. É difícil ser racional quando ocorre tal fenômeno, e talvez você necessite da ajuda de um terapeuta para se desvencilhar do passado e lidar com os gatilhos para que eles não assumam o controle. Pode ser extremamente difícil para um homem entender isso. Se você usou a prática dos três SIM (*veja* a seção intitulada "Descobrindo o Corpo do Outro: Limites), sentirá que é mais fácil evitar esse resultado, pois já terá ido devagar o suficiente para envolver a parte racional do cérebro antes de ocorrer a penetração.

Se você sabe que congelou ou ficou paralisado durante uma relação sexual e não conseguiu pedir ao parceiro que parasse, converse com ele para que, juntos, trabalhem com isso e se apoiem mutuamente com o intuito de evitar uma repetição do problema. O parceiro pode lhe perguntar, por exemplo, se você acha que ele parece um pouco ausente ou impassível. Pode ser um simples: "Tudo bem?", com uma resposta de "sim" ou "não". Também vale a pena ponderar o que aconteceu pouco antes de seu congelamento, se teria sido necessário ir devagar, ou algum toque específico provocou aquele estado.

Quando algo dá errado

- Acontece algo inesperado ou que você jamais acharia possível.
- Um limite é ultrapassado.
- Você diz NÃO, mas a outra pessoa não para.

Principalmente no início de um relacionamento, você tem ideias diferentes do que seria "normal", aceitável ou inaceitável. Se um dos dois estiver nervoso ou mais afoito, isso pode prejudicar a percepção e o alinhamento entre os parceiros. Veja alguns exemplos:

1. "Achei que era normal/tranquilo. Nunca estive com uma mulher que não gostasse disso."

Louise está explorando sexo oral com o parceiro. Ela não tem grande experiência e não sabe muito bem como proceder, mas brinca delicadamente com o lingam de Pete na boca. Pete fica excitado, quer mais e está acostumado com mulheres que gostam de sexo oral. Ele pressiona a cabeça de Louise e força seu lingam a entrar mais fundo na boca e na garganta da parceira. Ela engasga, fica confusa e envergonhada; sente-se ultrajada e com nojo.

Louise não pôde estabelecer um limite para isso porque não tinha ideia de que havia sequer tal possibilidade. Por que um homem de quem ela se aproxima a trataria com tamanho desrespeito?

Pete se entusiasmou ao se excitar e repetiu comportamentos que aprendeu nos canais de TV pornográficos. Mas, naquele estado, esqueceu-se de se harmonizar com Louise e quis as coisas do seu jeito. Não tem ideia de como seu ato foi ofensivo e agora provavelmente ficará na defensiva.

Para que a experiência seja um aprendizado, Louise precisa se expressar com clareza, sem parecer moralista. Pete precisa dar atenção à mágoa e à raiva de sua parceira e se desculpar. Precisa se sentir no lugar dela, por mais desconfortável que seja, e entender o impacto que causou. Louise, por sua vez, precisa ter certeza de que ele a compreendeu, sentiu sua dor e aprendeu com a experiência. Ela pode confiar nele de novo, esquecer-se do incidente e não voltar a citá-lo com frequência.

2. "Não achei que ela falava sério."

Quando temos hábitos e expectativas comportamentais fortes, pode ser difícil ouvir o que realmente é dito. Costumamos ouvir o que queremos e descartar aquilo que não nos agrada ou não faz sentido. Veja alguns exemplos.

Não usar camisinha conforme foi combinado. Anna quer muito fazer amor com Joseph, mas ela deixou claro que ele tem de usar camisinha, presumindo que não seria um problema para ele. Joseph diz: "Ah, tudo bem", mas não leva a sério. Se tivesse ido mais devagar e prestado atenção ao que sentia quando Anna lhe pediu aquilo, ele teria dito algo do tipo: "Ah, meu Deus, agora fiquei nervoso. Você precisa saber que acho muito difícil manter a ereção com camisinha e a ansiedade só piora o problema. Não tenho muita experiência com camisinha e queria realmente que a gente desse certo. Gosto muito de você".

A partir daí, os dois podem ter uma conversa que inclua como foi importante para Anna ouvir isso, como Joseph se sente vulnerável e como os dois podem negociar. Poderia ser o início de uma intimidade profunda.

Em vez disso, Joseph se lembrou de como ele já havia se safado antes e a mulher, apesar de visivelmente chocada e chateada, aceitou a explicação de que a camisinha tinha escapado. Com Anna, Joseph pôs a camisinha e a "deixou" escorregar.

Quando Anna percebeu o que acontecera, ficou indignada na hora. Ela rompeu o relacionamento e fez um boletim de ocorrência de assédio sexual ou estupro.

Nem todos os homens ou mulheres percebem a gravidade desse tipo de decepção. Atualmente, as leis não são claras quanto ao ponto no qual a mentira e o engano invalidam o consentimento. Já que estupro é definido como penetração pelo pênis, parece que uma mulher mentindo sobre tomar anticoncepcional não constitui assédio. Seja qual for a situação legal, temos um imperativo moral de honestidade e respeito mútuos. Caso contrário, apenas usamos uns aos outros.

O ato sexual nos deixa em uma situação vulnerável. Se tentarmos nos proteger da vulnerabilidade e evitar esse desconforto, perdemos a chance de uma verdadeira intimidade e podemos enfrentar as consequências, além de uma vergonha profunda.

Se o aprendizado não ocorrer com delicadeza, pode provocar consequências severas até captarmos a mensagem. Joseph deveria ter levado mais sério o fato de sua namorada anterior ficar preocupada, poderia ter pensado no que fazia e por quê. A mensagem teve de vir de um jeito muito mais forte para ele ouvir. É realmente importante prestar atenção ao que a vida nos diz, assim não teremos de lidar com mensagens mais drásticas. A prática de escrever um diário pode nos ajudar a refletir e a estar com nós mesmos, ouvindo as mensagens que a vida nos sussurra.

"Não achei que ela falava sério. Da outra vez, estava tudo bem." Esses são certos tipos de toques. Sue e Rob estão entrando em intimidade física pela terceira vez. Sue é fisicamente muito sensível e pediu a Rob que não usasse uma pressão firme ao tocá-la. Ele já tinha feito isso, ela sentiu dor, mas não disse nada. Não queria aborrecê-lo. Rob a ouve, mas não acha que ela realmente quer que ele mude alguma coisa. Assim, procede como antes e, quando entra no clímax, ele aperta e torce com firmeza os braços dela, causando-lhe dor. Sue diz: "Ai, está doendo", mas Rob não para. Nesse ponto, Sue poderia ter dito: "PARE. Preciso que pare agora". Mas fica quieta, e depois se sente magoada e zangada. Rob fica confuso e tenta se justificar, dizendo que fizera aquilo antes e não sentiu que ela falava sério quando reclamou.

Ao abordar o assunto depois, Sue precisa deixar claro que aquele tipo de toque é doloroso e ela não quer senti-lo novamente. Talvez precise demonstrar. Talvez precise dizer que sabe que ele fez isso antes e não foi bom. Como Rob não deu atenção uma vez, ela precisa ter certeza de que a ouvirá agora. Ele precisa saber que ela está zangada e magoada. Depois da conversa, os dois devem desapegar, sem guardar rancor, pois do contrário erguerão uma muralha entre si.

É nisso que consiste o aprendizado a partir do erro. Para isso servem os erros. Se seu parceiro não consegue aprender e continua a repetir os mesmos equívocos, sem se importar com você, é hora de mudar de parceiro.

Além do Conhecido: Conversas Mais Difíceis

No começo de nossos relacionamentos sexuais, enquanto ainda estamos nos conhecendo, é comum explorarmos uma zona de relativa segurança na qual nos sentimos plenamente confortáveis. À medida que nos sentimos mais à vontade com conversas difíceis e nos abrimos para reconhecer as diferenças entre nós, arriscamos forçar os limites conhecidos de ambos. É um território arriscado. Podemos chocar ou enojar o parceiro com nossas sugestões, assim como poderemos excitá-lo. Claro que algumas coisas que nos deixam inseguros ou excitados podem ser comuns para a outra pessoa. Cada um de nós tem sua bagagem, experiência, programação cultural e conhecimento acerca da sexualidade. O que importa não é *o que* você faz ou o que os outros pensam disso, mas o fato de você e seu parceiro conversarem e abrirem um espaço entre os dois onde se sintam seguros para falar de assuntos que possam ser um território desconhecido ou até chocante para o outro. Isso exige respeito e capacidade de escutar, dos dois lados. Ambos os parceiros são vulneráveis nessa situação. Aquele que dá a sugestão não tem certeza de como ela será recebida e pode se prevenir contra raiva, nojo, recusa, rejeição ou vergonha. Para o ouvinte, a sugestão pode ser inteiramente nova, e talvez pense no que "deve" ou "deveria" fazer a respeito; pode se ofender, sentir medo de causar dor, ou cair na defensiva, ultrajado, e se afastar. É uma situação da qual muitos casais se esquivam. Evitar conversas difíceis não afasta as questões, apenas reduz a intimidade entre as pessoas e as impede de se revelarem uma à outra. Essa é uma situação que pode ser moderada:

- por nossa disposição para ir devagar;
- pela conexão com nós mesmos e nossa vulnerabilidade;
- pela observação de quais partes de nós assumem o controle quando nos sentimos vulneráveis;
- por nossa abertura para a vulnerabilidade, sem ficarmos na defensiva nem partirmos para o ataque;
- pela disposição de entrarmos na experiência do parceiro e ver o mundo sob a perspectiva dele, assim como pela nossa.

Quando nos sentimos inseguros, costumamos nos precipitar, falar depressa, ser mais assertivos do que deveríamos e menos ligados em nosso parceiro do que normalmente somos. Tudo isso atrapalha e torna as conversas mais difíceis. Desacelerar e respirar algumas vezes com calma são gestos que ajudam.

A boa notícia é que a prática dessas conversas desenvolve os músculos do entendimento e da confiança entre você e o outro; portanto, vale a pena conversar.

EXERCÍCIO: O QUE GOSTARÍAMOS DE EXPERIMENTAR

Você precisará de um parceiro para este exercício. Se não tiver no momento, encene com um amigo, só para praticar. Ou faça só a primeira parte e anote as ideias.

1. Anote algumas coisas que sejam ousadas para você, mas que gostaria de experimentar. Não se preocupe se acha que não são coisas normais para todas as pessoas, ou que elas ficariam chocadas. A ideia aqui é você descobrir o que gostaria de explorar e ainda não explorou. Pode ser o que você faz, como faz, onde faz, etc.

2. Descreva para o parceiro o que anotou e peça-lhe que faça perguntas a fim de entender bem sua ideia. Depois, vocês dois podem visualizar isso acontecendo. Fechem os olhos e falem do assunto no presente, imaginando que está acontecendo

> naquele momento. Deixe os sentimentos e as sensações brotarem. Se sentir que está sobrecarregado ou tiver alguma outra reação forte, diga PARE. Mesmo na imaginação, não é preciso se sacrificar.
>
> 3. Sentem-se juntos e conversem sobre a sua experiência. Esteja disponível também para escutar e compreender a experiência do parceiro, mesmo que seja totalmente diferente da sua.
>
> 4. Em algum momento, conversem sobre a exploração da experiência na realidade, diga como se sentiria, e o que seria preciso para você ter a sensação de segurança.

E se ele/ela disser NÃO?

Claro que, às vezes, você está vulnerável e fala sobre algo que quer experimentar, mas a outra pessoa fica horrorizada a ponto de dizer NÃO. Espera-se que ela diga NÃO de uma forma que não faça você se envergonhar ou desanimar de sugerir coisas novas no futuro. Enquanto pensa no NÃO que ouviu, será um bom momento para se lembrar da diferença entre um pedido e uma exigência. Se for uma exigência, a outra pessoa não tem permissão para dizer NÃO. O NÃO é uma resposta inaceitável. Se for um pedido, você aceitará qualquer resposta. É apenas informação. Pode até se decepcionar, mas tudo bem.

Exigências feitas como pedidos provocam brigas, conflito e mal-estar, pois a comunicação não é clara. Uma exigência efetivamente diz: "Quero isso e você vai me fazer isso/me dar isso". Por exemplo, você pode dizer: "Eu gostaria muito de usar brinquedos sexuais, como um vibrador, enquanto fazemos amor" ou "Gostaria que você me despisse de um jeito sensual antes de começarmos a nos tocar". São pedidos perfeitamente normais se você aceitar um SIM ou um NÃO. Pedidos de verdade. Se você se irritar com o NÃO, é uma exigência. Seu parceiro não "pode" dizer NÃO.

Há uma diferença entre um pedido e uma limitação. O pedido é para alguém fazer alguma coisa. A limitação é uma informação acerca do que você *não aceita*, e tem a ver com seu corpo. Por exemplo:

- Tenho uma limitação quanto ao sexo sem proteção. Só faço amor com camisinha.
- Tenho uma limitação quanto ao toque em meus seios. Não quero que você toque meus seios.
- Tenho uma limitação quanto a apertos no meu lingam. Não quero sentir isso.
- Tenho uma limitação quanto ao sexo anal. Não quero penetração pelo ânus.

Limitações não são pedidos. São informações que precisam ser reconhecidas, ouvidas e respeitadas.

Quando você explora uma nova possibilidade, é normal sentir insegurança e você precisará de um tempo para se acostumar. Não pense que precisa dizer um SIM ou NÃO claro logo que uma sugestão for feita. Passe algum tempo, com a outra pessoa ou não, explorando todos os seus sentimentos, ideias e pensamentos em torno da sugestão. Note se ouve vozes julgadoras dizendo: "Você não deve fazer isso", que podem vir de outras pessoas. Permita-se imaginar fazendo aquilo e preste atenção ao que o corpo fala sobre a experiência imaginada, principalmente se ocorrer uma sensação de entorpecimento ou dissociação. Esse é um NÃO claro de seu corpo. Descubra o que vem de você e onde se localiza. Talvez os dois estejam excitados e temerosos. E só porque você experimenta algo uma vez não significa que precisa fazer de novo se, por algum motivo, não quiser mais. A liberdade para explorar possibilidades, mesmo que só em conversa, abre um nível novo de desafio e intimidade.

Outro Tipo de NÃO: do Padrão Emocional

Outro cenário em que as pessoas dizem NÃO aos pedidos é quando ouvem todo e qualquer pedido como se fosse uma exigência. "Não dou isso só porque ela pediu." Já passei por tal situação. As mulheres podem ouvir mais esse tipo de NÃO, porque um homem se sente castrado só de receber o pedido. É como se a mera pergunta sugerisse que ele não é bom o suficiente.

Vale observar se você recebe um NÃO automático em resposta a qualquer pedido. É um sinal de que há algo em torno de como você se relaciona com seu próprio poder que precisa ser examinado.

EXPERIÊNCIA DE JAN: UM NÃO DEFENSIVO

Eu namorava um homem que falava com orgulho de ter dado uma massagem longa à yoni de uma (agora) ex-namorada, e que ela adorou. Parecia tão delicioso que fiquei com vontade de experimentar. E pedi. Ele inventou algumas desculpas e nunca me ofereceu a mesma massagem. Os meses foram passando e, por fim, resolvi explorar sozinha. Comprei um livro sobre massagens na yoni, aprendi e experimentei inclusive a ejaculação. Meu parceiro descobriu o que eu estava fazendo, ficou fascinado e quis aprender como me dar aquela experiência.

Orgasmo

Orgasmo é outro daqueles temas que podem ser difíceis de abordar, repleto de expectativas, fantasias e muita desinformação.

O tantra não tem a ver com orgasmos múltiplos ou sessões sexuais de oito horas. Trata do entrelaçamento de todos os aspectos da experiência, incluindo tudo o que surgir, para um aprendizado. Se aplicarmos esse conceito a uma exploração do orgasmo, veremos que, embora nossa experiência orgásmica ocorra naturalmente, ela pode ser bloqueada ou aperfeiçoada por diversos fatores. Antes de estudarmos esses fatores, vejamos se o orgasmo é sequer importante ou se é o objetivo mais relevante do nosso ato de amor. O que significa se não tivermos um orgasmo? Outro modo de abordar a questão é com esta pergunta: o que valorizamos em nosso ato de amor?

EXERCÍCIO: VALORES NO ATO DE AMOR

Nossos valores estão por trás de tudo, orientando nosso comportamento e nossas escolhas. Idealmente, examinamos e tentamos descobrir quaisquer valores arraigados (isto é, que nos foram implantados, mas não pertencem de fato a nós), exploramos valores conflitantes e o conflito é neutralizado na investigação. Temos valores que se aplicam à nossa vida de um modo geral, ou às amizades e aos relacionamentos, além daqueles que servem para todas as áreas da vida, inclusive o ato de amor. Se não explorarmos nossos valores, poderemos deduzir que "é assim que as coisas acontecem" e jamais perceberemos o que motiva nosso comportamento.

Em seu diário, sob o título "Valores no ato de amor", anote, no estilo de uma chuva de ideias (não como uma lista, mas com balões de pensamento espalhados pela página, por exemplo), tudo o que achar importante para fazer amor. Não se preocupe se algumas ideias parecem conflitar com outras. Releia as anotações algumas vezes, nos dias seguintes. Talvez perceba que as coisas mais importantes para você não vêm à tona imediatamente.

Exemplos de valores no ato de amor são:

Divertir-se

Ter prazer

Dar prazer

Aliviar a tensão

Sentir-se bem

Chegar ao orgasmo

Sentir-me
bem comigo

Meu parceiro
chegar ao orgasmo

Sentir conexão
com ele/ela

Ele/ela sentir
conexão comigo

Sintonia

Lentidão

Parece excitante

Presença

Relaxamento

Uma "rapidinha" às
vezes

Conexão mútua
maior

Só acontece
e por mais tempo
quando tenho tempo

Acontece com
frequência

É espontâneo

É planejado

É carinhoso

Meu corpo incluído

Meus sentidos ganham

Sentir meu coração conectado com o sexo

Sentir que é sagrado

Ato totalmente imersivo

Divertido e casual, nada demais

Ambos queremos

Recebo o suficiente

Não preciso controlar

Sentir que me agrada

Sentir que agrada a ele/ela

Sentir que tentamos novidades

Agora priorize os dez valores mais importantes, escolhendo, por fim, o mais importante de todos se tivesse de ficar com apenas um (o que obviamente não é verdade, não se preocupe). Depois, escolha o segundo, se tivesse de se restringir a apenas dois, e assim por diante, até escolher os dez mais importantes.

Releia a lista e pense o que é em cada valor. O que eles lhe dão, e que significado você atribui a cada um? Talvez o orgasmo esteja na primeira posição da lista, por exemplo. Pergunte-se: o que ganho com isso e qual é o significado real? Talvez descubra: *O prazer incrível é importante e percebo que me faz sentir muito bem. Significa que sou um bom ser sexual.* Ou: *O orgasmo me solta tanto que perco o senso de controle e me sinto uma pessoa plena.* Ou: *Prova que estou vivendo.* Ou: *Significa que meu parceiro me ama.* Ou: *Significa que minha parceira está sintonizada comigo.* Ou: *Significa que meu parceiro se sentirá bem.* Esse exame pode fazer você mudar a ordem de prioridade. Se atingir o orgasmo lhe dá a sensação de estar livre, talvez a liberdade, ou seja, o soltar-se, seja o valor mais importante. Ou se o resultado do orgasmo for os dois se dissolvendo um no outro, talvez a entrega nessa conexão seja o valor fundamental.

> Trata-se de uma exploração. Não há respostas certas ou erradas. É simplesmente um convite para examinar quais são as fagulhas que acionam seu ato de amor, se você nunca as explorou antes.
>
> Se você tem um parceiro atualmente, pode convidá-lo para a exploração e comparar o que é importante para cada um.
>
> Note se essa é uma "conversa proibida", pois pode expor diferenças. Se decidirem fazer o exercício juntos, combinem antes que entrarão nele com um espírito de curiosidade, a fim de descobrir o que é importante para ambos e detectar as diferenças.

Claro que é maravilhoso ter o prazer intenso do orgasmo. Claro que gostaríamos de senti-lo. Claro que queremos que nosso parceiro também sinta o mesmo prazer. Mas, se colocarmos o orgasmo como meta e sentirmos que falhamos ou que um dos dois não é bom o suficiente porque não o atingiu, afastamo-nos da conexão íntima e entramos no campo de dar ou receber prazer sexual. Nossa abertura, intimidade e disposição para estarmos presentes ao que acontece a cada momento são sacrificadas em troca do objetivo de prazer sexual, e nossa sexualidade adquire a energia da conquista. Nossa sinceridade também pode ser sacrificada, se sentirmos a obrigação de agradar e demonstrar que tivemos orgasmo quando não tivemos, ou se nos envergonharmos por não alcançar o clímax. A vulnerabilidade da presença a cada momento dá ao nosso ato de amor uma característica emergente que convida o sagrado. Se valorizarmos o orgasmo acima da intimidade, teremos prazer sexual, mas menos intimidade.

EXPERIÊNCIA DE PARTICIPANTE: LOKITA – ORGASMOS

Antes do Tantra Vivo, minha relação com o orgasmo era muito funcional. Se fosse um ato de autoprazer, eu estava focada em ter o orgasmo; não havia outro prazer, era o vibrador em meu clitóris, orgasmo em dez segundos, pronto, voltava aos meus afazeres. Bem funcional. Com um parceiro, ou não tinha nada demais ou era voltado para um objetivo: "Vamos tirar isso logo do caminho e, aí, posso me concentrar em você". Não havia muita ênfase em mim.

O que faltava era minha conexão com meu corpo e meu coração. Eu não percebia que o prazer não era necessariamente um orgasmo; é a capacidade de tocar a mim mesma, estar presente comigo, sentir e amar a mim mesma. Seria um passo enorme estabelecer uma conexão com meu corpo. No Tantra Vivo, aprendi a me amar e me aceitar, ser vista e me mostrar plenamente. Foi isso que me permitiu experimentar o autoprazer, não apenas forçar o orgasmo, não o ter como meta, e partir de um lugar de relaxamento, em vez de correr atrás do orgasmo.

O que aconteceu no Tantra Vivo, com os rituais de toque, foi que, quando cheguei a um lugar de entrega, confiança e permissão, o orgasmo não partia de uma contração; ele vinha do corpo inteiro; era um sentimento que permeava o corpo, de modo que extraía de mim lágrimas, riso, emoção, dor – o que estivesse em meu corpo. Ainda acontece hoje: quando estou em um lugar de entrega, plenamente aberta e relaxada, mesmo com um parceiro, terei uma liberação sexual e uma experiência com todo o corpo, e me livrarei de traumas, dores, risos nervosos, qualquer coisa, e entrarei em um contato puro com a existência.

Nunca tinha experimentado esse tipo de abertura do coração, tão dolorosa e bela ao mesmo tempo. Tinha pavor de entrar em meu coração e abri-lo para o amor e para amar. Quando pude me entregar e abrir meu coração, então foi lindo e carinhoso demais. Essas aberturas ainda acontecem hoje, nos momentos mais inesperados, e são doloridas.

Aconteceu pela primeira vez em um ritual de toque do Tantra Vivo. Eu tive três seres me olhando com puro amor, e me viam em minha beleza, minha plenitude, minha nudez, e eu era amada naquele lugar permitido... Só quando fui capaz de receber aquele amor, tranquila e aberta, comigo mesma que consegui abrir o coração para receber aquele amor. Doeu porque era lindo demais, uma dor doce, a dor de um amor quase excessivo; às vezes, é difícil recebê-lo justamente por ser doloroso e belo. Hoje, nos relacionamentos, se estamos em um momento realmente singelo, se me abro e permito a entrada do amor, ela simplesmente acontece. É quase assustador, como se mostrassem, ou me dessem, amor demais. Às vezes é até difícil respirar e permitir esse orgasmo entrar e sair.

Diversos fatores que nos levam a ter diferentes experiências de orgasmo

1. O efeito da expectativa/da programação (de que todas as pessoas são iguais, de que você deveria ter uma experiência específica)

A tensão da comparação, do julgamento e da expectativa atrapalha o fluxo natural da experiência. O conhecimento pode ser útil para revelar possibilidades e criar uma sensação de segurança. Entretanto, conheci muitas mulheres que se achavam "inferiores" porque, apesar de gostarem de sua experiência de amor, não tinham orgasmos vaginais, ou orgasmos plenos, ou cervicais, etc. Do mesmo modo, os homens ficaram prejudicados pela ansiedade de que deveriam ter uma ereção em determinado momento, atrasar a ejaculação, ter um orgasmo sem ejaculação, e assim por diante. Todas essas expectativas simplesmente criam tensão e fornecem ao crítico interior munições para atacar. Não levam à intimidade.

2. Relaxamento físico

EXPERIÊNCIA DE JAN

Uma das descobertas mais poderosas que fiz durante o ato de amor foi que o mero gesto de respirar lentamente e relaxar todos os músculos pélvicos me permitiu descontrair para intensificar, além de prolongar e expandir, minha experiência orgástica. Parece contraproducente porque a maioria das moças aprende, durante a masturbação, que para chegar ao clímax é preciso contrair todos os músculos. O relaxamento permite que as sensações se espalhem por todo o corpo e possibilita surfar em uma onda maior. Alguns homens me relataram o mesmo tipo de experiência.

---

3. Conexão emocional com nós mesmos

Quando limitamos nossa experiência emocional, restringimos nossa experiência física. O orgasmo é uma experiência de "libertar". Portanto, aquilo que nos segura, seja na musculatura, seja na vida emocional, limitará nossa experiência de liberdade. Quanto mais permitirmos a abundância do nosso caos interior, da nossa tristeza, felicidade, desespero, raiva, alegria, risos e lágrimas, maior será nossa experiência orgástica, com tudo incluído. Conter-se pode ser útil em muitas áreas da vida, mas não no ato de amor. Se não pudermos chorar, por exemplo, ou se não pudermos sentir raiva ou medo, não nos libertamos plenamente.

4. Conexão emocional com o parceiro

Nossos corpos nos conhecem. Eles sabem quando não nos sentimos seguros ou conectados. Nossos corpos falam conosco, mas nem sempre ouvimos. Às vezes, queremos nos sentir no fluxo de amor ou usar o sexo para criar conexão. O que acontece com frequência é que, depois, não nos sentimos bem, talvez até acabemos tendo infecções ou cistos, ou outro problema de saúde. De modo geral, se seu corpo não diz SIM, mesmo que a cabeça diga, você não terá uma experiência profundamente agradável. Mesmo que não consiga explicar, se fazer amor não parecer uma boa ideia no momento, preste atenção. Não precisa entender por quê.

5. Presença física no próprio corpo: nossa capacidade de captar as sensações dentro de nós

Inevitavelmente, no processo de viver, quando nos ferimos fisicamente, adoecemos, ficamos magoados, entramos em choque ou sofremos um trauma, algumas partes de nosso corpo se tornam entorpecidas para não sentirmos mais dor. Trata-se de um recurso útil do corpo para nos proteger de mais sofrimento do que podemos aguentar, tanto em nível físico como emocional. Todos nós temos um limiar diferente para a dor, e ele muda com a idade, a experiência, o apoio recebido, as experiências do passado e as circunstâncias mutáveis da vida. Portanto, esse entorpecimento não é errado. Porém se virar um hábito e nunca prestarmos atenção ao que está por baixo, ele pode limitar severamente nossa presença em nosso próprio corpo. Além disso, o simples fato de ter uma vida ocupada ou distraída significa que, se não nos conectarmos de modo consciente com o nosso estado físico, podemos facilmente nos transformar em uma cabeça carregada por um corpo. Ter uma prática regular de sintonia com o corpo, na intenção de escutar o que ele nos diz, é um ótimo apoio para nossa presença física.

Essa prática pode ser ioga, alongamento, Chi Kung, Tai Chi, corrida, caminhada, dança, bioenergética ou práticas posturais que desfaçam conscientemente velhos padrões de movimentos que causem dor. O toque terapêutico ou massagem também nos ajudam a recuperar a consciência do nosso corpo.

Além dos benefícios para sua experiência cotidiana, você verá que, quanto mais consciente estiver das sensações em seu corpo (desde que não sofra de dor crônica), mais revigorado e animado se sentirá. Na questão do ato sexual, o benefício é enorme, tanto para os homens quanto para as mulheres. A percepção sensorial e a sensibilidade às sensações que surgem durante o ato de amor aumentam o prazer sexual (e a dor, de modo que você saberá identificar o que não lhe serve). Para os homens, a percepção acentuada das sensações no lingam pode ajudar a ter e manter uma ereção,[14] assim como intensificar o prazer.

Enfim, a jornada pelo corpo vale o esforço!

> ## EXPERIÊNCIA DE PARTICIPANTE: PETER – APRENDENDO A CONFIAR NO CORPO
>
> *O toque me trouxe ao meu corpo. Tive de abandonar os velhos caminhos, já batidos, do orgasmo, sair do destino e não querer mais chegar a um local, e comecei a notar o que acontecia em meu corpo em diferentes momentos; larguei o guidão e deixei meu corpo ir para onde queria e o que queria fazer. Devagar, eu me dessensibilizei ao me permitir fazer isso. No espaço sagrado do tantra, tive alguns de meus prazeres mais sensuais e agradáveis.*

6. Presença

Quando menciono "presença", refiro-me a estar em nossa primeira intimidade, conectados com nós mesmos e sintonizados com o parceiro. Não isolados em nosso mundo interior, nem afastados dele, mas em conexão com esse mundo interior e com a pessoa que está conosco.

---

14. Um de meus alunos, Andrew Singer, desenvolveu um método em três estágios do uso da presença no corpo para aumentar a confiabilidade da ereção. Alguns detalhes desse método e os contatos de Andrew estão no Apêndice II.

Um estado de existência que poderíamos chamar de: "Estou aqui com você", no sentido mais profundo possível.

No Capítulo 2, exploramos a primeira intimidade, aquela extraordinária conexão com nosso eu. É fácil você se ocupar, mudar o foco para sua conduta, para o estado do seu parceiro, suas preocupações, medos e ansiedade. Mas, quando desacelera e se apresenta plenamente para si mesmo antes de tentar uma conexão com o outro, você tem a melhor chance de se experimentar plenamente no ato do amor.

Às vezes, quando nos vemos ocupados, distraídos, preocupados com algo, é bom fazermos a pergunta: "O que eu estaria sentindo agora se não estivesse olhando para o meu telefone, preocupado com a reunião de amanhã, tentando fazer seis coisas ao mesmo tempo ou pensando se meu parceiro está feliz?". Ou: "O que estaria acontecendo agora se eu não estivesse olhando para o meu telefone, preocupado com a reunião de amanhã, tentando fazer seis coisas ao mesmo tempo ou totalmente concentrado em pensar se meu parceiro está gostando?".

Isso também pode ser feito em retrospectiva, se você olhar para situações recentes em que perdeu aquele estado de: "Estou aqui com você", e notar o que a preocupação encobria. O que estaria sentindo e que evento estaria evitando?

O medo da intimidade pode se disfarçar de diversas maneiras e não é motivo para vergonha. A coragem de nos abrirmos para o estado vulnerável da intimidade é uma jornada de muitos passos pequenos, o primeiro dos quais é um simples reconhecimento e a percepção de nossos padrões.

7. Tranquilidade emocional

A tranquilidade emocional é a ausência de julgamento, de ojeriza ou da expectativa quanto ao que deveria ou poderia acontecer. Significa ser capaz de se abrir, dentro dos seus limites, para deixar que o ato de amor transcorra de forma natural, e estar emocionalmente presente na experiência. É difícil um relaxamento total na expansividade do orgasmo, se você achar que aquilo que estimula o prazer é nojento, vergonhoso ou sujo.

No entanto, dito isso, é importante observar que *pode* haver uma resposta física de prazer mesmo em circunstâncias terríveis como estupro, e isso costuma deixar a vítima com sentimentos de confusão e vergonha. Portanto, o fato de surgirem sensações prazerosas não significa que você esteja emocionalmente tranquilo ou que o evento seja bom.

A tranquilidade emocional também implica sua disposição para ser tocado de alguma forma durante o ato sexual. Há tanta emotividade no corpo, principalmente na yoni de uma mulher, que as emoções parecem brotar do nada. Quando deixamos esses sentimentos surgirem e os aceitamos sem a necessidade de transformá-los em algo dramático, permitimos o fluxo de energia em nosso corpo, e é esse fluxo que mantém o orgasmo.

8. O ambiente: a estrutura em torno do nosso ato de amor

Nossa atitude mental e o ambiente onde fazemos amor certamente afetam os resultados. Afetam a tranquilidade, a excitação e o modo de estruturarmos nossa experiência. Por isso, é bom prestar atenção e notar que, se negligenciarmos a atitude mental com a qual lidamos com o ato de amor e o ambiente que criamos para ele, inevitavelmente, afetaremos toda a experiência.

Imagine estes cenários:

- Ser despertada pelo parceiro, que está muito excitado e quer fazer amor antes de sair para o trabalho;
- Escolher conscientemente se deitar com o lingam dentro da yoni por 20 minutos antes de dormir;
- Fazer uma "rapidinha" depois do café da manhã, como uma forma de se conectar antes da agitação diária;
- Tomar um banho juntos, criando uma linda atmosfera com música, velas, óleos aromáticos e um calor suave. Permitir que a conexão e o ato de amor se estendam por horas;
- Entrar em um bosque com o parceiro e ambos ficaram altamente excitados. Fazer amor ao ar livre, sobre as folhas;
- Dizer SIM a fazer amor tarde da noite porque os dois não têm relação há várias semanas, e sentir que é seu dever;
- Dizer SIM a fazer amor tarde da noite mesmo que você esteja cansada, pois sua conexão é mais importante que qualquer outra coisa;
- Fazer amor quando os dois estão bêbados depois de uma festança;
- Fazer amor no sábado de manhã porque vocês sempre fazem isso;
- Combinar um dia e hora para fazer amor, estejam os dois excitados ou não.

Não há certo ou errado em nenhuma dessas maneiras de fazer amor. A ideia é simplesmente lhe dar uma amostra das diversas possibilidades, e de como você e o parceiro podem ser pessoalmente afetados por elas. Uma percepção do impacto do ambiente sobre os dois parceiros pode melhorar o resultado e lhes dar escolhas.

9. A fisicalidade de seu corpo em relação ao de seu parceiro e como isso afeta a estimulação física

É importante salientar que a forma dos nossos corpos, bem como eles se encaixam, faz uma diferença. Menciono isso principalmente para aliviar a pressão. Para algumas mulheres, a forma e a posição de seus ossos pubianos e órgãos sexuais facilitam o estímulo durante a penetração. Para outras, tornam tudo muito mais difícil. Não há nada que você possa fazer para mudar a forma de seu corpo ou do parceiro. Entretanto, é possível criar estimulação e excitação de outras maneiras. Isso se aplica especialmente ao estímulo clitoriano, mas também afeta a estimulação fácil que pode despertar na vagina. Cada pessoa é diferente, e cada corpo tem sensibilidade e beleza próprias. Se você se dedicar a descobrir o que estimula você e seu parceiro, fará uma jornada maravilhosa de beleza contínua. As comparações só atrapalham.

Capítulo 4

Abrir o Centro do Coração e Aprofundar a Intimidade

Abrindo o Centro do Coração

Nós falamos da abertura de nosso centro sexual para nossa sexualidade natural. No entanto, esse não é o único centro que precisa estar aberto se quisermos uma vida plena, incluindo todos os aspectos de nosso ser.

Há vários motivos para fecharmos ou protegermos nosso coração. Expor o coração não é apropriado nem útil em algumas situações. Necessitamos da escolha e da capacidade de integrar a energia do coração com todas as outras energias. Precisamos ser capazes de enxergar com clareza, assim saberemos quando é seguro escancararmos o coração, ou quando é melhor nos protegermos e agir com cautela. Enxergar com clareza depende de nosso instinto, do coração e da cabeça (incluindo nosso centro de intuição), para podermos ter um sentido integrado do que nos parece certo a cada momento.

Quando abrimos nosso coração para uma pessoa, em um relacionamento de amor, amizade ou familiar, abrimo-nos para a possibilidade de dor. De certa forma, é uma certeza de que haverá dor, pois, ao abrirmos o coração para alguém, corremos o risco da separação, da perda quando um dos dois vai embora ou morre. É inevitável, por causa de nossa mortalidade. Essa mesma mortalidade nos faz humanos, sensivelmente vulneráveis à perda, frágeis. Se nos envolvermos com essa vulnerabilidade e a aceitarmos, abrimo-nos para a compaixão, o carinho e o amor. Claro que também estaremos expostos à dor que vem dos conflitos, dos mal-entendidos, de expectativas irrealistas, esperanças frustradas, etc., que inevitavelmente nos expõem a nós mesmos e nos convidam a observar e aceitar o que somos de maneira mais plena.

Se tentarmos fugir disso e nos blindar de toda dor, sofrimento e perda, seremos menos que humanos. Essa é outra maneira de dizer que a dor, a tristeza e a perda fazem parte de nossa experiência humana e que não é errado sentirmos dor ou tristeza. Só quando nos abrimos para esses sentimentos é que o nosso coração desabrocha em amor, surge a empatia e aumenta a compaixão. Nós nos tornamos mais como o Coelho de Veludo, no livro de Margery Williams (*The Velveteen Rabbit* ou *O Coelhinho de Veludo*, 1922). Podemos amar e ser amados, no sentido real. Para desenvolver a empatia, precisamos aceitar e ficar confortáveis com nossos sentimentos, *estar* com eles sem manifestá-los. Assim, poderemos também sentir e estar com outra pessoa e com o que ela está vivendo, ressoando com ela, sentindo-a, captando sua humanidade. Quando dois parceiros reconhecem a humanidade um do outro, os corações entram em sintonia e se abrem naturalmente.

Criamos uma conexão de coração com parceiros românticos, amigos, familiares e até com pessoas que vemos por curtos períodos, quando podemos dizer:

"Estou disposto a sentir você".
"Estou disposto a lhe mostrar quem sou e deixar você me sentir".
"Importo-me com você".

PRÁTICA METTA

Uma antiga prática oriental para a abertura do coração é a Metta. Dizem que as pessoas do Ocidente que foram à Tailândia para aprender meditação receberam primeiramente alguns anos de prática Metta, preparando-se para poder meditar. A prática envolve quatro passos:

1. Desejar o bem a si próprio;
2. Desejar o bem a um mentor ou professor querido;

3. Desejar o bem a uma pessoa neutra que você vê com frequência (o carteiro, um comerciante);

4. Desejar o bem a alguém de quem você não gosta, um "inimigo".

Você simplesmente repete as frases a seguir diversas vezes, mentalmente. Também pode criar uma melodia e cantá-la em voz baixa, só para si.

Que eu esteja bem;

Que eu esteja em segurança;

Que eu esteja feliz;

Que eu esteja livre de sofrimento.

Você pode ficar um dia, uma semana, um ano ou mais com esse grupo de frases até se sentir pronto para dar o passo seguinte (pensando em uma pessoa que você ama, mas preferencialmente não um relacionamento romântico):

Que ele/ela esteja bem;

Que ele/ela esteja em segurança;

Que ele/ela esteja feliz;

Que ele/ela esteja livre de sofrimento.

Para essa experiência, recomendo usar cada frase por um período determinado (1-7 dias) e, depois, passar para o próximo passo. Observe o que acontece. O ideal seria você estar com a frase o tempo todo, repetindo-a inúmeras vezes, a menos que precise pensar em outra coisa.

EXPERIÊNCIA DE JAN

Percebi que, quando fechava meu coração para uma pessoa, ele se contraía também para todas. Não é fácil manter o coração aberto quando você guarda ressentimento e odeia alguém.

Aprendi a prática de Metta no centro de meditação Spirit Rock, mais ou menos 30 anos atrás. Fomos orientados a usar as palavras básicas como um alicerce e compor com elas uma canção, que cantaríamos para nós mesmos e também recitaríamos em silêncio enquanto caminhávamos pela propriedade, em meditação. Criei esta letra com as frases básicas e bolei uma pequena melodia. Ainda a canto sozinha, às vezes:

Que eu esteja em segurança e protegida de todo mal e de toda má intenção

Que eu esteja feliz e leve em meu espírito

Que eu esteja bem, que seja forte

Que eu esteja em paz e tranquilidade,

Que eu esteja livre de sofrimento.

(disponível em: <https://soundcloud.com/jan-day-1/may-i-be-safe-and-protected>).

Aquilo alimentou meu amor-próprio e o cuidado pessoal em um momento difícil de minha vida. As palavras ainda surgem facilmente e tranquilizam meu coração quando cantarolo a musiquinha. Descobri que, ao criar um amor mais profundo por mim mesma, pude amar e aceitar melhor os outros. Também me sosseguei mais plenamente e fui capaz de me livrar de muita angústia interior. Os transtornos interiores desapareceram. Minha vida tinha menos drama e mais espaço, simplicidade e beleza. Era ao mesmo tempo comum e extraordinária.

O único jeito de saber se funcionará com você é experimentando.

PRÁTICA DO PERDÃO

Aprendi a prática do perdão quando estive no centro de Spirit Rock, e ainda a uso. Ela é explicada detalhadamente em um livro belíssimo[15] de Jack Kornfield.

Praticamos o perdão primeiramente por nós mesmos, pelo simples motivo de que, se fecharmos o coração para qualquer pessoa, sentimos dor. Guardar rancor e não perdoar mantém nosso coração fechado. A prática de perdoar não é para a pessoa que precisa de nosso perdão, embora ela também se beneficie.

---

15. KORNFIELD, J. *The Art of Forgiveness, Lovingkindness, and Peace* (2002; Bantam, New York).

É vital distinguir entre perdoar uma pessoa e relevar uma ação. Perdoamos alguém em sua humanidade. Não precisamos relevar ações que causem dor e sofrimento.

Só passamos para o perdão depois de já experimentarmos todos os sentimentos que surgiram por causa das ações ou palavras da pessoa. Isso significa que provavelmente sentimos dor, raiva, tristeza, ultraje, embaraço ou rejeição. Se tentarmos nos proteger desses sentimentos desconfortáveis por meio de várias táticas astutas de defesa, nosso perdão será superficial. Não podemos perdoar totalmente enquanto não experimentarmos plenamente a dor causada, pois se defender contra o sentimento é apenas outra maneira de fechar o coração. A abertura para o sentimento pode levar algum tempo e, certamente, não precisa ser dramática. É como uma aceitação, ou a vontade de se abrir interiormente e sentir o que há lá dentro. A prática de escrever no diário é um bom modo de você se abrir lentamente para estar com seu mundo interior. Também pode ser feito por meio da dança, de meditações ativas ou do exercício físico, ou em círculos de discussão nos quais outras pessoas escutam sua história. Mesmo enquanto dá esse passo preliminar, você pode perceber que sua intenção é ir adiante e não se apegar às emoções, sabendo que seu destino é o perdão.

Quando você estiver pronto para iniciar a prática do perdão, como na maioria das práticas que exploramos, o essencial é saber que você pode ir devagar. O passo mais importante é o primeiro, que consiste em seguir na direção do perdão, tendo-o como objetivo. Talvez esteja longe do destino ainda, mas você estabeleceu o propósito. Agora, siga naquela direção, sem se preocupar se já chegou. Um dia chegará. A tarefa será cumprida.

A prática básica começa com o reconhecimento da universalidade do sofrimento e das ações que o causaram. É mais ou menos como reconhecer nossa humanidade compartilhada e notar que a pessoa que queremos perdoar não é o mal encarnado. Acho útil estabelecer uma duração, alguns minutos, em que você se sentará em algum lugar tranquilo, talvez com uma vela, e dirá algumas vezes, em voz alta e lentamente, as frases:

> Vejo que causei dor a (pode se lembrar de alguma pessoa específica), consciente ou inconscientemente, com palavras,

> pensamentos ou ações. Peço perdão pelo sofrimento que causei. Desculpe-me. Por favor, me perdoe. Peço que me deixe entrar novamente em seu cora*ção*. Vejo que causei dor a mim mesmo, consciente ou inconscientemente, com palavras, pensamentos ou ações. Sinto muito. Perdoo a mim mesmo. Deixo-me entrar novamente em meu coração.
>
> Assim como causei dor (cite o nome da pessoa que você quer perdoar) também me causou, consciente ou inconscientemente. Eu perdoo (nome da pessoa) e deixo-o/a entrar em meu coração novamente.
>
> Lembre-se de que a jornada começa com o primeiro passo, voltado na direção do perdão, como seu objetivo. Leve o tempo necessário.

Dar e Receber

Quando nosso coração está aberto, podemos sentir, mostrar-nos, ver e sentir os outros, dar e receber. Quando nos mostramos, abrimos a possibilidade de sermos amados e bem recebidos. Se não formos vistos nem conhecidos, como poderemos ser amados? Ver os outros nos dá a possibilidade de amá-los, valorizá-los e de nos importarmos com eles. Dar algo aos outros é uma abertura natural do coração, seja a *dádiva do* toque, palavras gentis, tempo e atenção, dinheiro ou apoio. Geralmente nos sentimos bem quando doamos. É um gesto que aumenta nossa sensação de bem-estar. Curiosamente, para algumas pessoas é muito mais difícil receber. Isso se torna evidente na hora de receber toque, atenção, elogio, dinheiro e apoio. Mas para quem nos doaremos se ninguém estiver disposto a receber? Note a diferença entre dar algo a alguém que recebe com alegria e uma pessoa que quer dar uma coisa em troca.

Osho dizia que os amantes têm tanto a compartilhar que só precisam dar, e são gratos quando seu amor é aceito, pois poderia ter sido rejeitado. Ele afirmava que os amantes, na verdade, eram pessoas gratas porque podiam transmitir sua energia de amor a outro, e que precisavam necessariamente de alguém a quem dar seu amor.

O equilíbrio entre dar e receber

Um espírito de orgulho pode nos prender na ideia de que dar é melhor que receber. Enquanto receber gera gratidão e um desejo de ser generoso, se recebermos demais de uma pessoa, poderemos nos ressentir, pois ficaremos em dívida e nos sentiremos culpados. Pode ser um peso. Portanto, há um jeito em que receber também é algo generoso. No campo do toque, isso fica evidente. Muitas pessoas são praticamente incapazes de receber toque sem dá-lo ao mesmo tempo.

Se dar e receber em um relacionamento se tornam uma questão de equilíbrio, um registro do que foi dado para que o recebimento seja o equivalente exato, então o gesto se desumaniza, fica transacional. Ser justo não significa anotar tudo em um livro fiscal, mas também não implica que você doe excessivamente para ter a certeza de que não está em dívida, ou que se doe para receber amor.

Eis alguns exercícios para você se conscientizar da troca entre dar e receber em seus relacionamentos. Talvez você perceba que se doa demais em algumas situações e resiste em outras. Ou que recebe com benevolência em certos contextos, mas não em outros. Tenha curiosidade. Descubra como você é nas ações de dar e receber.

EXERCÍCIO: COMO É O ATO DE DAR E RECEBER PARA VOCÊ

Use duas folhas de papel, cada uma dividida em duas partes. O título de uma é "O que eu dou" e o da outra é "O que eu recebo". Na primeira, escreva em uma coluna o que doa ao outro e quem é o outro, e na segunda coluna anote como se sente em relação a isso. Faça a mesma coisa na outra folha, mas escreva o que recebe e de quem.

Talvez precise fazer isso em estágios, retornando às folhas algumas horas ou dias depois, porque, à medida que você amplia o foco sobre o ato de dar ou de receber, poderá encontrar mais exemplos. Inclua as doações de toque, atenção, dinheiro, apoio, criatividade. O que você doa e para quem?

EXERCÍCIO: SER AMADO DE UM MODO REALISTA

Quando amamos e nos machucamos, parece que queremos uma armadura para nos proteger no futuro. Podemos endurecer o coração por medo de uma mágoa grande demais. Entretanto, quando levamos um golpe da vida, quando nos ferimos, tornamo-nos mais realistas. Nosso "verniz perfeito" desgasta, ficamos mais humanos e fáceis de ser amados.

Pense nas vezes em que você se sentiu golpeado pela vida e o impacto que isso lhe causou. Tente encontrar dez exemplos de situações nas quais se feriu. Veja se encontra algum benefício nelas e se, de alguma forma, a vida lhe deu um amor mais realista.

EXERCÍCIO: DAR E RECEBER TOQUE

Você pode fazer este exercício com um parceiro, ou amigo, homem ou mulher. Não é sexual nem precisa ser sensual. É apenas um exercício de dar e receber toque.

Toque com as mãos e estipule limites em áreas do seu corpo que você gostaria que fossem tocadas e outras nas quais não quer nenhum toque. Você poderá mudar os limites, se sentir que é necessário, mas tente estabelecê-los de um modo que você e a outra pessoa relaxem, concentrem-se no exercício e tenham contato com os sentimentos. O exercício tem três partes:

1. A pessoa A toca a pessoa B enquanto esta simplesmente recebe o toque.
2. A pessoa B toca a pessoa A enquanto esta simplesmente recebe o toque.
3. A e B se tocam ao mesmo tempo.

Note o que acontece dentro de você, se apenas dá o toque ou apenas o recebe. O que é mais fácil? Que sentimentos surgem em cada momento? O que acontece quando você e a outra pessoa dão e recebem ao mesmo tempo? Onde está o foco? Provavelmente perceberá que é mais fácil dar ou receber o toque. Tenha curiosidade quanto a esse detalhe.

Dar *versus* conquistar

Às vezes, pegar ou tomar à força se disfarça de dar. Nossa ação parece a de dar algo, mas, na realidade, é motivada por conquistar algo que ansiamos. Isso é fácil de perceber e sentir no campo do toque e do relacionamento. Você pode reconhecer tal ação como um sentimento de desconforto ou incômodo ao receber o toque de alguém, ou uma sensação de desespero e ansiedade quando você está tocando. Disfarçar o ato de conquistar como uma doação é um dos meios que usamos para manipular os outros a nos dar alguma coisa. A maioria das pessoas possui um jeito próprio de fazer isso, que acaba virando hábito. Pode ser sutil e, portanto, demora a ser descoberto. Um exemplo fácil é dar atenção para ter conexão física ou, o contrário, dar conexão física para ter amor.

Você pode aprender observando os outros e a si mesmo. Como consegue o que quer sem pedir abertamente?

Começamos a dar atenção a esse ponto no Capítulo 3, "Conhecer as Pessoas Como Seres Sexuais". Quando nosso coração se abre, ficamos mais conscientes de nossas necessidades e desejos, bem como das necessidades e desejos do parceiro. Se procedermos devagar, com o intuito de descobrir essas necessidades e desejos e de entender como são compartilhados, nós os expressaremos, agiremos com eles, enxergaremos com mais clareza a dinâmica de dar, receber e honrar (*ver* também no Capítulo 3, "Honrando a Si e ao Outro"). A dinâmica é fluida e não podemos achar que somos perfeitos. Além disso, há muita coisa que precisa de atenção de uma só vez; portanto, merece uma exploração específica. Mesmo que você não consiga ou prefira não fazer o exercício a seguir com outra pessoa, faça-o na imaginação; assim, poderá senti-lo melhor e se tornar mais perceptivo de si e dos outros.

EXERCÍCIO: DAR *VERSUS* RECEBER

Faça o seguinte exercício, com um parceiro ou na imaginação.

A pessoa A define limites (para não ser tocada onde não quer).

A pessoa B então pensa no que deseja. Se você for B,

use a imaginação para gerar um sentimento de querer. Em seguida, dentro dos limites estipulados, aproxime-se da pessoa A usando

> toque, linguagem corporal, os olhos, a expressão, o rosto ou palavras, tentando obter o que quiser dela. Dê mais atenção ao seu próprio desejo do que ao dela. Pode até coincidir com o que ela quer por acaso, mas energeticamente seu foco é: obter o que você deseja. Faça isso por uns cinco minutos, ou até a pessoa dizer PARE.
>
> Você, B, respire algumas vezes, balance o corpo ou mexa-se um pouco. Aproxime-se novamente da pessoa A, porém dessa vez seu foco será nela. Sintonize-se com ela, sinta-a, mas continue ciente de seus próprios desejos e necessidades. Você precisa se manter conectado consigo para não se sacrificar e dar mais atenção ao que lhe é confortável e, assim, forme uma conexão para se sintonizar com a pessoa A. Você precisa estar nessa harmonia com ela e senti-la para captar o que ela gostaria e apreciaria, o que você pode dar generosamente que a louve e a reconheça naquele momento, que respeite o lugar em que ela se encontra. Provavelmente, a sensação será como de um derramamento de amor e de consideração pelo outro. Uma sensação de generosidade. Energeticamente, o sentimento será diferente mesmo que as ações sejam semelhantes. Faça isso por uns cinco minutos ou até a pessoa A dizer PARE.
>
> Sentem-se e conversem sobre como se sentiram em cada parte. Agora, invertam os papéis e repitam o exercício.

Lembre-se de que a ideia não é fazer tudo "certo", e sim você aprender a respeito de si mesmo. Ao se abrir para a vulnerabilidade à qual o exercício convida, para o compartilhamento total de sentimentos e experiências, você já abre o coração para tocar e ser tocado pelo outro em um nível emocional.

Às vezes, dar se disfarça de receber. Alguém nos toca de um jeito como se estivéssemos recebendo o toque. Mas é possível que estejamos generosamente dando à outra pessoa a dádiva de nos tocar e gostando muito disso. Não nos sacrificamos, mas o toque não é um presente para nós. Dar permissão para o outro nos tocar é, na verdade, o presente que lhe damos. Note que não há certo ou errado aí. É uma questão de percepção, de saber o que estamos fazendo e agir com consciência. Se percebermos que damos generosamente mais do que recebemos ou nos colocamos na posição vulnerável de pedir o que queremos, cabe uma investigação do que há por baixo de tudo isso. Somos dignos de pedir e conseguir aquilo que desejamos? É assustador demais pedir, se a resposta for "não"? É desconfortável realmente receber?

Alimentando o Amor e Construindo um Corpo de Amor

Quando amamos, é como se criássemos um campo energético, um corpo energético. A energia física não pode ser criada, apenas transformada entre energia e matéria. A energia do amor funciona de um modo diferente. Não há um suprimento finito. Talvez o propósito mais nobre da vida humana seja o de criar amor. Se amamos nossa família, um parceiro, um professor, um amigo, um estranho, um animal, a Terra, Deus ou o cosmos inteiro, quanto mais amarmos, mais nos supriremos de amor. Quanto mais amor dermos, mais teremos. Enquanto avançamos da infância à idade adulta, aprendemos diversas formas de amor. Aprendemos a nos proteger da dor à qual o amor inevitavelmente nos abre, e depois aprendemos a nos abrir além de nossas defesas e amar ainda mais. Aprendemos as complexidades do amor, a impetuosidade do amor, a inocência do amor, a força do amor, a totalidade do amor; aprendemos como nos ferimos diante do amor e que mesmo essa ferida nos abre para ainda mais amor. Aprendemos a amar mesmo na presença da escuridão, amar sem limites. Porque essa é a nossa jornada humana. Onde quer que estejamos nessa jornada de aprendizado do amor, mesmo nos momentos mais confusos, não podemos evitar seu toque.

Se isso parece ou não se aplicar a você, sua experiência pessoal é o que mais importa. No decorrer da vida, você criou um Corpo de Amor a partir de suas ações, pensamentos, desejos. Muitos pesquisadores relatam que a observação de um ato de gentileza comprovadamente afeta as pessoas de um modo positivo, dando-lhes um sentido visceral de bondade, calor humano e conexão.

No decorrer de um relacionamento, construímos um Corpo de Amor entre nós que pode nos acalentar, estimular e apoiar quando recorremos a ele. Esse Corpo de Amor nos lembra de que somos mais que dois "eus". O amor sustenta a aventura do relacionamento, formando um receptáculo que nos convida para mais possibilidades de crescermos. Nosso Corpo de Amor se desenvolve durante toda a nossa vida, independentemente de termos ou não um relacionamento. Há uma maneira de pendermos para ele que faz o Corpo de Amor crescer, enquanto desenvolvemos o amor-próprio, o amor pelos outros, por nossa comunidade, nosso mundo, a natureza e a própria Terra.

EXERCÍCIO:
EXPLORANDO NOSSO CORPO DE AMOR

1. Escreva uma lista ou faça um mapa mental de todas as pessoas e coisas que você ama. A quem ou a que você sempre deu amor na vida? Como fez isso? Como se sentiu?
2. Comece uma lista de músicas que lhe tocaram o coração, deram-lhe uma sensação de calor e conexão. Por exemplo: "Anthem", de Leonard Cohen; "Om Shree Matre", de Krishna Das; "Rhythm of Our Hearts", de Peter Makena; "Life is Only for Love", de Asha; "Heal Me with Your Love", de Sophia; "This Place", de Tim Chalice"; "Jai Ma", de Goma; "Temple of My Heart", de Kevin James; "Embrace Me", de Lost at Last.
3. Comece uma página em seu diário com atos de gentileza que você testemunhou. Note como se sente só de se lembrar deles. Aos poucos, aumente a lista. Observe os sentimentos e as sensações físicas, enquanto faz isso. Note se seu comportamento muda com a família, os amigos ou colegas depois.
4. Faça uma lista de livros com histórias que tocaram seu coração. Inclua contos inspiradores e poemas aos quais você possa recorrer facilmente, quando sentir que precisa de um estímulo.

Assim como a literatura erótica pode excitar seu centro do sexo, ler contos e poemas emocionantes pode ativar e abrir seu centro do coração.

Veja como se sente enquanto faz algumas partes deste último exercício. Talvez seu coração esteja ferido e queira se abrir. Talvez a dor ali dentro seja muito intensa agora. Você consegue ser gentil consigo sem se fechar por causa da dor? Como é essa gentileza? Assim como a prática Metta se volta para a própria pessoa, desejando para si o bem e construindo amor-próprio, também os atos de gentileza e amor dirigidos a ela mesma suavizam e abrem um coração pesado ou ferido.

Amar a si mesmo pode ser muito desafiador para muitas pessoas. Cuidado com a tentação de dizer "eu não mereço...", e note o impacto sobre você e seus relacionamentos quando trata a si mesmo com gentileza.

Amar a si mesmo pode ser o mais desafiador para muitas pessoas. Esteja ciente da tentação de dizer: "Eu não mereço...". Observe o impacto que isso tem sobre você e sobre seus relacionamentos com os outros, a partir do momento em que você se trata com bondade.

EXERCÍCIO: ATOS DE AMOR-PRÓPRIO

Faça uma lista de coisas das quais você gosta principalmente (mas não só!) quando sente mágoa, fragilidade ou sofrimento. Escolha itens que levantem seu espírito, tragam inspiração, e não indulgências que provoquem algum mal-estar depois. Pode parecer gentil permitir-se comer um pote inteiro de sorvete, mas provavelmente foi a criança que escolheu isso. Faça a lista de acordo com a perspectiva da sua gentilíssima mãe interior. Por exemplo:

- Um vaso de narcisos;
- Uma bela rosa vermelha;
- Escutar um de meus mantras favoritos;
- Uma bolsa de água quente na cama;
- Caminhar no bosque;
- Um tempinho em silêncio, sem companhia;
- Cozinhar minha comida favorita;
- Dançar ao som da minha música favorita;
- Um tempinho debaixo das cobertas, lendo um livro;
- Observar os pássaros;
- Ligar para um amigo e rir de coisas bobas.

Faça uma lista longa e experimente se presentear com um item da lista por dia.

Outra maneira de muita gente não ser gentil consigo mesmo é deixar de reconhecer o próprio sucesso ou bondade. O exercício seguinte consiste em desafiar a frase: "Nunca fui bom em nada". Aborda o reconhecimento do que você fez e de quem é. Quando se aprofundar nisso, meu conselho é pedir a outras pessoas que lhe digam o que veem; em seguida, acrescente as informações à lista.

> ## EXERCÍCIO: AMOR-PRÓPRIO
>
> Faça um mapa mental ou uma lista de tudo que você ama ou gosta em você. Inclua seus traços, sucessos, desafios vencidos, realizações, suas forças, aspectos de sua aparência física – tudo que consiga amar ou gostar em sua pessoa. Consulte a lista regularmente, construindo uma imagem de si como um ser humano amável. Inclua as coisas grandes e as pequenas conquistas. O que você ama em você?

Gratidão

A prática da gratidão toca e abre o centro do coração. Até mesmo uma prática diária muito simples no decorrer de algumas semanas tem um efeito duradouro comprovado sobre a variabilidade da frequência cardíaca, além de fortalecer o sistema imunológico e a saúde mental.

> ## PRÁTICA BÁSICA DE GRATIDÃO
>
> No fim do dia, anote cinco coisas pelas quais sente gratidão. Faça isso todos os dias por um mês. Preste atenção a qualquer impacto em seu bem-estar. É realmente simples, mas não subestime o poder dessa prática.

Para aprofundar a prática, podemos explorar o que atrapalha o reconhecimento e a gratidão. O que nós não valorizamos, ao que nos apegamos, o que nos vicia e o que julgamos merecer? De certa forma, esses pontos erguem uma muralha em volta de nosso centro do coração, limitando nossa disponibilidade para reconhecer quanto dependemos dos outros, das nossas comunidades e desta Terra. As coisas às quais não damos o devido valor nos protegem da nossa vulnerabilidade à perda delas e reduzem nossa capacidade de apreciar a vida plenamente, com tudo que ela nos dá.

A menos que nós mesmos ou alguém que amamos enfrente doença e morte, geralmente não damos o devido valor à vida, em menor ou maior grau. Presumimos que estaremos vivos amanhã, na semana que vem, daqui a um ano. Na adolescência, podemos achar que somos quase imortais. O confronto com a morte nos traz uma percepção mais nítida do dom da vida. De repente, percebemos como a vida é frágil, e nesse momento a beleza e o valor dela se destacam. A gratidão e o desejo de usar plenamente essa dádiva preciosa brotam de maneira espontânea.

Quando nos atentamos aos nossos apegos, vícios, direitos e tudo aquilo ao qual não damos o devido valor, descobrimos quanto a vida nós dá a cada momento. A gratidão e a valorização oriundas dessa descoberta abrem o centro do coração profundo e nos trazem mais contato com a vida por inteiro.

Apegos são naturais e até necessários. É a nossa falta de percepção deles que causa a retração que limita nossa abertura para a vida. Portanto, podemos usar esse questionamento para trazer consciência a todos os aspectos da nossa existência e abrir-nos mais amplamente para a experiência dela.

Claro que, à medida que nos abrirmos mais profundamente para a vida, sentiremos mais dor, tanto em nós mesmos quanto à nossa volta. Estaremos mais cientes do sofrimento e veremos as consequências da nossa cegueira, bem como da cegueira coletiva. Veremos os resultados de tudo aquilo ao qual não damos o devido valor e o sofrimento que vem disso. Também sentiremos mais alegria, mais prazer, mais conexão. Nossas prioridades podem mudar se enxergarmos o que realmente é importante para nós, para nossas comunidades e nosso mundo. Apesar de sentirmos mais dor e tristeza, nossa capacidade de ficarmos firmes e presentes aumenta, pois lentamente nós nos abrimos para sentir e enxergar melhor. Sentimo-nos maiores.

EXERCÍCIO: O QUE EU SUBESTIMO?

Você pode fazer este exercício só anotando no diário ou falando com um parceiro.

Observe o que acontece dentro de você no decorrer deste exercício. Reflita acerca das pressuposições que tem da vida, sobre o que é dado, aquilo que você acha que está apenas lá e ao que mal presta atenção.

Sozinho, escreva:

Eu não dou o devido valor a...

E complete a frase. Quando terminar uma frase, leia em voz alta ou reescreva: "*Eu não dou o devido valor a...*" e complete. Programe um cronômetro para aproximadamente dez minutos e crie mais frases.

Se trabalhar com um parceiro, ele deve dizer: "Diga-me uma coisa à qual você não dá o devido valor", e você responde. Depois, a pessoa repete: "Diga-me uma coisa à qual você não dá o devido valor", e assim por diante, por uns dez minutos. Agora, invertam.

No fim, observe como está se sentindo e diga ao parceiro ou anote no diário tudo o que percebeu.

Exemplos de coisas às quais não damos o devido valor:

- Saúde;
- Alimento;
- Recursos como água limpa e ar;
- Eletricidade;
- Abrigo;
- Família, principalmente os pais e seu amor e apoio;
- Árvores;
- Insetos.

EXERCÍCIO: TRAZENDO CONSCIÊNCIA AOS NOSSOS APEGOS

Este é semelhante ao exercício anterior, mas o foco agora é aquilo a que você se apega. Podem ser pessoas, comportamentos, seus ou dos outros, certos luxos, acesso a certos bens ou serviços, qualquer coisa que você ache necessária para manter sua identidade. No ponto extremo, incluem-se os vícios. Qualquer coisa que você sinta que não deve mudar.

> Siga as orientações do exercício anterior. A frase inicial é:
>
> > "Sou apegado a... / ... é uma coisa que não quero mudar". *Ou*
> > "Diga-me uma coisa à qual você se apega".
> > "Diga-me uma coisa que você não quer mudar de jeito nenhum".
>
> A repetição da frase tem o objetivo de manter sua mente focada entre uma resposta e outra.
>
> No fim, preste atenção ao que está sentindo e percebendo. Veja se algo mudou em relação ao que você se apega.

Podemos nos apegar a um estilo de vida específico, um emprego, um amante ou parceiro, determinado estilo de roupa, refeições em um restaurante favorito, estar com boa saúde, ter habilidade para correr, andar ou carregar peso, boa memória. Podemos também estar apegados a determinadas liberdades, atividades ou alimentos. Isso nada tem a ver com certo ou errado. É apenas importante você ter consciência dos seus apegos, do que acha que são seus direitos e do que causaria sofrimento se não existisse mais. A consciência dos nossos apegos é algo que toca o coração e convida para o reconhecimento e a gratidão. Quando nos conscientizamos dos nossos vícios, somos capazes de valorizar a vida em si ou o apoio e o poder de abandonar um vício.

Gratidão por alguém que nos causou dor

É fácil ser grato pelas alegrias, pela bondade, pelas pessoas ou coisas que nos apoiaram. Entretanto, a vida também traz muitos desafios na forma de pessoas, mudanças de saúde, trabalho, estilo de vida, governo ou comunidade. Alguns dos piores desafios podem se converter nas maiores bênçãos, impulsionando-nos para a mudança e o crescimento, longe do *status quo*. Por mais desconfortáveis e até dolorosos que sejam esses desafios, eles nos moldam, e por meio deles encontramos uma conexão mais profunda com nós mesmos e com toda a vida.

Mesmo quando a vida nos dá experiências dificílimas, nossa disposição para estruturá-las em uma narrativa coerente da nossa existência nos permite seguir em frente, encontrar resiliência, receber cura e até encontrar dádivas nessas experiências.

"I Had to Seek the Physician" (Precisei procurar o médico), *de Kabir*
Precisei procurar o médico
por causa de uma dor que este mundo
me causava.

Mal pude crer no que aconteceu quando lá cheguei...
Encontrei meu
Mestre

Antes de eu sair, ele disse:
"Quer uma pequena lição de casa?"
"Sim", respondi.

"Bem, então experimente agradecer a todas as pessoas
que lhe causaram dor.

Elas o ajudaram
a me encontrar."

Sinceridade, Vulnerabilidade e Carinho

É sempre correto dizer a verdade (toda a verdade e nada mais que a verdade)?

Franqueza total = intimidade total?

Coragem e carinho são duas das qualidades do coração. Às vezes, essas qualidades parecem conflitantes, apontando para direções diferentes. Nesses momentos, apelamos para a nossa mais profunda disposição para nos sintonizarmos com a situação de forma sincera quanto aos nossos sentimentos e compassiva com nossos parceiros.

Quando revelamos algo a nosso respeito, ficamos vulneráveis e, ao mesmo tempo, disponíveis para receber amor e conexão. Será que isso significaria, portanto, que, se quisermos ter intimidade com uma pessoa, devemos revelar tudo a ela e ser totalmente transparentes quanto ao nosso passado, nossos pensamentos e sentimentos? Resposta curta: não. Desconfio, porém, de que alguns discordarão de mim. Tem havido um movimento nos últimos anos que incentiva a pessoa a ser corajosa e contar tudo, independentemente das consequências. Tendo testemunhado o efeito posterior dessa atitude, creio que uma abordagem mais cautelosa seja mais carinhosa. Entretanto, esse carinho deve ser bem dirigido. Estamos preocupados com o outro, que talvez não aguente ouvir o que diríamos, ou apenas nos protegemos com uma desculpa para não ficarmos vulneráveis nem experimentarmos sentimentos que resultariam da revelação? Será que nosso carinho é exagerado?

Essa reflexão é semelhante ao modelo de crescimento do bolo em camadas (*ver* Capítulo 1). Na camada mais baixa não acontece muita coisa (intimidade, risco ou conexão). Somos cautelosos demais e podemos ter medo de sentimentos que não apreciamos em nós mesmos nem no outro, ou nos tornamos superprotetores.

A camada do meio é suculenta, cheia de creme e geleia. Nela há carinho, coragem, vulnerabilidade e desafio suficientes para sustentar a intimidade e a conexão, mas não tanto que nos sufoque, que não nos permita recuperar o fôlego ou processar a informação e os sentimentos. Na coragem cega, no risco impensado ou insensível, entramos em uma zona onde um dos dois se retrai, a conexão se rompe e precisamos retificar a situação. Quando um de nós age com coragem cega, acaba catapultando a si ou a outra pessoa com quem interage diretamente para a camada superior do bolo.

Isso se aplica também à noção de revelar opiniões, correr o risco de dar alguma informação de como vemos o outro; às vezes, essas revelações são bem-vindas, mas nem sempre.

Experimente dizer a uma amiga o que acha do vestido novo dela ou do novo corte de cabelo. Talvez ela valorize sua opinião, mas pode não gostar do que vai ouvir; aliás, dependerá também do estado emocional da pessoa, no momento. Parece digno e corajoso dizer a verdade, mas quem lucrará com ela? Será que pode causar sofrimento? Nesse caso, é um sofrimento útil e bem-vindo? Não há uma resposta clara. Às vezes, queremos ouvir informações sobre nós e, mesmo que sejam dolorosas, sentimo-nos gratos porque alguém teve a coragem de passar. Outras vezes, quando não estamos emocionalmente estáveis, precisamos mais de palavras de incentivo do que de *feedback*. Sondar antes de falar é um ato de gentileza e carinho.

Pode parecer óbvio quando falamos de nossas opiniões ou percepções acerca de outras pessoas (o que, aliás, revela muito de nós também), mas e quanto a falar sobre nós mesmos, revelando nosso passado, nossas ações, pensamentos e sentimentos? Embora essas revelações sejam menos delicadas do que compartilhar opiniões e julgamentos, também podem ser sufocantes. O segredo é ir devagar o suficiente para poder corrigir quaisquer erros que você possa cometer. As polaridades são situações do tipo "os dois/e". Se as convertermos em escolhas "um ou o outro", excluímos informações essenciais e limitamos nossa compreensão e o modo de lidar com a vida. É outra maneira de observar o mundo para incluir o máximo possível de informação.

As polaridades aqui são:

Ter coragem _____ ter carinho
Revelar tudo, a qualquer custo _____ tomar cuidado para não virar o barco e ferir os sentimentos do outro

Duas das qualidades do coração são a coragem e o carinho. Se pendermos demais para uma direção, excluiremos a outra. A maioria das pessoas, dependendo de sua estrutura e personalidade, prefere uma ou outra polaridade, identifica-se com ela e até argumenta que é a "certa".

Voltamos aqui ao princípio tântrico de trazer consciência a tudo e incluir tudo. Com coragem demais arriscamos a exclusão do carinho. Carinho demais sufoca nossa coragem. Precisamos incluir as duas. Se soubermos para qual polaridade pendemos, seremos mais sinceros com nós mesmos e desenvolveremos nossas habilidades, ações e pensamentos para incluir a outra.

Conexão com Amor em Diversas Formas

Já exploramos a Terapia das Partes e os diferentes usos dela. A Terapia das Partes é um modo eficiente de notar o impacto de partes de nós que assumem o controle, com as quais nos identificamos, além de descobrir quais permaneceram ocultas ou foram rejeitadas. A conexão com as partes, incluindo as vozes transcendentais, que falam a partir do amor, ajuda-nos a acessar nossa sabedoria interior e nos dá uma perspectiva mais ampla de uma situação, principalmente quando algumas partes mais desafiadoras guardam sentimentos difíceis para nós.

Existem três partes diferentes ou vozes que podem nos aprofundar cada vez mais no amor: Ser Compassivo, Corpo de Amor e Amor Puro.[16]

Seu ser compassivo ou imagem compassiva: recebendo amor

Há mais de uma maneira de acessar esse ser, que pode ser uma pessoa, uma criatura, uma árvore, uma montanha, qualquer coisa que represente a qualidade da compaixão e que lhe pareça sábia, gentil, carinhosa e compassiva. Para algumas pessoas, basta se imaginarem diante de uma porta aberta e o Ser Compassivo está lá para recebê-las. Já para outras, um aparecimento mais lento do ser a partir da imaginação é mais poderoso. Se você usar a imaginação, é bom acessar o maior número possível de qualidades sensoriais até encontrar a imagem mais poderosa. Você pode não ter uma imagem visual clara, com uma forma reconhecível, mas talvez tenha uma noção forte, além de uma cor ou som. Quanto mais elementos sensoriais incluir, mais forte será a imagem. Imagine como cada uma dessas poderosas qualidades está mais bem representada por cor, tom de voz, jeito de olhar para você e o seu jeito de olhar para ela. Pode parecer uma presença energética, movendo-se ou parada em determinada posição; pode ter um gênero ou não; pode ser jovem ou velha, grande ou pequena. É a sua imagem. Experimente o que lhe dá as mais fortes impressões de ser recebido com compaixão.

Seu corpo de amor: acessando o amor pessoal

Você conseguirá acessá-lo se colocar um objeto representando seu Corpo de Amor (por exemplo, uma vela, um cristal ou uma foto) na sua frente e com uma almofada entre os dois. Agora, fale com seu Corpo de Amor para lhe dar substância e reconhecimento. Ele está lá; e esta é apenas uma forma de abordá-lo e focá-lo. Saiba que você está conversando com um corpo sutil de energia de amor, que foi criado por você

---

16. Baseei-me em ideias de três obras diferentes. Você poderá ler mais a respeito nestes livros: (1) sobre o Ser Compassivo: *The Compassionate Mind* de Paul Gilbert (2010; Constable, London); (2) sobre o Corpo de Amor: *How to Make Your Relationships Work* de Anne Geraghty (2007; Collins & Brown, London); (3) sobre o Amor Puro: *Big Mind, Big Heart* de Dennis Genpo Merzel (2007; Big Mind Publishing, Salt Lake City, UT).

na vida por meio de cada uma das suas expressões amorosas. Pode ser o amor demonstrado por seus pais, amor por um parceiro, um professor, amigo, ou por toda a humanidade, a Terra, pelos animais. Inclui seus modos de falar, pensar e agir. Os menores e os maiores gestos. O mero reconhecimento desse corpo sutil de energia criado por você já é poderoso. Contemple-o e sinta como desenvolveu sua força no decorrer de sua vida. Posteriormente, esse contato facilitará o seu gesto de se sentar na almofada e falar a partir daquela parte de você (veja o exercício a seguir).

A voz do amor puro: acessando o amor transcendental

Essa é uma voz ou parte mais transcendental. É a voz do amor incondicional por todas as coisas. Não há nada que ela não ame. Entrar nessas partes requer uma disposição para se desligar temporariamente da personalidade e identificar-se com algo muito maior que seu eu normal. É uma perspectiva que a maioria de nós não escolhe, mas nem por isso ela se torna inacessível. Você simplesmente pisa em uma almofada representando o amor incondicional e observa o mundo a partir dela, sabendo que vê tudo sob o prisma do Amor Puro. Você pode descer da almofada quando percebe que desviou para outra parte. Pratique o olhar a partir do Amor Puro, focando o corpo e não a mente. Não se pode pensar no caminho até ele: você entra e observa dali a aparência do mundo. É uma prática que vale a pena, pois, em momentos mais desafiadores, quando de fato precisar, você poderá acessá-la prontamente.

EXERCÍCIO: OLHANDO SOB A PERSPECTIVA DO AMOR

Você pode usar este exercício depois de explorar uma situação desafiadora com a Terapia das Partes.

No fim da exploração, sente-se em uma almofada que represente o Ser Compassivo e veja o que ele tem a lhe dizer. Receba o amor, o carinho, a sabedoria e a força desse Ser.

Depois, fale com o Corpo de Seu Amor e sente-se naquela almofada; ouça o que ele tem a lhe dizer.

Por fim, sente-se na voz do Amor Puro e veja o que ela tem a dizer.

EXPERIÊNCIA DE PARTICIPANTE: PETRA

Neste exercício, surgiam imagens e vozes falavam. Lembro-me de sentir como se o amor preenchesse o meu corpo e, no terceiro estágio, sentia-me transbordando de amor.

Se eu entro em contato com as vozes agora, é isto que elas dizem:

1. *Minha Imagem Compassiva é uma gaivota em voo livre, observando as coisas lá do alto. Ela vê o panorama geral. Por fim, pousa em meu ombro e eu pareço um elfo dos bosques ou talvez uma fada. E noto que essa imagem minha também é meu Ser Compassivo. Ela pode assumir múltiplas formas e até se transformar em uma árvore ou montanha, sentindo-se firme, respirando em harmonia com tudo o que existe, que existiu e ainda existirá. Agora é uma combinação entre a gaivota e eu e, quando ela se aproxima de mim, gaivota sobre o ombro, ela sorri e diz: "Tudo o que escolher estará certo e você não precisa se preocupar. A dor que às vezes sente é para você enxergar mais fundo. E não há problema se falhar em alguma coisa, pois é apenas uma peça do quebra-cabeça". E a gaivota ri e diz: "Pode se divertir! Você pode mesmo. Está tudo pronto para você aproveitar o caminho. E divirta-se, pois a diversão faz parte, também". Era uma coisa muito pessoal. Identifiquei-me facilmente com ela. E parecia também muito presente.*

2. *O Corpo de Amor. Você deu tanto amor na vida. Com tudo o que faz, todos os seus sorrisos, pelo simples fato de você entrar em um local e mudar sua atmosfera. Quantas festas de aniversário você animou e acompanhou, quantas pessoas sorriram quando você doou seu físico, tantas e tantas vezes? Quantos animais gostaram do seu toque e da sua brincadeira, quantas plantas cresceram depois de serem regadas por você? Quantas vezes você recebeu um sorriso adorável, encorajador, sensual, caloroso ou até mesmo tímido? Pode dizer. Quantas vezes alguém abraçou você com amor? Quantas*

vezes alguém o deixou ir e o libertou – com amor? Quantas vezes o sol brilha quando você deseja? E você já sabe que isso pode continuar. Infinitamente. Essa experiência foi mais como uma recordação de todo o amor que já tive. Quase como um reconhecimento do passado.

3. *Voz do Amor Puro. Lá no fundo, você vê a força jorrar quando existe o amor. Aceitação, paz interior, mas também uma força que se move para a frente. Abertura. Nada é excluído. Você não precisa ser o que não é. Nem menos, nem mais. O seu jeito de ser está muito bom. E isso inclui suas escolhas e sua indecisão. Não precisa julgar a si mesmo, quando for sem pressa. O mero fato de olhar para a frente e estar pronto para a caminhada o levará, passo a passo, à próxima parada. Essa terceira experiência parecia algo muito maior do que eu. Estava quase fora de meus limites e fora de uma experiência física.*

Todas elas me davam essa impressão, de serem maiores que eu, mas a terceira parecia quase vir de outro lugar, enquanto a primeira pareceu muito conectada com minha identidade. Ter três formas diferentes foi bom. Era como explorar um tema sob ângulos distintos.

Explorar o amor dessa maneira preencheu-me de amor, e depois do exercício senti-me realizada, transbordando. Ajudou-me a sentir que tenho onde me apoiar, para que posteriormente eu sentisse que estava tudo bem. Não preciso me preocupar com as coisas. Fiquei mais calma e parei de me preocupar tanto. Uso essa prática sempre que começo a me preocupar. O Corpo de Amor, principalmente, me fez enxergar que sou uma pessoa boa, e que dei e recebi muito amor.

Capítulo 5

Incorporar o Divino

Voltamos à nossa definição original de tantra: o entrelaçamento de tudo o que existe, incluindo tudo, usando tudo para crescer em percepção, presença e consciência. Naturalmente, precisamos incluir o sagrado, o divino, Espírito, Fonte, Deus, Alma. O caminho do Tantra Vivo não nos diz qual Deus devemos venerar nem como podemos encontrar o Sagrado, mas, se o acolhermos bem, discerniremos nosso caminho.

À medida que aprofundamos nossa prática de estar em conexão com nós mesmos e com os outros, reconhecendo nossas energias e as diferentes partes que possuímos, podemos nos abrir para além de nós; podemos nos abrir ao sagrado e ao infinito. Podemos estender essa abertura para nosso parceiro, para cada indivíduo que encontramos, e trazê-la à nossa visão de mundo. Podemos desenvolver essa abertura com meditação e prece, além de práticas simples que nos ajudem a sentir nosso lugar na unidade de toda a existência.

Há muitas portas para o divino. Às vezes, elas se abrem sem que sequer as notemos. Nossa disposição para dissolver as barreiras que erguemos naturalmente entre nós e a existência parece derrubar as muralhas, até o ponto em que as portas não sejam mais necessárias. Não há mais nada no caminho. Agora nem nós seremos mais nosso próprio obstáculo e o tantra nos mostra um caminho para isso. Há muitos modos de bloquearmos nossa conexão com o sagrado e às vezes precisamos seguir por essas avenidas só para ver até onde vão. A falta de satisfação e de significado resultante de algumas escolhas pode nos levar à crise que, por sua vez, nos obriga a olhar mais adiante. O tantra usa tudo para o nosso crescimento, inclusive nossos erros e falsos começos, todos os nossos becos sem saída. Onde quer que estejamos, temos algo a aprender, e sem erros e falsos começos jamais aprenderemos coisa alguma. Por isso é que devemos começar do local onde estamos. Quando revejo minha vida, percebo claramente minhas antigas dificuldades e erros que me conduziram exatamente para onde eu deveria ir.

EXPERIÊNCIA DE JAN

Eu cresci frequentando uma escola dominical e aprendendo sobre o Cristianismo e, como já expliquei, vivi sob a crença de que sexo era nojento. Perto dos 15 anos, tive uma experiência poderosa em um culto na igreja da escola e me voltei para o Cristianismo na tentativa de encontrar Deus. Durante alguns anos, envolvi-me bastante na igreja, e, quanto mais envolvida ficava na organização, menos sentia a presença de Cristo e o que esperava de uma comunidade religiosa. Sentindo-me frustrada, segui outras direções. Tinha um anseio que ainda não havia sido satisfeito.

Certa manhã, enquanto corria no parque em Oxford, entrei em um súbito e feliz estado de união. Não durou muito, mas foi um vislumbre de algo que percebi ser possível.

Alguns anos depois, eu tive uma experiência em um workshop, Body, Heart & Soul®, de um fulgor profundo que permeou tanto meu mundo interior quanto o exterior. Surgiu após um ritual que envolvia o toque no qual minha sexualidade, meu coração e minha alma eram celebrados. Depois do ritual, eu senti um brilho e uma conexão que englobavam tudo. Saí para lidar com aquela sensação sozinha. Tudo brilhava; eu percebia tudo e me sentia infinita, unida a toda a existência. Passei muitas horas nesse estado. Foi mais um vislumbre, uma bênção que me tocou profundamente e ficou comigo.

Em um retiro meditativo com Jack Kornfield na Califórnia, alguns anos depois, eu caminhava pelas trilhas de um bosque na hora do almoço e experimentei um sentimento profundo de paz interior. Era ao mesmo tempo comum e extraordinário. De certa forma, parecia "algo trivial", mas como minha vida naquela época ainda estava cheia de drama, a sensação foi, sim, bem especial. Alguma coisa acontecera e eu me sentia diferente. Lembro-me de ter pensado: "Ah, é só isso. Não é como fogos de artifício. É apenas estar neste momento". Era como se o nada demais fosse tudo.

> *Por fim, durante um período de escuridão interior, um mestre da linha de Babaji me ensinou o uso de um mantra. Questionou-me se eu tinha um relacionamento com Deus e respondi que, na verdade, não. Ele me perguntou se eu gostaria de ter um relacionamento com Deus e eu disse sim. Era um professor maravilhoso e me apresentou muitos caminhos que conduziam a uma abertura para Deus. Era como enviar convites para muitas festas, sem a menor expectativa quanto ao resultado. Entre outras coisas, ele me ensinou a rezar, apresentou-me a Amma e me ensinou também a usar um mantra. Usei-o, a princípio, por um mês, todos os dias e o tempo todo. Quando não precisava pensar em outra coisa, eu entoava o mantra ou pensava nele, em silêncio. Acho que era uma forma de focar a Fonte o tempo todo. Não havia tempo para pensamentos negativos e, em vez disso, eu me concentrava naquela canção de amor a Deus. O mantra exerceu sua magia em mim, e lembro-me de que, no fim daquele mês, encontrei-me com alguns velhos amigos. Eles me disseram que minha aparência era radiante. E assim eu me sentia. Tocar e entoar mantras se tornou uma parte importante de minha vida.*

Quando nos abrimos para nosso corpo e sexualidade, quando aceitamos nossos sentimentos sem drama ou mau comportamento e nos conscientizamos de nosso mundo interior e suas energias, e quando nosso coração se abre em amor e compaixão, conseguimos entrar na vida e ficar menos separados dela. Nós nos tornamos cada vez mais capazes de ESTAR com tudo o que a vida trouxer. Isso não significa que andamos nas nuvens em um delírio de alegria, mas que nossa capacidade de estar com tudo, sem se esquivar, aumenta consideravelmente. Ken Wilber tem uma frase simples para descrever isso: "Dói mais, incomoda menos". A compaixão se expande. Nós vemos a dor e a beleza em toda a existência e somos tocados por ela. Não nos protegemos nem nos perdemos na existência; não precisamos combatê-la porque ela não nos sufoca. Podemos ESTAR com nós mesmos e com a própria vida.

Nesse estágio da nossa jornada, há uma estabilização das aberturas naturais para o sagrado em toda a existência. Como descrevi em minha experiência pessoal, essas aberturas ocorrem em diversos momentos da nossa vida, e as interpretamos de maneiras diferentes, dependendo das influências sociais, culturais, religiosas e familiares à nossa volta. Mas todos nós as temos. São momentos mágicos quando sentimos um estado de união e percebemos nossa conexão com toda a existência. Não importa se ignoramos esses momentos ou se damos a eles um significado dramático, dizendo algo do tipo: "Estou iluminado!", esses estados podem nos guiar, inspirar e indicar o caminho para mais conexão. Todos os estados são temporários, sejam eles de felicidade ou de amargura. Entretanto, os estados de felicidade e conexão nos proporcionam um vislumbre de algo além de nosso pequeno eu individual e indicam o caminho para uma conexão mais estável com esse algo.

Abrir o centro da cabeça para a mente superior, para uma consciência expandida, é possível quando nos tornamos mais disponíveis para experimentar a vida, quando estamos mais presentes com tudo o que acontecer. Podemos começar essa prática, voltando-nos para o sagrado.

Você pode praticar o próximo exercício sempre que vir outras pessoas, mesmo on-line. Já experimentei várias formas desse exercício que tentam despertar a percepção e dissolver ideias preconcebidas que temos acerca das pessoas. Neste formato, olhamos e vemos por meio da máscara ou das ideias que temos das pessoas, e enxergamos a essência delas, onde são de fato um Buda disfarçado. Espiamos através das camadas de personalidade, das máscaras usadas, de nossos filtros habituais, e vemos a joia interior. Outros formatos do exercício sugerem olhar para uma pessoa com a lente de "ela ganhou o prêmio Nobel da Paz" ou "ela arriscou a vida para salvar uma criança de afogamento", ou "ela superou dificuldades enormes da infância e se tornou uma mãe (ou pai) maravilhosa(o)". Essencialmente, você tenta se conscientizar das pressuposições que tem das pessoas quando as vê, e compreende que há coisas que você não poderia saber. Isso me lembra da citação que uso no início de um exercício do perdão:

> *Se pudéssemos ler a história secreta de nossos inimigos, encontraríamos na vida de cada pessoa tristeza e sofrimento suficientes para nos desarmar de toda hostilidade.*
>
> – Longfellow

Quem é essa pessoa diante de mim e como posso vê-la com mais clareza, e abandonar meus julgamentos e ideias preconcebidas?

> ## EXERCÍCIO:
> ## VENDO OS BUDAS DISFARÇADOS
>
> Você pode fazer este exercício com todas as pessoas que vir. Simplesmente mude seu foco para saber que a pessoa sob o seu olhar é um Buda disfarçado, um Deus ou Deusa, o Bem-amado.
>
> Se achar difícil, desvie o olhar e retorne, como se abrisse o foco em um bosque, a fim de encontrar uma trilha. Fixar os olhos na pessoa não adianta. É preciso suavizar o olhar e expandir o alcance do foco, ao mesmo tempo que você se mantém ciente de que aquela pessoa é um Buda disfarçado (ou qualquer forma de palavra que lhe seja mais conveniente).
>
> Experimente com o(a) namorado(a), um amigo, parceiro, pessoas que vê na rua ou atendentes de supermercado; enfim, em qualquer lugar onde existam pessoas.
>
> - Note o que acontece dentro de si quando começa a ver as pessoas desse jeito.
> - Note o que sua personalidade gostaria de dizer a respeito dessas pessoas.
> - Note se precisa imaginar perfeição ou se consegue aceitar a pura complexidade humana nessa forma de olhar.

> ## EXERCÍCIO: VENDO O BEM-AMADO
> ## EM SEU PARCEIRO ROMÂNTICO
>
> Programe um cronômetro para 10-15 minutos de meditação. Sente-se de frente para seu parceiro. Os dois devem estar em uma posição confortável. Repouse os olhos nos olhos da pessoa. Alguns acham mais fácil focar um dos olhos ou o terceiro olho (entre as sobrancelhas). Mantenha um olhar suave, sem encarar, e deixe um foco amplo. Desvie por alguns segundos para relaxar, caso sinta que está forçando,

> pressionando ou retendo tensão. Fique atento à respiração para se conectar com o corpo, relaxar e descontrair a cada expiração. Saiba e lembre-se de que está olhando para o Bem-amado.
>
> Pode ser maravilhoso ter algum contato físico muito lento e suave no fim dos 15 minutos, mas vocês precisarão se manter sintonizados um no outro e proceder lentamente, até sentirem que os dois estão bem. Se quiser contato, pode estender as mãos sem tocar, esperando para ver se o parceiro corresponde.
>
> Quando estiverem prontos para voltarem a falar, passem algum tempo compartilhando a experiência.
>
> Esta pode ser uma prática maravilhosa sempre que você quiser se conectar de forma mais profunda com a outra pessoa, principalmente antes de fazer amor.

Meditação, Prece e Mantra

Há muitas formas dessas práticas e a mais apropriada para cada um de nós depende de nosso estágio de desenvolvimento, nossa personalidade e a situação da nossa vida. Algumas pessoas passam a vida toda com a mesma prática e outras preferem mudar. Penso que cabe a cada indivíduo. Alguns sugerem que é preciso ficar com uma única prática. Concordo com isso apenas em parte. Provavelmente não dá certo usar uma prática algumas vezes, cansar-se dela ou encarar o desafio e começar outra. Mudar muitas vezes sem o período para aprofundar e ser tocado pela prática não é benéfico. Enquanto escrevo agora, percebo que é como sair com alguém e ter uma relação sexual. Você pode experimentar muita coisa no começo, provar sabores diferentes, mas, mesmo assim, precisa conhecer uma pessoa por tempo suficiente para saber quem ela é de fato (o que, como já mencionei, não costuma transparecer no primeiro encontro, porque estamos sempre tensos e não nos expomos logo de cara). Por fim, a troca constante de parceiros se torna insatisfatória e optamos por investir em uma única pessoa.

Acho que o mesmo acontece com a prática. Quando encontramos uma que funcione, podemos nos aprofundar nela e deixar que cumpra sua tarefa.

Meditação

Há uma variedade enorme de práticas de meditação. A maioria, mesmo que comece com movimento, nos conduz a um estado de imobilidade, com um estado mais tranquilo e expandido de consciência. Aprendemos a aquietar a mente e o corpo. Para os ocidentais, geralmente começamos por movimentos ou conexão com alguma forma de movimentação do corpo antes da imobilidade. É um movimento que leva à conexão com tudo e não deixa o corpo para trás enquanto nos refugiamos em algum reino transcendental. Quando temos uma conexão estável com nosso corpo, podemos entrar mais facilmente na posição sentada em silêncio, sem um período de movimento antes disso. Você deve ouvir o corpo para descobrir o que ele pede. A meditação *Flow of Being* é oferecida como uma jornada guiada, partindo do movimento e da conexão com o corpo até a imobilidade.

Muitas pessoas que tentaram a meditação e não conseguiram me perguntam qual é o valor dela. Há algumas possibilidades nesse caso. Se você espera fogos de artifício da meditação, provavelmente terá decepções. Mesmo que às vezes eles aconteçam (e é possível), não é isso que importa. A prática da meditação é parecida com uma caderneta de poupança. Cresce aos poucos e você enxerga os benefícios muito tempo depois.

Não é verdade se dissermos que nada se ganha na meditação. Há um ganho real em felicidade e paz de espírito. Os textos budistas afirmam que não importa o que você ganhou, mas o que perdeu ou diminuiu: ganância, ódio, inveja e delusão.

EXPERIÊNCIA DE JAN

Minhas primeiras experiências com a meditação foram as de Osho e The Art of Being®. *De modo geral, elas começavam com uma fase dinâmica poderosa que às vezes encorajava a expressão selvagem ou caótica. Durante muitos anos, foi fortíssimo para mim, até eu sentir que precisava de outra coisa. Percebi que caía em muita expressão de raiva e, em determinado ponto, parecia só uma prática dessa emoção que criava um caminho já batido até ela. Encontrei um jeito diferente de me envolver com aquelas práticas meditativas, mas também imergi em Vipassana durante vários*

> *anos, como parte de minha prática matutina, que da mesma forma envolvia leitura e uso de um diário. Aos quarenta e poucos, quase 50 anos, tendo de enfrentar a menopausa, um osteopata em Maui me recomendou o uso de meditação Holosync®, um ritmo binaural gravado que ajudava a entrar em um estado de onda mental Delta profunda, que dá acesso ao inconsciente. Pode ser usada com outras práticas meditativas. Dezesseis anos depois, ainda recorro a ela, e ela reforça minhas outras práticas usadas.*
>
> *Vale a pena ter uma prática de meditação? Na minha opinião, sim, compensa o esforço. Mas você só saberá com certeza se tentar por um período prolongado e descobrir qual forma é a mais adequada para você.*

Prece Pós-racional

Muitas pessoas desanimam de rezar por causa de experiências anteriores em que eram forçadas a recitar coisas que não reconheciam durante as aulas religiosas. Não é a esse tipo de prece que me refiro. Assim como a meditação, a prece tem diversas formas, e aquela com a qual nos identificamos muda com o desenvolvimento e a perspectiva. Para mim, a prece é um apelo e uma abertura para o mistério da existência, um envolvimento com esse mistério, como se fosse uma pessoa com quem posso dialogar. No começo, parece estranho, esquisito, falar em voz alta com algo que não tem forma. Entretanto, é esse apelo para o mistério, a vulnerabilidade de se abrir para ele, aceitá-lo, envolver-se com ele, que abre um canal para o Espírito.

Para muitos pode ser mais fácil começar com a poesia mística de Hafiz ou Rumi, que frequentemente soa como uma prece para o Bem-amado, uma conversa com o Bem-amado, ou um chamado para o Bem-amado.

EXPERIÊNCIA DE JAN

Sundar, meu mestre e terapeuta na Suíça, ensinou-me a rezar da seguinte maneira: simplesmente falar em voz alta como se me dirigisse a Deus ou ao Bem-amado, ou ao Mistério. Ao mencionar meus anseios, meu nervosismo, meu desejo de mais abertura, senti como se o alcançasse com

> *minhas palavras e todo o meu ser. Sinto uma abertura que transcende meu pequeno eu, o conhecido, e entra em algo além do que posso compreender; entretanto, toca-me. De certa forma, é um reconhecimento de que sou uma pequena parte do infinito. E as palavras não são fortes o suficiente para descrever no papel a experiência.*
>
> *Como parte de minha prática matutina de crescimento quando eu tinha trinta e poucos anos, comecei a ler Rumi, nas primeiras horas do dia. Sua poesia musical tocava minha alma e me preparava para a prática de meditação.*
>
> *O ritual sagrado e a entoação de mantra eram, para mim, um apelo semelhante àquilo que transcende o conhecido, permeando meu ser e me colocando em ressonância com o Bem-amado, com Deus, com o Mistério que existe desde antes do início dos tempos.*

Enxergando Além do Eu

Conforme crescemos, nossa percepção nos transcende. Conscientizamo-nos dos outros. Primeiro, da mãe e da família, depois dos amigos e da comunidade. A quantidade de pessoas que vemos e com as quais nos importamos aumenta no decorrer da vida enquanto crescemos e nos desenvolvemos. Mesmo assim, porém, nossa visão adulta pode se limitar novamente e podemos nos fechar em nossas metas e ideias, nossos relacionamentos pessoais e padrões defensivos. Especialmente no mundo ocidental, temos uma tendência cultural para o materialismo e o esforço de receber o que queremos, beirando o narcisismo cultural. Essa tendência está à nossa volta e parece normal. Antes, as sociedades pré-modernas tinham o benefício de uma orientação religiosa pré-racional. Com o advento da modernidade e da ciência moderna, a religião entrou em declínio. A verdade da ciência dominou e a religião foi perdendo terreno, embora as duas não sejam incompatíveis. Enquanto crescemos e nos desenvolvemos, surgem formas de religião pós-moderna que integram a ciência e a espiritualidade.

Uma das coisas que se perdem quando nos desligamos do reino do mistério, da religião e da espiritualidade é o equilíbrio que nos transcende e abre a possibilidade de enxergarmos nossa situação, de vermos os outros e o mundo com clareza e sem defensiva. Transcendemos o "preciso disso e quero isso", incluímos o "os outros precisam disso e querem isso" e "o mundo precisa disso e quer isso". Tal fato se dá quando crescemos emocional e espiritualmente. À medida que encontramos mais aceitação e conseguimos relaxar no nosso ser, nosso círculo de carinho se expande. Nossos centros do coração e da cabeça ficam mais ligados. Em vez de tentarmos moldar o mundo para nosso conforto, como fazíamos, passamos a nos importar mais e enxergar com mais nitidez, sem as estruturas defensivas e os padrões que mantêm nossa visão estreita, e turvam nossa percepção e clareza. Quando isso ocorre, nós naturalmente vemos mais, sentimos mais e agimos com mais compaixão no mundo.

Nos workshops do Tantra Vivo, costumamos usar rituais longos em grupos de quatro, em que três pessoas tocam com generosidade uma, que está sendo celebrada. Todos os limites são respeitados, e fica claro que o toque é para o benefício do recebedor e sintonizado com os desejos dele. Observa-se muitas vezes que essa imersão no ato de dar com altruísmo é tão poderosa quanto o ato de receber e, às vezes, até mais poderosa. Doar-se com generosidade, principalmente em um ambiente com outras pessoas que também se doam, cria uma mudança potente de estado que dissolve algumas das camadas de personalidade, de um modo suficiente para termos uma experiência espiritual. Nós nos doamos para algo muito maior. Não é um ato de sacrifício. Precisamos estar completamente presentes e conscientes, ao mesmo tempo que desapegamos do desejo de controlar a vida para obter o que queremos. Em vez de controlar, doamos generosamente aquilo que podemos dar de coração, e com esse gesto abrimos uma porta para o Divino. É um ato de entrega voluntária que nos transporta para além de nós mesmos. O receptor tem um desafio semelhante, ao receber esse amor. Permitir-se receber plenamente sem dar em troca, como se negociamos algo, ou tentar obter mais do que se recebe é uma entrega ao amor. Quando nos entregamos para receber amor, também nos abrimos para o Divino.

Casais em relacionamentos amorosos também podem ter essa experiência, criando intencionalmente um espaço "NÓS" e se entregando para nutrir o Corpo de Amor do relacionamento. Mais uma vez, isso não é um sacrifício, mas envolve um desapego de programas rígidos que usamos para moldar o mundo ao nosso gosto. Podemos passar de "EU" para "NÓS" e para a consciência de unidade. A criação mútua de um espaço "NÓS" no relacionamento é uma prática maravilhosa que nos leva a desapegar dos nossos padrões defensivos, permite-nos enxergar com clareza e, a partir daí, agir com o coração aberto.

Hafiz tem um poema lindo que me tocou muito tempo atrás e aponta para esse caminho:

> Acontece o tempo todo no céu,
> E algum dia
> Começará a acontecer de novo na terra:
> Que homens e mulheres que se casam,
> E homens e homens que são Amantes,
> E mulheres e mulheres que dão Luz uma à outra,
> Muitas vezes se ajoelharão
> E, segurando com carinho a mão de quem amam,
> Com lágrimas nos olhos, com sinceridade, dirão:
> "Querido ser, como posso lhe dar mais amor;
> Como posso ser mais Gentil?".
>
> Hafiz

Prática para casais

O que posso dar (ou estou dando) ao meu parceiro para mostrar que estou em harmonia com ele, que o enxergo e o amo? Esta é uma prática contínua que fortalece o amor conjugal. É como perguntar: "Do que o nosso relacionamento precisa?".

Isso inclui:

- Dar tempo, atenção, apoio, ter disposição para escutar, dizer palavras de valorização, dar pequenos presentes, toque e gestos de carinho;
- Cuidar de si e do lar para que ambos se sintam amparados;
- Perceber o que magoa o parceiro e descobrir um jeito de evitar o sofrimento contínuo;

- Cuidar de si e reservar um tempo para si, assim você terá energia e interesse pelo parceiro;
- Fazer amor com intenção, em vez de esperar até ter vontade, para que você literalmente faça amor e felicidade;
- Experimentar novidades, de modo que os dois se expandam, divirtam-se e enfrentem juntos novos desafios;
- Ter uma percepção contínua que permita manter e cuidar da relação amorosa;
- Ter uma exploração contínua dos modos como você se fecha, limita seu potencial, defende-se da vida e do amor.

A prática é um alicerce para relacionamentos saudáveis e felizes. É uma entrega ao amor, ao espaço "NÓS". Ela nos permite crescer e nos torna mais sintonizados com o que é necessário, e é um bom modo de praticar a visão "do que o mundo precisa".

Visão do Que o Mundo Precisa – Abertura para a Mente Superior – Significado e Propósito

Quando nós nos abrimos para o sagrado e para a Fonte da vida em si, reconhecemos que nossa vida individual é um presente dado pela existência. Nós somos o presente. Viver nossa vida ímpar, nossa expressão única, é a dádiva que podemos devolver à existência. Somos os únicos capazes de dar esse presente que cada um de nós é. Essa percepção profunda e a autoaceitação nos possibilitam ver que o mundo precisa daquilo que temos para dar, e nos proporcionam o significado e o propósito que transcendem nossas necessidades e metas pessoais. Permitem-nos responder a estas perguntas:

- O que eu tenho para dar?
- Do que o mundo precisa?

Assim, transcendemos e nos abrimos para a vida, em uma jornada de um momento após o outro na dança com o Espírito.

Apêndices

Apêndice I: Caixa de Primeiros Socorros Emocionais

Crie uma caixa de verdade, a partir de uma caixa de sapatos ou algo semelhante. Decore-a para ficar bonita, atraente, um objeto que seja agradável de olhar.

A ideia é fazer um centro de recursos que sirva de apoio em momentos de dificuldade, desafio, crise, sobrecarga emocional, tristeza ou raiva. É para aqueles dias em que você está emocionalmente abalado e precisa se lembrar de que tem apoio e é fácil acessá-lo.

Eis algumas sugestões para colocar na caixa:

- Listas de músicas que levantem o astral, tranquilizam ou inspiram;
- Fotos que façam você se lembrar de uma época em que sentia segurança, tranquilidade e felicidade;
- Lembranças escritas que fazem você se lembrar de épocas em que sentia segurança, tranquilidade, felicidade e força (ou qualquer coisa que lhe for necessária);
- Imagens que toquem seu coração;
- Um frasco de floral;
- Óleos essenciais de algum aroma de que você goste;
- Cartões-postais ou bilhetes para você se lembrar da importância de se alimentar bem (use tanto palavras como imagens);
- Bilhetes para você se lembrar de se exercitar, fazer ioga, dar uma caminhada – qualquer coisa que o ajude a retornar à sua própria presença;
- Bilhetes com números de telefones de amigos ou listas de amigos a quem você possa recorrer. Se precisar, escreva um comentário

ao lado do nome. "Lembre-se de que Julie está sempre disposta a ouvir, mesmo que você esteja triste ou com raiva"; "Lembre-se de que Steve está sempre disposto a bater papo pelo Zoom, mesmo que você esteja triste e não consiga explicar ou dizer coisa alguma"; "Minha irmã sempre se dispõe a me ouvir quando preciso de apoio", etc.;
- Lembretes para comprar flores, fazer uma bolsa de água quente, dar uma caminhada, dançar;
- Poemas que o animam, que evoquem beleza ou toquem seu coração;
- Livros que inspirem;
- Um bichinho de pelúcia;
- Um cristal;
- Um maço de cartões inspiradores;
- Uma lista de qualidades que fazem você se lembrar de sua beleza e amabilidade;
- Um lembrete para meditar e talvez uma lista de sites na internet com meditações guiadas que lhe deem apoio.

Faça uma caixa bastante pessoal.

Em momentos de estresse ou dificuldade, pode ser difícil encontrar apoio ou até mesmo apoiar a si mesmo de uma forma que seja eficaz. A ideia da caixa é lhe dar ânimo e facilitar um pouco sua saída de um lugar onde se atolou. Ela não faz uma pessoa parar de sentir; apenas a resgata quando está sufocada de sentimentos, ou paralisada, ajudando-a a lidar com esses sentimentos, a refletir e digerir o que aconteceu, em vez de ser engolfada por eles. O uso da caixa de primeiros socorros emocionais é um modo de você se reanimar e tratar a si mesmo com amor, quando mais precisa.

Apêndice II: O Método em Três Estágios de Usar Presença no Corpo, de Andrew Singer

- A essência do método de Andrew Singer é a "autoexploração profunda" – como surge uma ereção? Como me envolvo plenamente nesse processo? Como posso melhorá-lo?

- Até onde sabe, Andrew crê que essa abordagem nunca foi proposta antes.
- Andrew encontrou em si mesmo três estágios distintos no processo de uma ereção.

Para cada estágio, descobriu técnicas que aperfeiçoam o poder e a intensidade do referido estágio.

Estágio 1

- *Como você sabe quando está nele?* Você se vê em um estado de consciência que é dominado por uma forte "sensação" de excitação sexual.
- *Canalize a atenção de uma forma que leve a essa "sensação" de excitação sexual.* Para alguns, a estimulação visual funciona melhor; para outros, é o toque; e para outros ainda, é a estimulação verbal. Use aquela que achar mais apropriada.

Estágio 2

- *Como você sabe quando está nele?* No decorrer do estágio 1, você sente algo físico se desenvolvendo em volta da área da base dos testículos ou do períneo. A maioria dos homens experimenta um formigamento, mas outros sentem um calor crescente.
- Técnicas que podem ajudar:
- – Autoacupressão – apalpe até ter aquela sensação de "apertão leve";
- – Dê uma atenção específica às bordas dos ossos: o cóccix; o osso pubiano.

Estágio 3

- *Como você sabe quando está nele?* O pênis começa a ficar duro.
- Este estágio é diferente dos dois primeiros. Faça um paralelo com o "adormecer".
- – Crie as condições, e verá se dá certo ou não!
- Estenda o paralelo: o que atrapalha? Sua mente gera dúvidas, ansiedade, medo, velhas crenças, etc. No caso de Andrew, era um nível baixo, porém antigo e imperceptível de preocupação em perder a ereção na hora de penetrar. Talvez sua ansiedade seja diferente.

- É preciso apalpar. O único jeito de fazer isso é entrando no estágio de "autoanálise".
- Se você tem uma parceira/um parceiro regular, chame a pessoa!

O contato de Andrew Singer é: <empowerment.andrew@gmail.com>.

Agradecimentos

Como em qualquer empreitada, muitas pessoas contribuíram para que este livro fosse lançado. Não tenho como citar todas. Incluo aqui todos os indivíduos que participaram dos meus workshops, pois sem eles *Vivenciando o Tantra* não existiria. Gratidão a todos os mestres que me mostraram o caminho na vida, em particular a Alan Lowen, cujo trabalho e criatividade ergueram as fundações para *Vivenciando o Tantra*. E a Anne Geraghty, que me deu colo em alguns dos meus momentos mais sombrios, sempre me animando, mostrando que acreditava em mim. Um agradecimento especial a Rose Rouse, por me encorajar, repetidas vezes, a escrever para revistas e, finalmente, começar o livro. Agradeço a Malcolm Stern, por me ajudar a acreditar que era possível; a Adam e toda a equipe na Watkins, que me apoiaram e foram pacientes com uma autora novata. A mais profunda gratidão ao meu marido Frieder, que me incentivou, apoiou, ajudando-me a abrir e crescer no amor em meio aos altos e baixos do relacionamento.

Índice Remissivo

A

Abandono, medo do 72
Abuso 121, 169, 175
Abuso sexual. ver abuso, 121
Acordos 20, 152, 159, 161, 165, 166, 168, 169, 170
Agressão passiva 82, 87
Ambiente e o preparo mental, 94, 121, 143, 153, 179, 199, 200, 234
Amor 5, 6, 15, 16, 20, 35, 36, 38, 39, 40, 43, 44, 46, 47, 49, 55, 56, 57, 63, 66, 67, 89, 91, 97, 101, 102, 104, 106, 107, 109, 110, 111, 112, 118, 119, 126, 131, 136, 140, 141, 142, 143, 144, 153, 158, 162, 171, 173, 175, 176, 177, 178, 180, 181, 183, 185, 189, 191, 192, 193, 194, 195, 196, 197, 198, 199, 200, 201, 202,
Amor devocional 177
Amor-próprio 43, 102, 107, 110, 142, 181, 204, 211, 212, 213, 214
Amor Puro 221, 222, 224
Apegos 215, 216, 217
Atração sexual 122, 123, 162
Autoaceitação 107, 236

B

Beleza 10, 48, 60, 101, 109, 110, 111, 123, 136, 138, 143, 144, 172, 174, 177, 178, 180, 195, 200, 204, 215, 227, 238
Brinquedos sexuais 145, 189

C

Caixa de primeiros socorros emocionais, 73, 112, 125, 237, 238
Carinho 102, 103, 106, 109, 110, 142, 145, 172, 180, 202, 218, 219, 220, 222, 234, 235
Catarse 76, 77
Centro da mente superior 7, 51, 52, 55, 56, 57, 59, 64, 93, 95, 104, 105, 106, 109, 110, 116, 135, 147, 159, 173, 174, 179, 201, 203, 204, 212, 214, 215, 228, 237
Centro do corpo 59, 64
Centros de energia 55, 57
Chacras veja também centros de energia, 55, 58, 115, 173, 177
Comentários autocríticos negativos, 35, 49, 82
Compaixão 5, 20, 35, 43, 50, 84, 85, 87, 107, 159, 202, 221, 227, 234
Compreensão 5, 6, 9, 10, 14, 16, 160, 220
Comunicação 120, 126, 128, 149, 157, 158, 159, 165, 166, 167, 181, 189
Condicionamento, ver sexualidade, crenças/condicionamento, 111, 114, 129

Condições 23, 100, 140, 153, 161, 239
Confiança 57, 61, 94, 97, 98, 100, 115, 117, 122, 128, 129, 157, 159, 166, 171, 188, 194
Conhecer pessoas 133
Conquistar 44, 123, 209
Conversar, fazer amor e, 26, 35, 38, 40, 82, 128, 158, 166, 167, 183, 188
Conversas difíceis 187
Conversas e, 49, 128, 130, 152, 161, 163, 169, 187, 188
Coragem 11, 21, 26, 43, 61, 67, 70, 75, 94, 97, 98, 100, 199, 219, 220
Corpo de Amor 211, 212, 221, 223, 224, 235
Corpo, trazendo presença ao nosso, 5, 9, 13, 20, 22, 23, 24, 25, 27, 28, 29, 32, 34, 35, 36, 37, 38, 41, 42, 43, 47, 48, 51, 53, 54, 55, 56, 57, 59, 63, 64, 65, 66, 69, 70, 71, 73, 74, 76, 77, 79, 82, 85, 86, 87, 89, 97, 100, 101, 102, 103, 104, 106, 107, 108, 110, 112, 114, 115, 118, 129, 134, 137, 139, 145, 147, 148, 149, 150, 153, 154, 156, 159, 160, 169, 170, 172, 174, 175, 177, 178, 181,
Culpa, sentimento de, 6, 62, 67, 80, 90, 91, 92
Cultura de culpa 92
Curiosidade 16, 26, 31, 74, 87, 105, 106, 114, 156, 160, 193, 207, 208

D

Dar 22, 27, 33, 38, 41, 49, 50, 52, 54, 62, 64, 73, 75, 76, 80, 85, 96, 98, 102, 107, 111, 120, 124, 126, 131, 138, 142, 147, 154, 156, 157, 158, 164, 166, 167, 168, 172, 178, 180, 185,
Desconforto 15, 16, 17, 24, 29, 31, 32, 33, 39, 43, 47, 48, 59, 90, 100, 107, 111, 127, 145, 169, 186, 209
Desconhecido, o, e sexualidade 10, 43, 116, 129, 133, 134, 139, 163, 172, 181, 187

Descuido 98
Desejos/necessidades, 9, 34, 59, 60, 61, 62, 64, 65, 114, 125, 128, 131, 148, 150, 151, 161, 162, 169, 209, 210, 211, 234
Dessensibilização e Reprocessamento por Movimento Ocular (Eye Movement Desensitization and Reprocessing – EMDR) 71, 131
Devoção, amor devocional 176
Dfíceis 22, 68, 74, 142, 169, 174, 187, 188, 191, 220
Diário 33, 73
Divino, portais para o, 6, 225

E

Emoções 34, 56, 63, 65, 66, 67, 68, 76, 82, 84, 180, 199, 205
Empatia 20, 202
Energia sexual 45, 47, 51, 53, 54, 56, 58, 59, 91, 94, 105, 114, 118, 119, 121, 129, 130, 131, 134, 147, 150, 175
Erros, aprendendo com os 72, 92, 129, 159, 163, 169, 187, 220, 225, 226
Escutar 20, 159, 167, 213
Espiritualidade e, 5, 9, 13, 19, 21, 173, 175, 233, 234
Estimulação/excitação 32, 145, 200, 239
Estruturas 234
Experiência Somática 71, 131

F

Fantasias, erotização 125, 170, 191
Fazer amor 38, 40, 66, 102, 107, 153, 158, 162, 183, 185, 192, 196, 199, 200, 230
Flow of Being 85, 115, 231

G

Gentileza 35, 110, 211, 212, 219
Gratidão 22, 207, 214, 215, 217, 241

H

Hafiz 232, 235
Honrar 148, 149, 180, 209

I

Infinito/Deus/o Bem-amado 57, 164, 225, 233
inocência, encontrando a 61, 94, 101, 116, 121, 130, 211
Instintos 42, 58, 177
Instinto social 58
Intimidade 5, 24, 31, 33, 35, 40, 64, 67, 85, 102, 126, 128, 132, 136, 150, 152, 168, 169, 170, 171, 172, 180, 185, 186, 187, 190, 193, 194, 195, 198, 199, 218, 219

K

Kornfield, Jack 68, 204, 226

L

Lentidão 38, 145, 156
Limites 6, 32, 44, 45, 63, 100, 102, 103, 126, 129, 141, 151, 153, 154, 156, 158, 161, 169, 176, 182, 187, 199, 208, 209, 211, 224, 234
Lowen 11, 22, 154, 241

M

Mantra 53, 69, 174, 175, 227, 233
Meditação 21, 112, 230, 231
Mensagens religiosas/culturais 166, 167, 186

N

Necessidades 59, 62, 63, 64, 65, 72, 78, 125, 126, 141, 148, 150, 151, 152, 153, 161, 162, 166, 167, 168, 169, 172, 174, 209, 210, 236
Neotantra 9, 10, 11, 14, 15
Nojo 107, 132, 184, 187
Notar 26, 29, 33, 36, 61, 73, 74, 75, 107, 116, 150, 183, 198, 199, 205, 220

O

Obrigação, sexo e, 112, 123, 131, 194
Observador interior 27, 42, 62, 64, 68
Órgãos genitais 47, 51, 55, 101, 102, 105, 106, 107, 108, 109, 111, 143, 144, 145, 200
Orgasmo 44, 53, 86, 104, 106, 170, 180, 191, 192, 193, 194, 195, 196, 198, 199
Osho (guru) 14, 15, 21, 56, 120, 121, 153, 174, 206, 231

P

Pelos pubianos 15, 67, 72, 101, 113, 119, 129, 143, 144, 145, 153, 160, 211, 221
Penetração, comunicação a respeito da 20, 158, 184, 186, 190, 200
Percepção 9, 13, 14, 28, 29, 31, 58, 74, 84, 136, 148, 184, 197, 199, 200, 210, 215, 225, 228, 233, 234, 236
Perdão 97, 109, 110, 129, 179, 204, 205, 206, 228
Perda ver tristeza e sofrimento 66, 67, 88, 89, 90, 173, 201, 202, 214
Piloto automático 15, 26, 29, 36, 43, 44, 78, 104, 136
Poesia mística 232, 233
Pornografia 117, 128
Pós-moderna 233
Prática Metta 202, 212
Prece 53, 174, 225, 232
Presença 14, 16, 73, 82, 84, 88, 89, 148, 150, 172, 177, 178, 180, 194, 197, 198, 211, 221, 225, 226, 237
Projeção 70

R

Raiva 24, 31, 39, 58, 66, 67, 70, 71, 76, 77, 78, 79, 80, 81, 82, 83, 84, 85, 86, 87, 88, 90, 97, 103, 177, 185, 187, 196, 205, 231, 237, 238
Receber 20, 38, 43, 44, 46, 54, 57, 59, 119, 123, 126, 131, 148, 154, 156, 157, 158, 159, 169, 179, 180, 190, 193, 195, 206, 207, 208, 209, 210, 211, 218, 233, 234
Reflexão 33, 173, 219
Relacionamento 20, 22, 35, 39, 41, 44, 53, 57, 63, 64, 66, 67, 103, 119, 140, 141, 142, 161, 162, 165, 166, 167, 168, 174, 177, 184, 185, 201, 203, 207, 209, 211, 227, 235, 241
Remorso 97
Resiliência 25, 29, 34, 162, 171, 218
Respiração 21, 25, 26, 27, 74, 79, 101, 106, 112, 135, 148, 230
Rituais 13, 14, 34, 174, 194, 234
Rumi 34, 68, 179, 232, 233

S

Saídas, encontrar nossas 25, 29
Saudável 19, 37, 45, 47, 62, 63, 64, 66, 71, 83, 91, 93, 94, 96, 97, 140, 168
Segurança 25, 41, 43, 44, 50, 65, 73, 75, 79, 87, 92, 100, 114, 117, 129, 130, 133, 134, 152, 157, 158, 159, 162, 181, 187, 189, 195, 203, 204, 237
Sexualidade e, SIM/NÃO, 5, 6, 9, 19, 20, 21, 22, 40, 45, 46, 47, 48, 49, 51, 53, 56, 63, 64, 89, 94, 99, 111, 112, 114, 116, 117, 119, 121, 122, 123, 124, 125, 126, 128, 129, 130, 131, 132, 134, 136, 137, 138, 143, 144, 147, 162, 170, 171, 172, 173, 175, 177, 179, 181, 187, 194, 201, 226, 227
SIM, NÃO e, veja também compaixão, 38, 39, 40, 41, 42, 43, 44, 45, 59, 100, 125, 126, 127, 128, 154, 155, 156, 157, 158, 159, 165, 166, 168, 184, 189, 190, 196, 200
Sintonia 39, 40, 64, 103, 123, 170, 197, 202
Sofrimento/perda 38, 47, 53, 63, 66, 79, 88, 89, 90, 91, 97, 99, 197, 202, 203, 204, 205, 206, 213, 215, 217,
Status, sexo e, 32, 46, 112, 119, 162, 172, 217
Supressão 116, 120

T

Tantra 5, 6, 9, 10, 11, 13, 14, 15, 19, 20, 21, 22, 25, 26, 27, 47, 56, 57, 76, 86, 94, 97, 103, 108, 115, 136, 141, 150, 170, 175, 191, 198, 225
Terapia das Partes 49, 50, 95, 136, 137, 139, 140, 141, 142, 220, 222
Textos budistas 231
Tranquilidade emocional 199
Tristeza e sofrimento 228

U

Unidade, consciência de, 56, 57, 60, 174, 175, 176, 180, 225, 235

V

Valores 91, 92, 93, 94, 96, 97, 147, 152, 153, 191, 192, 193
Vícios 215, 216, 217
Visão, sexual 5, 11, 26, 49, 53, 111, 122, 124, 125, 129, 139, 159, 162, 163, 165, 166, 171, 225, 233, 234, 236
Vulnerabilidade e, 31, 32, 66, 67, 92, 97, 130, 132, 140, 161, 167, 171, 172, 173, 181, 186, 187, 188, 194, 202,
Vulnerabilidade e, ver também conexão 31, 32, 66, 67, 92, 97, 130, 132, 140, 161, 167, 171, 172, 173, 181, 186, 187, 188, 194, 202,

W

Wilber, Ken 22, 227